ハヤカワ文庫 NF
〈NF406〉

なぜこの店で買ってしまうのか

ショッピングの科学

パコ・アンダーヒル
鈴木主税・福井昌子訳

早川書房
7347

WHY WE BUY

The Science of Shopping

Updated and Revised for the Internet, the Global Consumer and Beyond

by

Paco Underhill

Translated by
Chikara Suzuki and Shoko Fukui
Published 2014 in Japan by
HAYAKAWA PUBLISHING, INC.
This book is published in Japan by
arrangement with
PECKSHEE LLC
c/o WRITERS' REPRESENTATIVES, LLC
through JAPAN UNI AGENCY, INC., TOKYO.

目次

第五部　ショッピングの文化　371

なぜこの店で買ってしまうのか

ショッピングの科学

第一部　ショッピングの科学の誕生

1　こうして科学が生まれた

よし、歩け、歩け、歩け……ストップ。

しっ、静かに。あのヤシの鉢植えのかげに隠れろ。今日の最初の追跡《トラック》だ。クリップボードとペンをだせ。

調査の対象は四〇代の女性、ベージュのトレンチコートにブルーのスカートというでたち。バス用品の売場でタオルの肌ざわりを試している。さあメモしよう——先ほどからタオルを一枚、二枚、三枚、四枚なでた。そのうち一枚の値札をたしかめる。これもメモ。近づきすぎるな——気づかれるのは困る。彼女は陳列台からタオルを二枚取って売場を離れるところだ。時間を記録しよう。それでは彼女のあとをつけて次の売場へ。

これはフィールドワークのありふれた一日。現場は、売上に問題があるありふれた家庭用品売場。われわれの目的は、ショッピングの科学による百貨店の分析だ。だが、まずは

「どういうところに問題があるのか」というところから始めよう。

ショッピングの科学はいつから存在するのか

どうだろう。たとえば文化人類学者が旧来の買い物客を取り上げ、彼らとショッピング環境（商店のほかに銀行、レストランも含む）のかかわりかたを研究し、そのときラック、棚、陳列台、看板、バナー、パンフレット、道順の案内、コンピュータを利用した対話型情報案内、入口、出口、窓、壁、エレベーター、エスカレーター、階段、スロープ、レジの列、銀行の窓口の列、カウンターの列、化粧室の列、あらゆる通路の端から端――駐車場の隅から店のいちばん奥――までもれなくカバーすれば、それがショッピングの科学の始まりと言える。そもそも、文化人類学がすでにこういうことを研究していたなら……店の研究ばかりでなく、店内で人が実際に行なうこと、行くところと行かないところ、行くまでの経路、見るものと見落とすもの、読むものと読まないもの、目にした品物にどう対応するか、いわばどのようにして買うか――どのように棚からセーターを引っぱりだして胸にあて、胃腸薬の効能書やファストフード店のメニューを読み、買い物カゴを使い、ＡＴＭの列に反応するか――の厳密な解剖学的メカニズムと行動心理……しつこいが、そもそも文化人類学がこういうことに注意を払っていたなら、しかもただ注意を払うだけでなく、あらゆるデータ［それも大きい区分（土曜日の朝の来店者の年齢、性別、何人連れか）から小さい区分（スーパーマーケットで、三五歳以下の男性のなかでシリアルの箱の栄養成分表を読んだ客は、前面のイラストだけを見た客よりも、実際にシリアルを買うことが多いか？）まで］を照合し、咀嚼し、グラフにし、相関関係をさぐっていたなら、われわれがショッピングの科学を開発する必要はなかっただろう。一九九七年、前著を執筆した頃、学問の世界では、地元のスーパーやショッピングセンターのことよりも、パプアニューギニアにあるマーケットのことの方が知られていた。二〇世紀の文化人類学は、身の回りの問題を取り上げる学問ではなかったからだ。

一九九七年、自分の知識が正しいことを証明しようと、一〇年以上も取り組んでいた頃だった——その後、すべてが一変してしまったが。世界中の企業は、現在、文化人類学者を購買者洞察グループ、消費者洞察グループと呼ばれる業務にあてがうようになっている。民族研究（つまり、人類を人種、文化、その他の特徴で分類する学問）は、マーケットリサーチの主流になっているからだ。だが、私が開業した当初、学者仲間は私が信念を曲げたと受け止め、顧客になるはずのマーケット担当者や小売業者などは、私が遠くの星からやってきた異星人であるかのような視線を投げかけたものだった。

しかし、文化人類学はこのような些事に注意を払わなかった。そういうわけで、私のオフィスの廊下のつきあたりには、およそ一〇〇台ものカメラをおさめた部屋がある。ほとんどがビデオカメラだが、スチルカメラや旧式の8ミリ・シネカメラも二、三台、放りこまれている。これらを管理するために、ビデオカメラにはロックスター、デジタルカメラには星座の名前をつけていった。番号ではなく名前をつけるほうが長持ちすることがわかったからだ。二六番ではなくてジミ・ヘンドリックスのほうが、調子が悪くなったとき、早く修理に出さなくちゃという気になるものである。そのかたわらには新品の8ミリ・ビデオテープのケースの山。一つのケースに一二〇分テープ五〇〇本が保管されている。これまで、世界中で使ったテープは五万時間以上にもなる。また、数万人分のインタビューを保存できる携帯用のコンピュータも十数台、ラップトップが数台。そして、あらゆる種類の三脚、支持台、レンズなどカメラ用アクセサリー、大量のダクトテープ。加えて、これらすべての防護ケース。どれもこれも四六時中持ち歩くためだ。膨大な量だ。この部屋の隣はスタジオになっていて、デジタル編集機材が二台、録画確認用のテレビが一一台ある。撮ったものを全て確認するためだ。放送に堪えるレベルのドキュメンタリーを編集するのに十分な機材が備わっている。この部屋にある機器は、世界の各地で収集したデータをもとにオリジナルな研究を量産する大学の文化人類学か実験心理学の研究室にも匹敵する。

　これほどのハイテク機器を備えているものの、過去三〇年間、実はわれわれがもっとも重視する調査ツールはただの紙である。この記録用紙《トラックシート》と呼ぶ紙をもつ追跡者《トラッカー》は、ショッピングの科学のフィールドワーカーであり、ショッピングの、より正確には買い物客のリサーチャーである。

トラッカーの仕事の基本は、買い物客をこっそり尾行して、その行動を逐一記録すること。たいていは店の入口あたりをさりげなくぶらついて、客が入ってくるのを待つ。この時点で、トラックが始まっている。トラッカーは何も知らない人（人びと）に張りついて、店内をどこまでも（試着室や化粧室は別だが）追いかけまわし、トラックシートに客の行動をことこまかに記録する。

現実の世界で発達した学問にふさわしく、つまり象牙の塔とは大違いだという意味だが、トラッカーは通常の研究者のタイプとはかなりちがっている。当初、われわれは環境心理学専攻の大学院生を雇ったのだが、彼らにかならずしも適性があるわけではなく、むしろ自分が習った教科書の理論を当てはめたがり、結果として買い物客の行動を虚心に見つめる忍耐に欠けることが多かった。

そのうちにわかったのだが、われわれの仕事に求められるのは、頭がよくてクリエイティブな人びと、すなわち脚本家、アーチスト、俳優、作家、人形使いなのである。崇めるにせよ攻撃するにせよ、理論のもちあわせなどないし、人の行動について偏見なく、興味津々で観察するからだ。冷静なうえに熱心だし、小売の現場で人はどう行動するのか、正確に実証したいという思いのほかには何もない。森を見て、木を見て、その間に存在するあらゆる物を観察することができる人たちなのである。

調査に適した人物

この仕事に適した気性と知性を備えていそうな人間が見つかると、まず訓練を受けてもらう。学ぶべきことはたくさんある――観察しながらメモをとる方法、人が案内板を読んでいるのか、横の鏡を眺めているだけなのかを見分ける方法など。なかでももっとも重要な技能は、人に気づかれずに近づく方法である。見られていると意識させないことが、われわれの仕事では決定的に重要なのだ。自然な行動を見分ける術はない。本当のところ、われわれが発見したところでは、店内でずいぶん近づいても人がなかなか気づかないのには、いまだに驚かされる。われわれが知っている。だが、横に立たれた場合、客は視界の隅にうつる人間を他の客、つまり無害で注意するほどのこともない人間として「読みとる」。この位置からは、客が実際に何をしているのかを間近に見ることができる。たとえば、客が手をのばしたゴルフ用手袋が八組でも一〇組でもなく九組だとわかる。

つぎに、トラッカー候補を現実の世界に投げこむ。店内での彼らの行動を観察するのだ。多くの候補はこの時点で姿を消してしまう。テクニックは教えられても、この仕事をうまくやるのに必要な知性と若干の情熱を、彼らに植えつけることはできない。この仕事にはまってしまうと、やめられなくなる。われわれのトラッカーのほとんどは、一〇年以上も続けている。

ジョンは幼稚園に勤める一方で、わがエンバイロセル社で一〇年以上もフィールドワークを続けている。五歳の子どもの面倒をみるように仕込まれた彼に忍耐力があるかって？もちろんだ。それに、ジョンはちょうど二〇〇回めのフィールドワークを終わらせたばかりだ。中背で茶色の髪、細身で、目尻にカラスの足あとがあって、大足の偏平足。一日中、立っていても全く問題なし。トラッカーには、調査を二〇回こなしただけの修業中のものもいるし、中級レベル、ベテラン、チームリーダーなど、さまざまだ。ノアは、追跡《トラック》とチームリーダーを一三年務め、いまやニューヨークオフィスに所属する四〇人あまりのトラッカーを仕切っている。

買い物の開始から終了まで、ありとあらゆる動きを記録し、数えるだけでなく、トラッカーは、買い物客の動きの微妙な気配までも事細かに書きとめ、観察に基づいて合理的な推測を立てることも要求される。

こうして集めたメモは、この場合は事例ごとにまとめた別の情報の束になる。つまり、ある状況で客がどう振舞うかという情報の山だ。わが社のトラッカーはアメリカ大陸のみならず、世界中を調査して回る。二〇〇八年の時点で、メキシコシティ、サンパウロ、ミラノ、バンガロール、モスクワ、東京に事業所があり、それぞれにトラッカーがいる。各地のエンバイロセル社のトラッカーの多くが一カ月間に店内で過ごす時間は、一般の人がショッピングに費やす数年分の時間よりもはるかに長い。およそ思いつくかぎりの小売業、銀行、ファストフード店、高級ブティック、倉庫のようなディスカウントストアのほか、それ以外のさまざまな店を訪れる。一九九七年以来、われわれは、コンサートホール、スタジアム、駅、空港、図書館、美術館、ホテル、ウェブサイトなど、調査対象を広げようと努力してきた。対象は広がっても、これまでくりかえしてきたことが重要である点に変わりはない。世界でも規模の大きな上位五〇のマーケットのうち、これまでに約半分を調査してきた。アメリカに限れば、『フォーチュン』誌の上位一〇〇社のうちの約三分の一がわが社のクライアントになっている。

常に変化するトラックシート

トラッカーが用いるトラックシートは、われわれがこの調査に従事してきた三〇年以上の歳月をかけて進化してきた。それは事業全体を通じての鍵であり、情報の集積および検索に関する技術（非デジタル部門）の発展の成果である。これまで、スキャンシステムや一風変わったソフトウェアも試してみた。が、結局、もとのトラックシートに戻ってしまうのだ。まともに機能するし、臨機応変さもある。それに修正液やコピー機を使えば、あっという間に変更を加えることもできる。どの現場であろうと、入口から入ってきたものがなんであろうと、瞬時に対応できるかどうかがこの商売の成功の秘訣だからだ。われわれが出向く先々の約三分の一の確率で、クライアントから伝えられた状況と、われわれが実際に目にするものは異なっている。店内の通路は七本ではなく六本だし、見取り図は不思議なことに逆転しているし、われわれが調査をすることになっている対話型情報案内は一カ月前に届いていて、まったく動いていなかったりするのだ。

初期のトラックシートには、購買行動について、およそ一〇の異なったパターンが記録された。現在はこれがおよそ四〇にのぼっている。トラックシートは調査プロジェクトのたびに改訂されるが、たいていはまず現場の詳細な地図の作成から始まる。現場は商店のこともあれば、銀行、駐車場（ドライブスルーのプロジェクトの場合）、あるいは店内の特定の区画、売場のこともある。地図には出入口と通路、ディスプレイ、棚、ラック、台、カウンターがすべて記入される。さらにトラックシートには、買い物客の特徴（性別、人種、推定年齢、服装）と、店内での行動を書きこむスペースがある。トラッカーはマークや文字、符号を組みあわせた速記を使って、たとえば次のようなことを記録する。

赤のセーターとブルージーンズ姿で顎髭を生やした髪の薄い男性が、土曜日の午前一一時七分に百貨店に入ってきて、まっすぐ一階の財布売場へ向かい、陳列されている一二個のすべてを手に取り、または触れてみて、そのうち四つの値札をたしかめ、一つを選んで、一一時一六分に近くのネクタイの棚へ移り、七本のネクタイをなで、七本全部の素材表示をたしかめ、そのうち二本の値札をひっくり返し、結局は買わずにレジへ直行して選んだ財布の支払いをした。そうそう、マネキンの前にしばらくたたずんで、マネキンが着ているジャケットの値札もたしかめていた。それから一一時二三分にレジの行列の三番目に並び、順番がくるまで二分五一秒待ち、クレジットカードで支払いをして、一一時三〇分に店をでた。

店の規模や標準的な客の滞店時間にもよるが、トラッカーは一日に五〇人までの買い物客を調査することができる。通常、われわれは一つの現場に数名のトラッカーを配備し、一つのプロジェクトについて週末ごとに複数の都市にまたがる三、四カ所で追跡《トラッキング》を実施する。ホームセンターやショッピングセンターといった大型店舗であれば、一つのフロアに一〇から一二人のトラッカーを配備する。

調査が終わるまでには、信じがたいほど膨大な情報がシートに記録される。オフィスに戻ってきたトラックシートを、担当責任者がまる一日かけて「クリーニング」する——符号が判読できるか、埋めるべき欄がすべて埋まっているかどうかをたしかめるのだ。つぎに、社内のデータ部がもう一日か二日かけてすべての情報を、すべてのトラックシートの記述を一つ残らずデータベースに入力する。

長年にわたり、わが社は数万ドルの資金と、コンピュータ・プログラマーとのフラストレーションに満ちた膨大な時間を費やして、このような業務に対応できるデータベース・システムを開発しようとしてきた。毎回、同じ数字を同じように処理するのだが、問題は、プロジェクトによってやるべきことが少しずつ異なることだ。別種のデータを集めたり、新たに発見した事実を比較する方法を編みだしたりしなくてはならない。

われわれは優秀なコンサルタントと契約し、半年間にわたってコンピュータ・システムの構築に挑戦した。彼らはわれわれがプログラムに望むことをすべてリストアップするよう求めたが、われわれが毎週新たに六個ものリストをつけ加えるため、前の月からの彼らの努力は水泡に帰した。それから、もちろん、プロジェクトの切り替えはすばやく行なわなくてはならない。というわけで、プロジェクトごとにシステムを抜本的に変更する時間はない。われわれは今日のプロジェクトのために新たな比較をする必要があるかもしれないが、その機能をまた使うのは七カ月後かもしれないのだ。

九〇年代初め、われわれは業務の大半をマイクロソフトのエクセルに頼っていた。それまでは、どうやりくりしていたかって？　エクセルはデータベース・プログラムではなく表計算ソフト、会計担当者が比較的単純なフラット計算をするためのものだ。エクセルの美しさは、オープン・アーキテクチャにある。ユーザーが起動していじくりまわし、性能をアップさせることが可能なのだ。マクロ作成やコード作成もごく単純で、変更を加えるのは簡単だった。現在は業務の大半をファイルメーカーとSPSSで処理しているが、いまでもチェックはエクセルで行なっている。エクセルがあったからこそ、もう何年もこなせてこれたのだ。マイクロソフトが建造したすばらしい自転車を、われわれはデータ処理専用のラフロード走行車に改造したのだ。マイクロソフトがクライアントになったとき、われわれがエクセルに加えた変更を見せた時の彼らの驚きようは見ものだった。

現場からビデオテープが戻ってくると、また別の人間が最初から最後まで見直す。店の規模にもよるが、一〇台のカメラを一日八時間、特定のエリア、たとえば出入口、陳列棚などに向けてまわしつづけている。調査目的の一つが、レジの設計が店の従業員の疲労にどのように影響しているかを探ることであれば、われわれはビデオとストップウォッチを使って、店員が一回の処理に要する時間が、午前一〇時と午後四時でどれほどちがうかを比較するかもしれない。

調査すべき項目のリスト——われわれはデリバラブルと呼んでいる——は、プロジェクトのたびに増えていく。最近数えたところでは、買い物客と商店のかかわりあいについて、およそ九〇〇もの異なる側面から測定されていた。それらすべての結果として、われわれは店のなかでの人間の行動についてかなりの知識を得た。

■試着室にもって入ったジーンズを実際に買う割合

男……六五％
女……二五％
■コーンチップスを買う前に袋の栄養成分表示を読む客の割合
企業や学校のカフェテリア……一八％
町のサンドイッチショップ……二％
■コンピュータを眺めている客が実際に買う割合
土曜日の午前中……四％
午後五時以降……二一％
■ショッピングモールの家庭用品の店で、
客が買い物カゴを使う割合……八％
カゴを使う客が実際に品物を買う割合……七五％
反対にカゴを使わない客が品物を買う割合……三四％

この場合は当然、過去に学んだことのすべてを利用して、カゴを使う客の数を増やす方法を提案する。ショッピングの科学とは、あえて言うなら、調査、比較、分析を通して商店や商品を買い物客により適合させるための高度に実践的な学問だからだ。

ショッピングの科学がもたらしたもの

この科学は、われわれの経験のなかから生みだされた、生き生きと息づいた学問である。何が発見されるかまったくわからない。そのときでさえ、自分たちの見たものの正体を理解するために立ち止まって考えなくてはならないことがある。今でもやるべき作業はたくさんある。三〇年以上、経験を積んできて、どういう結果がでそうか、ある程度の予測はつくようになった。それでもショッピングの科学に引きつけられてやまないのは、状況が同じであることはないし、いまだに驚かされることもあるからだ。ショッピングは人の進化を測る物差しだと思っている。種としてのヒトが変化するにつれて、そうした変化は、われわれの買い方や買い物の目的にも反映される。そうは言っても、生物学的なヒトにはずっと変わらない普遍的な側面がある。本書は、そうした側面について、多くの紙面をさいて述べていく。

●事例1

たとえば、「尻こすり効果」は、ほとんど偶然に発見された。ニューヨークのブルーミングデール百貨店に依頼された初期の調査で、われわれはカメラを一階の正面入口の一つに据えつけたのだが、レンズはたまたま入口の近くの主要な通路に置かれたネクタイの棚もとらえていた。混雑時に買い物客が入口をどのようにして通り抜けるかを調査するためにテープを見直していたとき、われわれはネクタイの棚で奇妙なことが起こっているのに気づいた。買い物客は棚に近づき、立ち止まって品定めしようとするが、店を出入りする人びとにちょっと押されると、ネクタイ探しを諦めてしまうのだ。何度も見直したが、明らかに客は、背後からぶつかられたり、触られたりすることを好まないようだった。とくに女性がそうで、男性はある程度まで気にしないようだ。女性たちはそれを避けるために、興味のある商品から離れることもある。クライアントにたしかめたところ、このネクタイの棚の売上が主要通路としては低いことがわかった。この棚の成績が悪い理由はお尻がぶつかるためだとわれわれは推測した。

これを店長に告げたところ、彼は会議室の椅子から飛び上がって電話をつかみ、例のネクタイの棚を主要通路から少し離れた場所へ移動させた。数週間後に、ストアプランニングの責任者が私に電話をかけてきて、ネクタイの棚の売上が目に見えて上昇したと告げた。その日以来、われわれは狭すぎる場所のせいで買い物客が追いたてられてしまう似たような事例を無数に目撃した。どのケースもわずかに調整することで売上が見違えるように変化した。パーソナルスペースという観念は、ショッピングにも当てはまる。もう少し広げて考えてみよう。これは、人ごみがイヤだということではない。人が大勢いる場所では、わくわくすることもある。ヤンキースタジアムや地元で流行っている店のセールも同じで、人が大勢集まっていることを覚悟して出かけるではないか。狭くて息が詰まるような思いをすることや、こわい思いをすることもあるだろうが、そこに行こうと決めたのは、はかならぬ自分なのだ。これに対して、何度もお尻がぶつかる場所は、思ってもいないときにぶつかられる場所だということだ。

●事例2

辛抱強い観察と分析のなかでのもう一つの「偶然」は、スーパーマーケットの調査をしているときに訪れた。ドッグフード会社の依頼で、ペット用品売場を観察していたところ、ドッグフードは大人が買っていくのにたいして、レバー味のビスケットのような犬のおやつを買うのが子供か老人であることに気づいた。思うに、高齢者にとってペットは子供のようなもので、甘やかしの対象である。また、犬に餌をやるのは子供にとってかならずしも嬉しい仕事ではないかもしれないが、クッキーを食べさせるのはすごく楽しい。親は子供たちのおねだりを聞いてやっていたのである。クッキー売場と同じだ。

ペットのおやつを実際に誰が買っているのか（あるいは買わせようとしているのか）に注目した者がそれまでいなかったので、ペットのおやつはスーパーマーケットの棚の上のほうに積まれているのがふつうだった。そのため、われわれのカメラには棚によじのぼっておやつを取る子供が映っていた。ある老婦人などは、アルミホイルの箱を使って、目当ての犬のビスケットを叩き落としていたが、その場面も目撃された。

商品を子供や小柄な老婦人の手が届く場所へ移動させるよう、われわれはクライアントに助言した。クライアントがそのとおりにしたところ、一夜にして売上が伸びた。

明らかな真理でさえ、店舗のこまごましたプランニングや陳列のなかで見失われることがある。私はクライアントにたびたび言う。明らかなことは目に見えるとはかぎらない、と。

●事例3

あるドラッグストア・チェーンの化粧品売場を調査していたときだった。六〇代の女性が壁ぎわの棚に歩みより、慎重に調べていたかと思うと、床にひざまずいて、彼女にとって唯一必要なもの、しみやそばかすを隠すコンシーラーを探しだした。魅力的な商品とは言えないため、陳列棚のいちばん下に置かれていたのだ。また、ある百貨店での光景だが、肥満した男性が自分に合う下着を探していた。やがて、あぶなっかしい格好で、床すれすれまで身をかがめ、商品を取りだした。どちらのケースも、論理的に考えれば、ディスプレイは利用者である買い物客に合わせるべきであって、製作者であるデザイナーに合わせるべきではない。われわれは、コンシーラーを棚の上方へ移動して、ティーンエイジャー向けの商品を床の近くに置くようアドバイスした。ティーンエイジャーは、欲しいものならどこにあろうと見つけだすからだ。

●事例4

ときに、われわれは集めた情報のすべてを総合して、商店や百貨店の全体像を描き上げることがある。大手ジーンズメーカーから、自社の製品が百貨店でどのように売られているかを知りたいとの依頼があった。そこで、われわれはある週末にマサチューセッツの二カ所と、ロサンゼルスの二カ所へでかけた。百貨店はどれも似ていた。ジーンズ売場は四角形で、八から一二の陳列台と、壁ぎわに棚がいくつかある。まずは各売場のくわしい地図を描くことにして、商品陳列、売場に出入りする通路のほか、看板や掲示など販促用の宣材が置かれている場所も書きこんだ。その週末は、合計七二七人をトラックし、それよりもさらに大勢の客を、ビデオと微速度撮影用のカメラで観察した。とくに「ドアウェイ」——われわれは店舗区画に出入りする通路をこう呼ぶ——に注目した。どの通路に人気があるかをクライアントが知らなければ、どこに何を陳列し、あるいは買い物客を誘いこむ目玉商品をどこに配置するか、的確に判断することはできないからだ。

調査が完了するころには、顧客の何割がどの通路から売場に入ってくるかがわかった。それがわかると、たとえば案内板や掲示の多くが間違った場所にあることが明らかになった。常識的に、店の正面入口と向かいあうようにして置かれていたのだが、ジーンズを買いにくる客は、たいていまったくちがう方向から売場に入ってきていたのだ。メーカーの巨大なネオンサインやロックビデオを流すモニターさえ見当ちがいな方向を向いていて、最大多数の買い物客にメッセージを送るという本来の役目をはたしていなかった。トラッカーは買い物客のあとについて陳列台をまわり、どこで足を止めたか、どの掲示を読んだか、ビデオのモニターに目をとめたかどうか、商品をどう扱ったか、何かを試着室にもちこんだかといったことを観察した。連れの者にジーンズを見せていれば、それも記録した。ビデオには買い物客のインタビューもおさめられている。客の年齢層やライフスタイル、考えかたなど、その行動と結びつけて考察するためだ。たとえば、高卒の若者でジーンズを買うときはブランド優先という客が、値札を見るかどうかといったことである。

調査が終わり、数字が処理され、解析されてから、われわれは判明した事柄にどのような意味があるかを考える。たとえば、男性客は最初にでくわした棚からジーンズを買う確率が高かったとする。そして男性用アクセサリー売場から入ってくる客のほうが女性用ジーンズ売場やエスカレーター側から入ってくる客よりも多いならば、われわれはクライアントにたいして、男性用アクセサリーの近くに陳列棚を置かせるよう助言する。あるいは、別の要素があるかもしれない。女性同伴の男性で、売場の女性部門からやってくる客のほうが、一人だけの男性客よりもジーンズを買う確率が高いなど。その場合は、もっとも力を入れたい陳列台を女性向け商品のそばに置くことになる。しかし、われわれがデータを集めるまで、誰もたしかなことはわからないでいたのだ。

●事例5

また別の例で、小規模な小売の相互作用を詳細に調査することもある。そのようなプロジェクトの一つで、高級シャンプーのメーカーから依頼されて、女性客がノーブランドやストアブランドの美容製品を選ぶ決断のプロセスを調べることになった。クライアントは、女性が買い物のたびにもちこむ「価値の方程式」に興味をもっていた。午前中にスーパーマーケットのストアブランド売場で買い物をして、午後にブルーミングデール百貨店で買い物をする女性は、どの製品をどこで買うかを、どのように決めているのだろうか？　彼女の肌は高級ブランドに値するが、髪はストアブランドで十分なのか？　その昔は、低価格を優先する人びとだけが買ったストアブランドを、いまどきは誰もがカゴに入れている。ここで買い物客24番の女性を見てみよう。

三〇代の女性で、黄色いパンツに白いセーター姿、就学前の女の子を連れている。水曜日の午前一〇時三七分、彼女がスーパーマーケットのヘルス&ビューティのコーナーにやってきた。ショッピングカートではなく、カゴを手にさげ、なかにはすでにストアブランドのビタミンCのカプセル、ジョンソン・ベビーパウダーの大容器が入っている。彼女の手には買い物リストと広告のちらしも握られている。彼女はシャンプーの棚に直行すると、パンテーンのボトルを取って前面のラベルを読み、それからストアブランドのボトルをつかんでラベルを読んだ。それから、パンテーンの値札を調べ、ストアブランドの値札を調べたうえで、ストアブランドをカゴに入れてでていった。

売場に入ってきてから四九秒後のことだ。この短い遭遇のなかに、集めるべきデータが山ほどある。彼女が何に触れ、何をどの順番で読んだかなど、しめて二五あまりのデータ・ポイント。この店のヘルス&ビューティのコーナーで一〇〇人の客をトラックすれば、二五〇〇ものデータが集まる。また、この女性が売場をでていくところを引きとめて、合計二〇の質問をした。つまり二五のデータ・ポイントを二〇の回答とひとつひとつ突きあわせなければならない。これはかなりの難事である。ごく最近まで、そうした研究に手をつけた大学はどこにもなく、小売店、銀行、レストラン、メーカー、ディスプレイ・デザイナーやパッケージ・デザイナーといったビジネス界に託され、ショッピングの科学の誕生を支えていた。今までもそうだったし、これからもそうだ。そのために、彼らはわれわれを雇い、「現場」に送り出しているのである。

ショッピングの科学のルーツを探る

私はショッピングの科学にかかわることになった「偶然」を重視している。学生だった私は、この国を代表する社会学者ウィリアム・H・ホワイトに傾倒していた。『組織のなかの人間』『都市とオープンスペース』『小都市空間の社会生活』といった非常に影響力のあった書物の著者である。彼はまた、一九七四年の「公共空間のためのプロジェクト（PPS）」の発案者でもあった。PPSは、都市景観の保護と改善に大きく貢献しつづけている。

ウィリアム・H・ホワイト、通称「ホリー」がもっともさかんに活動していたころ、彼はいささか型破りな愛すべき人物だった（彼は一九九九年に亡くなった）。グレーの髪と古風で保守的な銀行マンを思わせる貴族的な雰囲気をただよわせながら、ニューヨークの街路と恋におち、どうすれば人びとがそこで暮らしやすくなるかを解明すべくひたむきに研究した。ホワイトの最大の業績は、人びとがどのようにして、街路や公園、広場などの公共の空間を使うかに関する研究だった。微速度撮影や覆面トラッカー、インタビューを利用して、彼と仲間たちは都会の広場やミニパークなどに張りこみ、いわば一日の一分ごとを、数日間にわたって調査した。これが終わるまでに、彼らはすべてのベンチ、柵、小道、噴水、茂み、とりわけそうしたものと人びととのかかわりかた――昼食をとる、日光浴する、おしゃべりする、人間観察をする、うたた寝する、ただくつろぐ場所として利用するなど――を、すべて報告できるようになる。ホワイトらは、すべてを調査した。腰をかけるのにちょうどよい柵の幅、日当たりや日陰や風が公園の利用におよぼす影響、周辺のオフィスビルや建設現場や学校や住宅が公共の空間の質をどのように決定するかなど。

ホワイトは『フォーチュン』誌の編集者だったが、本質的に街頭の科学者だった。つまり、この分野にもっとも早く着手した一人だ。彼が登場する前にどれほど長いあいだ街路が存在したかを考えると、これは驚くべきことだ。ホワイトの研究は、公共の空間を改善して市民により使いやすくするために利用され、それがまた都市を改善するのに役立った。ホワイトの方法は一種のレンズであって、それをとおして物理的な環境を研究し、改善することができたのだ。そして、私のショッピングの科学は、彼の方法論に多くを負っている。

ショッピングへの関心がビジネスに

一九七七年当時、私はニューヨーク市立大学の非常勤講師として、環境心理学科の学生にフィールドワークの技術を教えていた。さらに、私はマンハッタンのダウンタウンにあるイアー・インというバーを共同で所有していた。そこの客で友人に、リンカン・センターの看板や掲示をデザインした人物がいた。リンカン・センターはメトロポリタン・オペラハウス、ニューヨーク・ステート・シアター、エイヴリー・フィッシャー・ホールなどを擁するパフォーミング・アートのための一大複合施設である。友人の話によれば、こうした建物のすべてを駐車場と地下鉄駅に結ぶ地下コンコースの利用状況と、人の流れのパターンを調査できる人材を探しているとのことだった。当時、地下コンコースには小さいギフトショップがあったが、リンカン・センターはもっと大きい店をだしてもやっていけるかどうかを知りたがっていた。だが、まずは店が歩行者の通行の邪魔にならないかどうかを調べる必要があった。友人の口ききで、私がその仕事を手に入れた。

私は学生を集め、カメラを数台かかえて、観察スポットに繰りだし、通る人の数を調べ、地図の作成にとりかかった。混雑するかどうかの問題について答えをだすのは簡単だった。われわれは建設しようとする店と同じ広さをロープで囲い、もっとも混雑する時間帯に行き交う通行人を観察し、フィルムにおさめた。そして、空いたスペースにベンチを置くことを提案した。そうすれば、そこが単なる通り道で終わるのではなく、ちょっとした目的地となるからだ。このとき、リンカン・センターはこの提案を取り入れなかったが、現在、そこにはベンチが設置されている。

また、私は女子用トイレを倍の広さにするよう強くすすめたが、リンカン・センターはその意見を採用しようとしなかった。三〇年たった現在、混雑時の女子トイレの行列はドアの外までつづいている。みっともよい眺めではない。

報告書をまとめるためにデータを解析し、撮影した何時間分ものフィルムを見ながら、私はある位置に据えつけられたカメラを通じて、現在のギフトショップの店内がレジまで見渡せることに気づいた。そこには、二人の客がレジに並んでいた。一人は裕福そうな女性でたぶんオペラ見物の客、カウンターに小箱を山のように積み上げていた。その隣は一〇代の少女で、彼女の買い物は小さい茶色の紙袋一つだった。何が起こっているのかわからなかったものの、私は興味をそそられた。

翌日、ギフトショップの店員と話したところ、あの女性はメキシコの外交官夫人で、母国へのおみやげにしゃれたオルゴールを買おうとしていたのだった。高価なオルゴールを十数個も買うと、代金は九〇〇〇ドルにもなった。彼女は休憩が終わらないうちに支払いを済ませておこうとして急いでおり、しかも商品宅配の手続きをしなければならなかった。さらに、外交関係者ということで、売上税を免除してもらう手続きもあった。控え目に言っても、ややこしい手続きである。

しかもこの手続きは、店員が一〇代の少女の買い物を処理するあいだ待たされた。先にレジに並んでいた少女は、自分の買い物――バレリーナの小さい人形のついたペン――を手にしていた。

私のような門外漢の学者にも、レジの列を少々手直しし、もっとわかりやすくしたほうがよいことははっきりとわかった。この二つの買い物の処理は、同じ店員に扱わせるべきではない。そのとき、私の頭にぱっと電球がともった。**都会の文化人類学者のツールを利用して、ショッピング環境への人びとのかかわりを研究してはどうか？**

その二、三年前、私は著名な社会学者で作家のアーヴィング・ゴフマンとジャック・フルインの論争を近いところで見ていた。ジャックはニューヨークおよびニュージャージーの港湾管理委員会の技術責任者で、当時はニューアーク国際空港の計画および建設という巨大事業に取り組んでいた。そしてジャックは、アカデミズムの世界への不満をぶちまけていた。専門の学者に部下の技師や建築士の手伝いをしてもらおうとしたのだが、期待していた明快な助言をするどころか、自分の知識を現実の設計に応用することについて学者たちははなはだしい不快感を示したのだ。論争ではゴフマンに分があった。だが、いまではっきりと覚えているが、私はこう思った。アーヴィングと働くよりもジャックと働いたほうが楽しそうだ、と。アーヴィングは象牙の塔に隠れていたが、ジャックは外にでて活動していた。

リンカン・センターの仕事が終わってまもないある晩、私は数人の友人とともにグリニッチ・ヴィレッジのナイトクラブにいた。CBSの傘下にあるエピック・レコードの若い幹部が同席していて、私は彼に、店内の出来事を調査するアイデアの話をした。学問のツールをショッピングに向けてみれば、知るべきことは何かがわかるのではないかという発想からだ。ビールを何杯も飲むうちに、私のアイデアが面白そうに聞こえたにちがいない。彼はこう言ったのだ。「企画書を送ってくれないか！」

翌朝、私は意欲に燃えて早起きし、タイプライターを引っぱりだして、自分のプランを打ちだした。それを送って待つこと、そう、およそ一年におよんだ。その間にも、企画書を再送したし、電話もかけた。だが、向こうからは何も言ってこなかった。振り返れば、これはショッピングの科学の暗黒時代だったといえる。

そんなある日、青天の霹靂というか、CBSレコードで市場調査を担当している女性からこんな話があった。会社の誰かがどこかの埃まみれのファイルのなかから私の企画書を発見し、たいへん興味をもった、ついてはいまもレコード店の調査に興味があるかおたずねしたい、と。

もちろんです、と言いながら、私は心のなかで小躍りした。アメリカの大企業が現に五〇〇〇ドルもの大金（と私には思えた）を払って、現代人のショッピングを私に調査させようというのだ。私はすぐさま数人の学生に電話し、ノートと微速度撮影用のカメラを用意して、ニュージャージー州北部のショッピングモールにあるレコード店へと向かった。

あれからおよそ二〇年が過ぎ、数十万時間におよぶビデオテープを蓄積し、膨大な観察をこなしてきたいまとなっては、このときの調査はいじらしく思えるほど原始的だった。だが、当時はいろいろな発見がすさまじい勢いで飛びこんでくるように感じたものだ。

たとえば、調査をした七〇年代の末には、伝統的なシングル盤（四五回転のレコード）がまだ主力商品だった。賢明にも、その店は『ビルボード』誌のシングル・ベストチャートをレコード棚のそばに貼りだし、客の購買欲を刺激していた。撮影したフィルムを見ると、主にシングル盤を買っていたのは思春期の子供たちだった。だが、チャートが壁の高いところに貼りだされているため、子供たちは爪先立たなければチャートの首位に何があるのか見られない。店の支配人にチャートの位置を下げるよう進言してから一週間後、彼は四五回転レコードの売上が二〇％も伸びたと電話してきた。どうだろう！　チャートを下げたらこの効き目だ！

われわれはその週末、長い時間を費やして業界用語でいう会計《キャッシュ》／包装《ラップ》の行列に並ぶ人びとを観察した。店の設計者や販売マネジャーがどう考えようと、会計／包装エリアはいろいろな意味で、どんな店でももっとも重要な部分である。処理ができぱきしていなかったり、一目でわかる仕組みでなければ、買い物客はいらいらして嫌になってしまう。会計を待つ行列が長かったり混雑していたりすると、店に入るのさえためらうことも少なくないのだ。

この店では、入口のすぐそばに新譜の巨大なディスプレイをいくつか置いていた。レジからわずか数メートルのところである。店がすいているときはいいが、混んでくると、レジに並んだ客の身体でディスプレイが隠れてしまう。われわれは、支柱を立ててビロードのロープを張りわたし、列から人がはみでるのを防ぐよう提案した。今回もそのアドバイスはすぐに効力を発揮した。ディスプレイされたレコードの売上がみるみる上昇したのだ。

そんなことはいささか見えすいているのではないかって？　たしかに、あれほどの長時間を観察や撮影や計測やインタビューなどに費やしたあとでは、そうだろう。しかし、それまでこういうことは外見から隠されていた問題だったのだ。

レコード店の客を観察するうちに、われわれは奇妙なパターンに気づいた。LP売場はつねにカセット売場よりも混雑している。しかし、売上は両者が相半ばしていたのだ。客を追ってみて、その理由が明らかになった。LPのジャケットは大きいので、曲のリストや写真が見やすい。そこで、カセットを買う客はLPを眺めて内容をたしかめてから、自分が買うと決めたものをカセット売場へ取りにいったのだ。われわれは、LP売場の通路を広くして、買い物客が押しあいへしあいしないですむような提案をした。売上にひびくからだ。それから、ひどく混みあう売場にはもっと丈夫なカーペットを敷くようにすべきだとも。

この調査に関する最後の思い出は、私がいまでも人によく見せるフィルムから得られた。そこにはクラシック音楽のテープを万引きしている若い男性の姿が映っている。彼がテープを盗むところを何度も見たあとでようやく気づいたのだが、彼がテープをすべりこませた袋は、そのショッピングモールのどこにも出店していないチェーンのものだった。この豆知識をクライアントの警備担当者に伝え、そういう「場違いな」袋を店内で見かけたら気をつけたほうがいいと告げた。あとから受け取った手紙によると、この方法で数千ドル相当の被害を防ぐことができたそうだ。こうして、ショッピングの科学が誕生した。

ショッピングの科学の誕生以前の調査方法

「レジのテープ」

ショッピングの科学が誕生する以前、店のなかで起こっていることを調査する方法は、主に二つあった。一般的な方法は、レジのテープを検証することだ。これは、何が、いつ、いくらで買われたかを語っている。高度に洗練された巨大な多国籍チェーンから、街角のニューススタンドにいたるまで、およそあらゆる小売業が行なっていることだ。四半期ごと、あるいは一年、あるいは任意の一日、あるいは一日のうちの特定の時間帯に、その店が全体としてどんな調子かを知るのにこれはよい方法だった。だが、分析ツールとしては、あるいは、店内で何が、どのように起きているのかを解明する手段としては、これはそれほどよい方法ではない。売上を調べれば、店が勝ったことはわかる。しかし、うまくいっていないことがなんなのかはわからない。困るのは、客が店に入ってきて、通路を歩きまわり、商品を見たとしても、どういうわけだか買わない、ということなのだ。

ビジネスマンが、このテープからあまりにも多くを引きだそうとすると、とんでもない間違いをおかすことがある。

マサチューセッツ州のショッピングモールにあるドラッグストアのチェーン店。ここは、このチェーンがモールに進出したこともあって、経営陣は熱心に結果を知りたがっていた。売上だけを見れば、クライアントはほどほどに満足していた。特に鎮痛剤の売場の成績がよかった。

ところが、われわれがそれまでに行なったドラッグストアや鎮痛剤売場の数々の調査結果に照らすと、ある重要な数字が低かった。クロージャー率——成約率——が、予想されるよりも悪いのだ。つまり、アスピリン売場で足を止め、箱を手に取り、説明を読む客は多くても、実際にアスピリンを買う客が少なすぎるのだ。アスピリンの購入率は高いのがふつうだ。アスピリンはのんびりと眺めるような商品ではなく、たいていは必要にかられて売場へ急ぐ。そこでわれわれは、しばらく時間をかけて、アスピリンの棚のトラッキングとビデオ撮影を行なった。

三日間のうちに、あるパターンが浮かび上がってきた。アスピリンは店の主要通路に置かれている。通路の先にあるソフトドリンクの冷蔵ケースは、大勢の客が集まる場所だ。そうだとすると、アスピリンはよく売れそうなものだが、現実は正反対だった。清涼飲料水を買うのは主にティーンエイジャーで、われわれの観察したところ、彼らの多くは店に入ってくるなりクーラーに突進する。実は、ここはショッピングモールの若い従業員が休憩時間に冷えたソーダをわしづかみするのに絶好の場所になっていたのだ。

こういう若い店員たちは、アスピリンにはまるで興味がない。アスピリンを買いたがっている客には高齢者が多いが、彼らは棚のところでいらだち、ちょっと立ち止まる。いつもの薬を探したり、何を買おうかと思案したりしながら、一〇分間の休憩中に通路を突進してくる若者たちにぶつからないよう注意しなければならないのだ。実を言うと、アスピリンを買おうとする客の相当数が、ティーンエイジャーたちにいらだち、おびえて、品定めを中途で切り上げ、むなしく引きあげていたのである。「尻こすり効果」の修正バージョンである。買い物客は突き飛ばされはしないが、少々おびえていた。ビデオを見れば、はっきりとわかる。なかにはすくみあがって、棚にしがみつく人さえいた。これは理想的なショッピングの姿勢とは言えない。さらに時間を計ったところ、買い物客が棚の前で費やす時間が、これまでの経験から予測されるよりも短いことも判明した。

こういったことが、われわれの仕事ではしょっちゅう起こる。店の客層は単一ではない。だから、店は同じ場所でいくつもの機能をはたさなければならないのだ。こうした機能が完璧な調和をかなでて共存する場合もあるが、ときによっては、清涼飲料水や薬品など多種多様な品物を扱う店ではとくに、ある機能と別の機能が衝突する。

いい例がハーレーダビッドソンのディーラーである。約二八〇平方メートルのショールームで、バイクを買って男らしさを回復しようとする裕福な初老の男性から、スペアパーツを探す肉体労働者、ハーレーのロゴに憧れる一〇代の少年までさばかなければならないのだ。この三者はたがいに関係をもつ気がまったくない。前述したように機能が衝突する場合には、できるだけ多目的の対応ができる方法を考えなければならない。

このドラッグストアの場合、われわれはクライアントに調査の結果を伝え、ふつうなら思いつかない方法を提案した。つまり、アスピリンを店内の静かな一角に引っ越しさせたのだ。売場を訪れる客は減るだろう。それはしかたがない。だが、アスピリンの売上は増えるはずだ。棚を移動したあと、売上は二〇％も伸びた。

またあるとき、われわれが調査した大型書店は、ディスカウント本を積みあげた大きな台を入口に置いたばかりだった。客が入ってくると真っ先に目につく。効果は絶大だった。客のほぼ全員が立ち止まって眺めたものだ。一冊でも本を買う客の割合も高かった。レジのテープだけ見れば、このテーブルは大成功だっただろう。

ところが、買い物客をトラックしてみると、例のテーブルを見たあと、店内の他の場所をめぐる人数が予想よりも少ないことが判明した。こうした場合、毎時きっかりにトラッカーが店内を見まわり、レジやコーヒーショップをはじめ、どの売場に何人の客がいるかを記録する。この密度チェックを、われわれは調査のたびごとに行なう。ここから得られる情報は非常に重要だ。その店の「人口」を、写真を見るようにして正確に把握できるし、人びとがどこに引きつけられ、どこに引きつけられないかがわかり、建築やレイアウト上の何がある特定のエリアから客を遠ざけているかもわかる。客が店内をどのように動いているか（動けずにいるか）がわかるのだ。実際、売場ごとに吸収されるので、店内の他の場所に広がる客の数はどんどん減っていく。しかも、このときは客の動きを記したトフックシートが、露骨に浅いループを示しはじめた――店に入ってきた客は、バーゲン台に寄ったあと、一つか二つのディスプレイを見るだけで、入口からあまり遠くまで行かずにレジへと向かう。これは偶然のことではなかった。当然である。客はバーゲン台から本を選ぶと、レジに直行して、バーゲン品の代金を払って立ち去ってしまう。たとえベストセラーでも定価で販売される本の棚には目もくれない。買い物客のインタビューからは不幸な副作用も明らかになった。バーゲン台が目立ったおかげで、最新刊を買いにいく店というよりも安売り店という評判がたってしまったのだ。バーゲン台の成功が店全体の失敗を招いていた。レジのテープからだけではここまではわからない。

「世論調査」による方法

情報を見出すための第二の方法は、大手市場調査会社（政治意見の調査や商業調査などの大手）の多くで利用されているもので、世論調査を行なう、あるいは単に人びとに質問することである。彼らが何を見たか、したか、あるいはしようと考えたかを聞くのだ。これには、対面調査もあるし、インターネット上で回答してもらうこともある。電話で聞く場合もあるし、フォーカスグループを使って調査することもある。とにかく、何を考えたかを聞くのだ。

たとえば、民主党や共和党が行なっている電話調査。あるいは、店やショッピングセンターの出口でやっている買い物客インタビューでもいい。長い質問リストのあとで、基本的なデモグラフィック特性（年齢、学歴、所得、性別、人種など）を調べる。この二つから、仮説を集めた分厚いバインダーができあがる。四〇歳、白人、大学卒、既婚、女性、子供二人、北東部の郊外に住み、ステーションワゴンに乗っている客は、ピーナッツ・バターのジフがもう少し低脂肪だったらいいのにと思っている。あるいは、コンビニエンスストアでコカ・コーラを買う男たちは、このブランドの色が赤でなかったら、これほど気を引かれないだろうと述べている。あるいは、大卒者の四分の一が、週に一度はパスタを食べる、などだ。

相互参照の可能性は無限である。こうした調査から学ぶべきマーケティングの知恵は多い。しかし、それらは、買い物客や品物が最終的に一つ屋根の下に集うとき、店のなかで何が起きるかについてはあまり明らかにしていない。顧客に店内で何を見て、何をしたかをたずねる調査はある。しかし、その回答の信憑性は往々にして疑わしいものだ。人は店のなかで自分が見たものやしたことを仔細に覚えてはいない。あとで思い出さなければ、と考えながら買い物しているわけではないからだ。

われわれが行なったフレグランスの調査では、何人かの買い物客がインタビューに答えて、あるブランドを買うことを真剣に考慮したと語ったが、それは店に置いていないブランドだった。コンビニエンスストアでのタバコのマーチャンダイジングの研究では、買い物客はマルボロの広告を見たことを思い出した。店内のどこにもそんな広告などなかったのだが。

ショッピングの科学がなぜ必要なのか

人間が何かを買う必要があるときだけ店に入るのだとしたら、そして店では必要なものしか買わないのだとしたら、経済は破綻するだろう。

幸いなことに、二〇世紀後半のアメリカではショッピングは誰も予想しなかったほど成長した。いかなる時代のいかなる場所にも見られないほどに。現在では、むしろ買い物をしないための努力がいる。商店や博物館、凝ったつくりのレストランに足を運ばなくとも、インターネット・ショッピングの売りこみが、同類の安っぽいテレビ・ショッピングのそれと並んで、一日二四時間、週七日、鼻先に突きつけられている。郵便受けに近づけば、いやでもあのおびただしいカタログにでくわすのである。

その結果、専門家が口をそろえるように、人びとは危険なくらい商品売りこみ合戦の渦中におかれた状態にある。あまりにも多くのものが、あまりにも多くの販路を通じて売られているのだ。最強の景気ですら、小売の成長に追いつけない。出生率を見てもわかるように、新しい店ができるほうが、新しい客を生みだすよりもはるかにすみやかなのだ。

二〇〇八年、先進諸国で小売業者が新たに店を開くのは、もはや新しい顧客を獲得するためというより、他の店の顧客を横どりするためだ。小売業の最先端が、もはやアメリカや西ヨーロッパではないことは皮肉でもなんでもない。最新の買い物天国は、モスクワ、ドバイ、上海、ムンバイである。これらの都市には新品のお金があるし、経済は伸びる一方だ。そして、累積需要は膨大なのである。

一方、ここアメリカでは、既存店の売上に焦点をあてなくてはならない。つまり、スペースや場所を変えることなく、いかにビジネスを拡大するかである。小売の戦術面に注目が集まったことでショッピングの科学の成長は早まった。

ショッピングの科学の今日の隆盛には、ほかにも理由がある。何世代か前には、消費者の耳をねらったコマーシャルは、高度に凝縮された信頼できるかたちで入ってきた。テレビは三大ネットワーク、ラジオはＡＭだけ、大部数を誇る全国発売の雑誌がひと握り、それから町ごとに地方紙があって、町のすべての大人が読んでいた。有名ブランドの商品はそうしたメディアを通じて宣伝され、メッセージは大声で、明快に、信頼できる伝わりかたをした。現在、テレビのチャンネルは一〇〇にせまり、リモコンやビデオレコーダーでコマーシャルはとばされる。ＦＭラジオが出現し、細分化された関心事に見合った膨大な数の雑誌が生まれ、ウェブサイトは際限なく膨張し、新聞の購読者は減るばかり。こうした状況のすべては、消費者にメッセージを届け、何かを買うよう説得することがこれまでになく難しくなったことを意味している。

それと同時に、われわれの目の前でブランドの影響力が崩れかけている。ひと昔かふた昔前には、人生の早い時期にブランドを決めたら、最後までそのブランドへの忠誠が貫かれたものだった。ビュイック好きならビュイックを買う。マルボロびいきならマルボロを吸う。自分のひいき、たとえば飲料はコークかペプシか、家電はケンモアかワールプールか、石鹸はゼストかアイボリーかを決めたなら、それを生涯守りとおす。いまや考えようによっては、毎日が新たな決断であり、すべてが当然ではなくなっている。

つまり、**何を買うかの決断が、店の外の状況に左右される可能性がますます低くなっているということだ。**多くの購買決定が店のフロアでなされ、あるいはそれに強く影響される。買い物客はブランドへの忠誠や、何を買うべきかを広告に頼るよりも、店内での印象や情報に左右される。

その結果、メッセージを伝え、売上を決める媒体はいまや店と通路になった。建物と場所そのものが、巨大な三次元広告なのだ。看板、棚の配置、ディスプレイ空間と備品のすべてが、買い物客に特定の品物を（何かを買うなら）買いやすく、あるいは買いにくくしている。ショッピングの科学は、こうしたツールをいかに利用するかを語ろうと意図している。買い物客に実際に読んでもらえる案内や掲示をどうデザインするか。メッセージの場所が適切かどうかをいかにして知るか。買い物客が快適かつ容易に試着できる衣料品のディスプレイはどのようなものか。店全体に客の手が届き、確実に手を伸ばしたくなるようにするにはどうすればよいのか——。

最後に、われわれの調査が証明したところによれば、**買い物客は店にいる時間が長くなるほどたくさん買う。客が店内に滞留する時間は、その場がいかに快適で楽しいかによる。**ホリー・ホワイトの研究が、都市の公園や広場を改善したように、ショッピングの科学はよりよいショッピング環境を創出する。つまるところ、われわれは消費者擁護運動をしながら、クライアントにも利益をもたらしているのだ。

本書の執筆にとりかかった一九九七年、エンバイロセルは店舗やショッピング環境に取り組む業界の先駆けだった。それから一〇年がたち、「ショッピングの科学」は、あらゆる小売業者やマーケット担当者が使う言葉となった。そして、いまや多くの企業が、われわれと同じサービスを提供すると喧伝している。つまるところ、観察とは、人が学んでいく重要な一方式だといえる。であれば、観察ビジネスに参入しない手はない。われわれのやり方をまねるすべての企業の皆様。人生をよりよくするために貢献する仲間として、御社の参入を歓迎します。

そうはいっても、話をややこしくさせるだけの企業もある。まず、効率的なデータ収集を提供する技術系の企業がそうだ。そうした企業は、店に取りつけたカメラに接続して、客を一人ずつ数えるソフトウェアを売っている。看板やディスプレイを素通りする人を数えることに、どれだけの意味があるだろうか？　その客は看板を見たのか、読んだのか、それとも買い物をしたのだろうか？　ニューヨークの二〇丁目とブロードウェイの交差点にあるオフィスにいると、新製品を売り込もうとする技術系企業がひっきりなしにやってくる。「この製品は小売業界を変えます」と、何度聞かされたことだろう。そのほとんどは、私が「使いみちを探しているテクノロジー」と呼んでいる代物だった。こんなことができますよ、こうした情報を集めることができますよ、というものではあったし、それにお金を出す人はどこかにはいるのだろうけれど。

一時間でいいから会ってほしいという電話を受けて、会う場合もある。そうしたケースで、会う前に一七ページもの秘密保持契約が届いたことがあった。われわれを雇ってくれるのであれば、もちろん喜んでサインする。しかし、いきなり電話をかけてきて、一七ページの契約書を見てくれというのは、不愉快極まりない。そこで、この数年、あるすばらしい計画を提示することに決めている。誰であれ、一時間は相手に会う。誠実に対応することも約束する――ただし、私が選んだ慈善団体に七五〇ドルを寄付するという条件で。こうして、ニューヨークにホームレス女性のための家を建設する費用として、これまでに数万ドルを集めることができた。

見せられたもののなかには、くだらないものもあった。たとえば、スパイ衛星で戦車の動きを監視するソフトウェア。広角カメラを天井にとりつけて、はい、ショッピングの科学のできあがり。多くの企業がベンチャーキャピタルの出資を受け、如才ないプレゼンをし、ラスベガスのしかるべき場所で豪華ディナーをふるまい、将来的な見通しをこれでもかというほど並べ立てて、事業を進めている（ベンチャーキャピタルは、そうした会社をリサーチやコンサルティングを行なう会社ではなく、ソフトウェア会社だと考えているのだろう）。週報を二年間受け取るという契約を彼らと結んだ二カ月後、問題は起きる。新しい週報から顔を上げて、こう聞くはめになるだろう。「それで、わが社はどうすればいいんだ？」一度はわれわれを退けて、ちょっとしたソフトウェアを購入したものの結局、その二年後に再びわが社を訪ねてきたクライアントは数多い。彼らがわれわれを選んでくれたのは、非常に喜ばしいことだ。

もう一つ、われわれがエンバイロセル・ライトと呼ぶ問題について、言っておきたい。訓練を受けていない未経験の人間を現場に送り込んで、われわれと同じ仕事をさせている企業のことだ。つまり、客が何を見て、何を手に取り、何を読んだのかを観察させるのである。簡単に聞こえるだろうが、こうした用語は慎重に定義する必要がある。でなければ、受け取る報告はわけがわからないものになりかねない。現在、われわれと似たような業務を低料金で提供する競合他社は数多くある。だが、そこから得られる結果は、支払った費用に見合うものでしかない。

2　小売業者が知らないこと

ここでショッピングの科学を、科学者ではなく実践者、すなわち小売業者の視点から見るのも有益だろう。彼らはわれわれの調査の構成要素の一つであるにちがいない。つまり、買い物体験の提供者である。と同時に、小売業者はわれわれの学んだことをすべて吸収し、見出された法則を応用することが期待される人びとでもある。自分たちの商品がどのように買われていくのかを理解する必要があるということだ。それに、われわれが研究するのは彼らの店なのだから、当然つぎのような疑問がでてくる。

小売業者はそんなに無知なのか、と。

そのとおり。たぶん、人が想像する以上に。例をあげよう。

経営評価の手法

ショッピング環境にいまだ広大な未踏の地が残されている証拠だが、年商数十億ドルのチェーンの重役できわめて知的かつ有能な人物が、つぎのような簡単な質問にさえ答えられないということがあるのだ。

あなたの店で、実際にものを買うのは店を訪れる人のうち何人くらいですか？

自分が彼の立場ならわかるはずだと思うかもしれない。だが、まあ聞いてほしい。彼は怠け者ではない。自社のチェーンの何千という店舗の状況をかなりよく把握しているし、日々のことはもっとくわしい。総売上（取引の回数および金額）や、平均売上高、ある店舗の前年同日と比較しての売上、地域ごとの売上、品目やカテゴリーや店舗、ことによると月ごとの売上といった大事なことを。

そのようなことはすべて知っているのだが。

●その1　コンバージョン・レート

あなたの店で、実際に品物を買うのは来店者のうち何人ですかとたずねれば、彼はこう答えるだろう。全員、ほぼ全員だね。これは彼の答えだが、彼が率いる巨大企業（ＰＣネットワーク化され、データをむさぼり数字をかみ砕く、計算の好きな企業）の回答でもある。そこの誰もが同意する。コンバージョン・レートまたはクロージャー・レートと言われるもの（来店者が実際にモノを買う確率）は、ほぼ一〇〇％である、と。この会社の理屈はこうだ。うちの店は客に目的があってくるところだ。だから客がくるのはとくに買いたいものがあるからだ。したがって、客が買わないのは、お目当ての品物が在庫切れの場合にかぎられる、と。

実は、コンバージョン・レートという概念そのものが、来店者《ショッパー》を購入者《バイヤー》に変える、つまり「転換する《コンバージョン》」という意味を含むのだが、この企業にとってはまるで馴染みがなかった（いまでも多くの大企業や重役たちにとってはそうなのだ）。

私がこの質問をしたのは、このチェーン店についての大がかりな調査をした直後だった。私はコンバージョン・レートを知っていた。何百時間も費やして、来店者と購入者を数えた結果だ。コンバージョン・レートは、この業態にしてはかなり高かった。だが、重役の思いこみの半分くらいだった。正確に言うと、来店者のうち何かを買ったのは四八％だったのだ。

その男性は情報の価値を信じていたので、面食らいはしたものの、くわしい話を聞きたがった。だが、彼の会社の何人かはうさんくさそうな、憤慨したような、侮辱されたような顔つきで、とんでもない計算ちがいだと確信していた。そこで彼らは、独自に調査をした。いくつかの店の入口に立ち、入ってくる人数と袋をかかえてでていく人の数を数えたのだ。

その結果は、われわれの調査とまったく同じだった。そのことは、つまるところ彼らにとっては非常にポジティヴな結末をもたらした。それはつまり、よい会社は何かを変えていくことでもっとよい会社になるからだ。そこの重役に聞いてみればいい。われわれの調査が「弊社の長年にわたる思いこみに根本的な変化」をもたらしたと言うだろう。いずれにせよ、彼らは店のレイアウト、ディスプレイ、マーチャンダイジング、店員の配置などを変えはじめた。コンバージョン・レートが改善され、利益の拡大をもたらすことは間違いない。

われわれの発見は、この会社の長期の展望にとっても有益だった。ウォール街が要求し、誰もが好む有意な成長を刺激するには、帝国の拡大という、いずれガス欠を免れない金のかかる戦略をとらなくても、店舗レベルでこと足りることを示したのだ。二〇〇七年、同一店舗の売上を比較することは、チェーン全体の健全性を示す目安となっている。

二〇世紀末、ほぼすべてのマーケティング担当者は暗中模索していた。一〇年前までは、売上データやレジの記録を集計するだけでよかった。だが現在は、あらゆる大手消費財メーカーが、買い物客や消費者についての洞察グループを活用している。店内にいる人（買い物客）の心理と、商品を家に持ち帰った人（消費者）の心理について、そのちがいを侃《かん》侃諤諤《かんがくがく》と議論するのはよくあることだ。一般的に、洞察グループは、好ましい変化をもたらしてきた。それでも、郊外のキャンパスなどに拠点をおくマーケティング担当者にしてみれば、大きな食いちがいに戸惑うことは多い。二〇〇八年になり、データの意味を解明することに比べて、データ収集はかなり楽になったが、対策を講じることは依然、簡単ではない。ショッピングの科学が誕生してから、豊富なデータベースを宣伝する企業はたくさん出てきた――わが社は、セキュリティカメラを使って、一〇〇万人の客を追跡しましたんだが、それに何の意味があるのだろうか？　前著の執筆から一〇年を経たが、私に言わせれば、ショッピングの科学が真っ当に発展するには、そうした情報を企業がどう生かすかを考えることが重要だ。どういった対策を講じるにせよ、自問することも欠かせない。売上は伸びたか？　経費節減になったか？　と。

基本に戻ってみよう。コンバージョン・レートは、店や商品の種類によって大きく変動する。スーパーマーケットのコンバージョン・レートはほぼ一〇〇％だろう（乳製品やトイレットペーパーの売場など）。高価な絵画を扱うアート・ギャラリーでは、実際のところ一〇〇人に一人がいいところで、それでも多いほうだろう。だが、売りものがなんであれ、コンバージョン・レートが経営の指標としてきわめて重要であることに異論の余地はないはずだ。客を引き寄せるのはマーケティング、広告、販促、立地だが、来店者を購入者に転換するのは、マーチャンダイジング、従業員、店自体の仕事だ。コンバージョン・

レートは、手持ちをどれほど活用しているかを測る物差しだ。その企画がもっとも意味をもつ場所、つまり店内で、どれほどうまく（あるいはまずく）機能しているかを測る尺度である。小売業におけるコンバージョン・レートは、野球における打率のようなものだ。昨シーズンに誰かが一〇〇本のヒットを打ったとしても、打数は三〇〇かもしれず、一〇〇〇かもしれない。コンバージョン・レートを知らなければ、自分がホームラン王のミッキー・マントルかミッキー・マウスのどちらかもわからないのだ。

それでも、単純なコンバージョン・レートには限界がある。この一〇年、多くの店舗が、出入口やレジに電動カウンターを取りつけた。さ、これで即席コンバージョン・レート計算機のできあがり。だが、本当に必要なのは、数の裏にある細かな情報だ。男性と女性ではどこがちがう？　子連れだったら？　アフリカ系やラテン系は？　ドアのカウンターは人数しかとらえない。大画面テレビを一人一台ずつ抱えた四人家族が帰るところではなさそうだ、などということは、とらえてくれないのである。高級な機種だったら重量を測定して、性別を判断するくらいのデータは得られるだろうが、そんなものに大金を注ぎ込むつもりは毛頭ないだろう。われわれのところには、カウントシステムを取り入れた企業からの電話が、ひっきりなしにかかってくる。毎日のようにデータが流れ込むようになって三カ月たっても、その情報をどうやったら今後に生かせるツールに変えることができるのか、わからないままだからだ。本社が数字を並べ立てれば、店長はフラストレーションを感じて、こう答えるだろう。「コンバージョン・レートが低いのは当然です。なんといっても、のんきな暇つぶしの客が出入口にたむろしているんですから。ご存知のように、隣の店はキッチン用品を扱ってますからね、そこから逃げてきた男性がうちにやってくるんですよ」

それでも、コンバージョン・レートにまるで無知な商売人があまりにも多い。このような経営評価の手法は、ビジネススクールでは教えてくれない。利潤差額や投資収益や通貨供給量などとは無関係だからだ。店の四方の壁のなかで何が起こっているかがすべてなのだ。

●その2　買い物客の滞留時間

ここでもう一つ、店内の出来事が十分に認識されていない例をあげよう。

あるとき、大手化粧品会社の役員に質問した。女性が化粧品を買うのに費やす時間は、一回の来店についてどれくらいでしょうか。

「まあ、一〇分くらいかな」と彼。

「うーむ」と私。この化粧品会社についての調査で、化粧品売場の客の平均滞留時間は二分と判明したばかりだった。商品を買った客は、それより三〇秒間だけ長居した。視野を広げてみると、スーパーにいる時間は会計をすませるまでで平均して二五分。大型スーパーや百貨店――アメリカのウォルマートやヨーロッパにあるカルフール、南アフリカのケープタウンにあるピック・アンド・ペイ――だとだいたい三〇分。これはストップウォッチで計った時間だ。どのくらい店内にいたか、だれかに聞いてみるのもいい。きっと倍も長い時間を答えるだろう。商業施設の時間には、三種類ある。実際の時間、感覚的な時間、その二つを合わせた時間だ。

ということは、客が一軒の店で費やす時間（ショッピングしている時間のみ、列に並ぶ時間は除外する）は、その客がどれほど買うかを決定するうえでとくに重視すべき要因のようだ。われわれの調査では、この二つのあいだに直接の関係があることがたびたび証明されている。消費者が店全体（もしくは大半）をまわって、多くの商品を検討する（商品を眺め、触れ、思案する）には、かなりの時間を要する。

われわれが調査した電器店で、非購入者の滞店時間は五分六秒、これにたいして購入者は九分二九秒だった。玩具店では、購入者が一七分以上、非購入者が一〇分。店によって、購入者が費やす時間は非購入者の三倍から四倍になる。買い物時間の長さに、なんらかの意味で含まれる要素は膨大で、それを調査するのがわれわれの仕事の大半だ。われわれが小売業者に与える助言のほとんどは、客の買い物時間をより長くする方法にかかわっている。だが、まず問題の店なり製品なりを買うのに人びとがどれほどの時間をかけているかを知らなければ、それを長くさせる方法もわからない。

この方法の裏をかえすと、われわれが混乱指数と呼ぶものになる。混乱指数とは、途方にくれて店内をうろつく人の数だ。時間は相対的なものだということを思い出してほしい。つまり、ターゲットやウォルマートでうろうろした一〇分は、三〇分に感じるということだ。ピンとくるものを偶然見つけたとしても、探していた物が見つからなければ何の意味もないのである。この一〇年でうまくいった事例のひとつに、事務用品専門店がある。一九九七年、ステープルズ、オフィスマックス、オフィス・デポがオープンさせた新店舗は、倉庫風の設計になっていた。棚の高さは四メートルくらいあって見上げるほどで、控えめに言っても、毎週そこで買い物をするわけではない客からすれば、使い勝手が悪かった。通路にいる客の三分の一は、そこに並んでいる商品を探していたのではなく、ぶらついているか、暇をつぶしているか、もっと多かったのは、コピー用紙がどこにあるのか見当がつかずにいた客だったのである。ほとんどの客は必要な物を買って、店を後にしていたけれども。われわれの提案を受け入れて、レイアウトを変更したのは、まずステープルズだった。彼らは、われわれの「アリーナ・コンセプト」を発展させて、店の中心にある棚は低く、端にいくにしたがって少しずつ高くしていったのである。この改装は見事だった。店内に一歩足を踏み入れると……広くてもすべてが見えるようになっていた。端まで見渡せるのである。用のない通路を歩き回る客もいなくなった。オフィスマックスとオフィス・デポも、店内を独自なものに作り変えた。その結果、売上が二〇％以上伸びた店もある。

新装開店した店で、客が過ごす時間は長くなっただろうか？　当然。それに、店で過ごす時間もはるかに楽しいものになったのは言うまでもない。

●その3　応対率

もう一つ、店を判断する方法がある。応対率だ。従業員となんらかの接触をもつ客の割合のことだ。これは今日、とくに重要性が高くなっている。現在、多くの店が従業員を減らし、正規の雇用を減らし、最低賃金を引き下げることによって経費の節減をはかっているからだ。われわれの調査はいずれも、この二つのあいだに直接の関係があることを示している。買い物客と従業員の接触が増えるほど、平均の売上が伸びる。店の従業員との会話は客を引きつける一つの方法なのだ。

ある巨大衣料品チェーンでは、応対率が二五％だった。つまり、買い物客全体の四分の三が販売員とまったく口をきかない。応対率がこれほど低いのは危険だ。顧客になりうる人びとが迷子になったり、判断に迷ったり、あるいはたんに情報が欲しかったりして、店員を見つけようと店内をうろうろするうちにいらだつ可能性があるからだ。

さらにこの数字は、従業員が商品の売りこみにあまり時間をさかなかったことも意味する。彼らは棚の整理をしたり会計処理をしたりしていて、お客にモノをとりもつ時間があまりとれないのだ。こうなると、店の業績悪化は目に見えている。理由は明白だろう。

存在に気づいてほしいと思うのは世界共通だが、と同時に、構わないでほしいと思うものでもある。あるクライアントは、客から二メートル以内に近づいたら挨拶することをルールにした。このルールは、フロアの従業員に判断をさせないことになるわけで、好ましいものではない。だが、その背後にある考え方はいいと思う。

●その4　買い物客の待ち時間

最後にあげる物差しは、非常にシンプルだ。すなわち待ち時間。別のところでも論じるように、これは顧客を満足させるうえでもっとも重要な要因である。ところが、客をあまり長いあいだ行列（など）で待たせると、サービス全般の印象が一挙に悪化することを認識している小売業者は少ない。多忙なエグゼクティブは何ごとにつけても待たされるのが嫌いなのに、それはふつうの人も同じだということを忘れている。

ある家庭用品チェーンの副社長にショックを与えたビデオがある。それは彼の店を撮影したビデオで、一人の女性が二二分間もかけて買い物したあと、レジの長い行列に並んだのだが、気が遠くなるほど待たされることに気がついて、商品を山と積んだカートを放りだして立ち去ったのだ。われわれにとっては驚くまでもない。よくあることなのだ。

あるとき、仕事を依頼された銀行は、五分以上待たせた顧客に五ドル支払うキャンペーンを始めようと計画していた。窓口の列を二日間にわたって調査した結果、われわれはクライアントにたいし、この計画は試算の三倍のコストがかかると報告した。彼らは計画を中止し、客の待ち時間を短縮させることに取り組んだ。

自分たちの客を把握しているか

以下の最後の問題には、店を測定する方法は含まれていない。だが、ビジネスマンの無知を示すまたとない例なので紹介しよう。

彼らは、自分たちの客が誰かを知らないことも珍しくない。すでに述べたように、ペットのおやつメーカーは製品を高い棚の上に並べており、購買者の主力が老人と子供であることを自覚していなかった。ファミリーレストランのチェーンを調査したときのことだ。二人掛けのテーブルがいやに多く、四人掛けのテーブルが少ないため、混雑時に問題が生じていた。それというのも、食事にくるグループの人数を数えてみた者がいなかったからだ。また、別のファミリーレストランのチェーンでは、各店の床面積のおよそ一〇％をカウンター式の座席が占めていた。客のまばらな時間帯にカウンターが使われないのは、同行者のいない一人の客が新聞や雑誌を読めるテーブル席に座りたがるからだ。混雑した時間帯に使われないのは、二人から四人のグループがテーブルに座りたがるからだ。テーブル待ちの客が列に並んでいるときでさえ、カウンターには客がいなかった。

誰が自分の店の客なのかを小売業者が知らないことから生じる問題は、ひんぱんに起こっている。ニューヨークのグリーリー・スクエアにあるニューススタンドが、売上を伸ばすために雑誌のスペースを広げようと計画した。われわれが調べたところ、すぐ近所に大きなコリアンタウンがあるため、客の大半がコリアンかヒスパニックだった。ハングルの雑誌（ハングルの新聞はすでによく売れていた）と、ラティーノ市場で人気のソフトドリンクを仕入れてはというわれわれの助言にしたがった結果、売上はたちまち伸びた。

これに類した問題は、ニューヨークやロサンゼルスのような大都市ではよく見られる。店やレストランでひと休みしようとする外国人客である。だが、アジア系の客のための便宜はほとんどはかられていない。彼らは数も多く、ぜいたくに散財する傾向もあるというのに、日本語やハングルでのサイズ換算表も、為替レートの表示も、使用可能なクレジットカードの表示もない。気のきいた小売業者なら、かたことでも日本語、ドイツ語、フランス語、スペイン語をしゃべる従業員に報酬を与えるだろう。外国で買い物をした経験があればわかるように、ちょっとした一言が大きなちがいを生むのだ。レストランには日本語やドイツ語のメニューを用意するとよい。

第二部　ショッピングのメカニズム

ショッピングの科学の背後にある第一の原則は、単純そのものだ。すべての人間には共通した生理的、解剖学的な能力と傾向と限界と欲求があり、ショッピング環境はこうした特徴に合わせなければならないのである。これを「生物学的普遍性」という。

言い換えれば、商店や銀行やレストランなどの空間は、ヒトという動物の特性になじむようにする必要がある。客には性別、年齢、収入、趣味や好みなど、外見的な相違がいくつもある。外国に行けば、別の点も考える必要がでてくる——人口密度、気候、治安、経済成長度といったことだ。だが、それよりも共通点のほうがずっと多いのだ。この事実と、それにともなう考え——建物（店舗や銀行は言わずもがな、ホテル、スタジアム、空港、病院、住宅やマンションなど）は使用者の生物的な特質を反映すべきだ——は、わかりきったことではないだろうか？　つまるところ、こうした店を設計、計画、経営するのは人間で、そのほとんどは、ときとして自分自身が買い物客ではないのか。すべては正しく行なわれて当然だと思える。

それなのに、人間という機械がどのような構造で、その行動が生理的、解剖学的にいかに規定されているかについて、ショッピング環境をととのえる側が認識しそこね、対応しそこねていることを暴露することが、われわれの業務の大半を占めている。私がここで話しているのは基本中の基本だ。われわれには手が二本しかないことや、使わないときの手が床から約九〇センチの高さにあることなどである。また、われわれの目は正面についていて、目の端でとらえるものの大きさは環境によっても決定されること、それにモノよりは人を見ることということもある。たとえば、さらに、人がどこをどのように歩くかをほぼ確実に予測できるという事実もある。人間は予測可能な経路を進むときに速度を上げ、周囲に反応すると減速して立ち止まることなどだ。

東京、パリ、ケープタウン、カリフォルニア州オレンジ郡など、私がどこにいようと、私の身長が二メートルであろうと、一六〇センチであろうと、人間の基本的な寸法は予測できる。中国人でもインド人でもメキシコ人でも、関係ない。世界中どこであろうと、日は同じように機能するし、同じように老眼になるのだ。

これらすべての意味するところは明らかだ。買い物客がどこへ行き、何を見て、いかに反応するかが、彼らの買い物体験の質を決定するのである。彼らは商品や掲示をはっきりと見るか、あるいは見ない。商品に楽に手を伸ばし、あるいは苦労して手を伸ばす。売場をゆっくりしたペースで移動し、あるいはさっさと通り過ぎる。またはまったく通らない。

こうした生理的、解剖学的要因がすべて動員されて、複雑な行動のマトリックスを形成する。ショッピング環境が買い物客という生物にみずからを適応させるつもりであるならば、これを理解しなければならない。

ショッピングの科学からわれわれが学んだ何よりも重要な教訓は、つぎのようなものだ。

■**適合性と収益性は全面的かつ複雑に結びついている。あらゆる面において前者を心がけよ、そうすれば後者が保証される。**

■**高度に個人的な買い物客のニーズに対応するショッピング環境を構築し、運営せよ。そうすれば繁盛する店が生まれる。**

つづく章では、きわめて基本的な事柄、たとえば人の手がつかめる量、移動中に読めるものの限度、買い物客以外の人間の生理的欲求でさえもが、いかにショッピングを決定しているかを見ていくことにしよう。

この同じモデルを使えば、どの物理的環境にも応用できることがわかるはずだ。

3　入口と移行ゾーン――ショッピングの始まり

ストップ。

ちょっとじっとして。何も聞くな。黙って見ていたまえ。

われわれは駐車場の真ん中に立っている。それがポイントだ。

わかるだろうか、誰もが足早に店内へと向かう。早く店に入りたくて気がせくから？　そうかも。だが、私はこれまでに駐車場を通り抜ける人びとをずいぶん見てきたが、誰もが早足なのだ。駐車場はのんびり歩く場所ではない。五番街ではないし、目抜き通りでもない。急発進する車、排気ガスのにおい、アスファルト、それから何よりもいつもの天気である。雨、風、冷気、熱気。

オーケー。では、人びとと一緒に店へ。前方に何が見えるか？　窓。なかには何があるのか？　商品。それとも看板？　それとも商品と看板？　よく見えない。日光がガラスに反射している。あるいは外が暗いのに照明を落としすぎだ。たいていの小売業者は、昼と夜とで照明を変えるということをしない。つまり、昼と夜の（両方でなければ）どちらかは、視界がひどく悪いということだ。

話を先へ進めるために、窓のなかに何があるかがわかったとしよう。何かのディスプレイ、マネキンか商品だ。だが、それがなんであるにせよ、スケールを間違えている。あんなに遠くにこまごましたものを並べてもここからはよく見えない。それに覚えておくべきだが、人は速く歩いているときほど視野が狭くなる。だが、品物や宣材を見たり読んだりできるくらい近づいたときは、足を止めて眺めようという気分ではない。心臓破りの駐車場歩きを終えて、ようやく入口が目の前にある。ウィンドウの狙いがなんであれ、そんなものは忘れることだ。駐車場に面したウィンドウのメッセージは、大きく、太く、短く、シンプルに。でなければただ邪魔なだけだ。

さあ、ドアの前まできた。なかに入る。勢いにのってさらに進む。店の敷居をまたいだとたんに急停止する人を見たことがあるだろうか。私はない。玉突き衝突の原因だ。ここにきて、一緒に立ってドアを見よう。客が入ってくると、何が起こるか？ 見えないかもしれないが、彼らはあわただしく自分を適応させようとしている。ペースをゆるめると同時に、目を明るさとスケールの変化に調節し、首を伸ばし、見るべきものをすべて見てとろうとするのだ。その一方で、彼らの耳と鼻と末梢神経が、それ以外の刺激を識別している。音やにおいを分析し、店内が暑いか寒いかを判断する。このような多くのことが行なわれるのだ。つまり、まず断言できるが、彼らはまだ本当に店内にいるのではない。見たところいるにはいるが、あと何秒かしなければ本当に店にいる状態にはならない。じっくりと観察すれば、買い物客の大半がどこで歩をゆるめ、どこで外にいる状態から店のなかにいる状態への移行をはたすかが予測できるだろう。誰でもほとんど同じ場所だ。店のフロント部のレイアウトにもよるけれども。

つまり、この移行がなされる前に客が通るゾーンに何を置いても役に立たない可能性が高い。商品がディスプレイしてあっても、客は目もくれない。掲示があっても、さっさと通り過ぎるだけなので、何が書いてあるか読みとれない。販売員が心をこめて「何をお探しですか?」と言おうものなら、「いや、別に」と答えるだろう。間違いなく。チラシの山や買い物カゴをドアのすぐ内側に置いてみるといい。客はせいぜい見るだけ、まず手に取りはしない。店の奥に三メートル移動すれば、チラシもカゴもすぐになくなる。これは自然の法則、つまり買い物客には滑走路が必要だということだ。

同じことはホテルのロビーにも言える。フロント・ドアのわきに案内板を置いたらどうなるか。フロントクラークは一日二四時間、週七日、くだらない質問に追われるだろう。ビジネスホテルのロビーをチェックしてみて、いわゆる「情報構築計画」がないために、カスタマーサービスがとばっちりをくらっていることがわかった。コンシェルジュやベルボーイがホテルにやってきた客に、一日中トイレの案内をしなくてはならないとしたら。どれくらいの訓練を積むかは別として、一週間で五〇〇回、同じ質問に答えてもいらつかずにいられるかどうか試してみるべきだ。ウィンドウ、入口、滑走路は買い物の始まりだ。それはホテルの客にとっても同じことなのである。

移行ゾーンという落とし穴

われわれのクライアントに話をすると、意義深く役に立つわれわれの発見のなかでもとりわけ移行ゾーン、専門的には減圧ゾーンと呼ぶものへの反応が強い。われわれが知らせることのなかで、おそらくもっとも意外なのだろう。たぶん、われわれの助言が、フロントにたいする人間の根強い憧れをそっけなく退けるからだ。われわれはみなそこへ行きたがる。集団の最前線、列の先頭、クラスのトップ。フロントランナーには戦利品が保証される。

しかし、ショッピング環境においては、最前線はときに人がもっとも行きたがらない場所なのだ。たとえば、小売業者はフロント・ドアに商品名を掲示してメーカーから金を取ることがある。一見したところ、誰もがフロント・ドアを見るわけだから、これはマーケティング予算の賢い使い方のように見える。ところが、買い物客がドアに近づくときは、ドアのハンドルや、押す／引くの表示を見ているものだ。私はいまだかつて買い物客が足を止めてドアに書いてある文字を読むところを見たことがない。人が立ち止まって読む場合は一つしかない。店が閉まっているときだ。マーケティングツールの水準からすれば、これも何かの役に立つのかもしれない。だが、たいした役には立たない。

現在、多くの店に自動ドアがある。客にとっては便利な装置だ。とくに荷物を持ったりベビーカーを押したりしている人には。だが、入店が容易だというのは、移行ゾーンの拡大につながる。速度をゆるめさせるものがないからだ。回転ドアはもっと悪い。ある程度の勢いがついて押し出されるからだ。とくに小さい店では、入口に敷居のようなものを設けたほうが、何もしないよりは利益が大きい。ほんのおしるし程度でいい。わずかにさしるドアやがたつく蝶番も有効だろう。ドアウェイの特殊な照明も、外と内をはっきりと区別するのに役立つ。床の色や素材を変えてみるのもいい。

大きな店では、フロントのスペースを無駄にする余裕が多少ある。一方、小さい店にはない。いずれにせよ、移行ゾーンを考えるにあたっては、二つの指針がある。

- **移行ゾーンには何であれ重要なものをもってこないこと。**
- **移行ゾーンをできるだけ小さくするように努力すること。**

入口と移行ゾーンについてなすべきで「ない」ことについてのすぐれた教訓は、洗練された大企業のおかげでもたらされた。

●バーガーキングの事例

八〇年代の初めに、バーガーキングは新たにサラダバーの導入を検討していた。鳴りもの入りで紹介しようと、実験的にレストランの出入口を変更した。従来、駐車場にもっとも近いドアが入口だったのだが、入口を出口に変更し、その隣の大きな窓ぎわにサラダバーを設置した。客が車をおりていつもの入口に歩いてくるとサラダバーが目に入り、食欲をそそられた客は、入ってくるなり――もちろん新しい入口からだ――レタスを取りにいくという寸法である。

ところが、実際はちがった。客は昔の入口の前にくると、ハンドルを探す。ところが工事のときに撤去されている。彼らはそれから後ずさりして、気まずそうに頭をかき、店に入る方法を探しはじめる。サラダバーには目もくれない。ドアを探すのに忙しかったのだ！　ようやくドアを見つけると、空腹にいらだちが加わって、さっさとカウンターを見つけ、いつものハンバーガーとフライドポテトだけを注文した。こんな調子では、サラダバーが利用されるチャンスは万に一つもない。

●あるスポーツ用品店の事例

移行ゾーンに関するろくでもないアイデアをもう一つ。あるスポーツ用品店の経営者は、客が入ってきたら五秒以内に挨拶せよと全従業員に指示した。結果はどうなったか。客は店に足を踏み入れたとたん、入口のそばにずらりと居並び、心のこもったいらっしゃいませを浴びせようと、まるで獲物に飛びかかろうとするワシのように待ちかまえた店員たちと鉢合わせしなければならないのだ。ここに、興味深い曲線が見てとれる。声をかけるのが早すぎれば、客は恐れをなして逃げてしまうが、声をかけるタイミングが遅れれば、いらついた客を相手にすることになる。エスティローダーの売場を調査したとき、この曲線を極めて正確に描き出すことができた。最低でも一分間は声をかけない。まずは客の好きにさせる。その後、店員から化粧品のトレーナーに変貌するのだ。

●Kマートの事例

つい二、三年前にも、移行ゾーンの間違った使用例を見かけた。KマートのためにIBMの子会社が設計した対話式コンピュータ情報機器をテストしていたときのことだ。タッチスクリーンとキーボードを備え、たとえば男性用下着はどこかとたずねれば、店内の地図に加えてTシャツや靴下のクーポン券をくれる。結構なアイデアであり、うまく実現されていた。客は助かり、店側は案内デスクに店員を立たせて、客に男児用セーターはこちらですと一日に七二回も説明させるためのコストを省くことができる。

ところが、店の幹部はまもなく、ちょっとした不具合に気づいた。機械を利用する客がほとんどいないのだ。問題は、誰もが店のなかに六歩入ったところでは、自分の行き先がわからないとは思わないことだった。その時点では、まだろくにあたりを見まわしてもいないので、自分が迷子になったという認識がないのだ。ドアのそばに設置したばかりに、このコンピュータは高価な電子彫刻と化し、まもなく店はこれを廃止した。だが、本当はちゃんと機能させられたはずだと思う。店を三分の一ほど入ったあたりで、客は助けが必要なことを本当に理解するのだから。

さまざまな小売店に見る移行ゾーンの利用法

移行ゾーンでは何ができるだろう? まず、客を迎えること、どこかに誘導するのではなく、いらっしゃいませと声をかけ、客がどこにきたのかを知らせ、誘惑を開始することだ。警備の専門家が言っているように、万引きを防ぐもっとも簡単な方法は、かならず店員から客に声をかけて、客の存在を認めることだそうだ。ウォルマートの創業者サム・ウォルトンの素朴な観察によれば、やさしそうな年輩の女性店員を雇ってお客に挨拶させれば、誰も盗みをはたらかないという。

●事例1――店内案内図を渡す

買い物カゴや案内図やクーポン券を渡すのもよい。マンハッタンにはすてきな店がある。髙島屋だが、そこでは制服のドアマンが客を入れるときに、ポケットサイズのきれいな店内案内図を渡してくれる。入口のすぐ右の移行ゾーンには花の売場がある。店に入ってきた客はそれを目の端にとらえて、立ち寄りはしないけれども考える。あら、お花だわ、すてき、帰るときに買いましょう。それは正しい。誰にせよ湿った花束をかかえて、店のなかを歩きまわりたくないからだ。

●事例2――バリアをつくる

H&M、GAP、ウォルマートは、ドアのすぐ内側にパワー・ディスプレイと称するものを置いている。大量のセーターやジーンズ、缶コークを横長の土手のように並べたもので、買い物客の足どりをゆるめさせるバリアの役目をはたしている。客を減速させる一種の敷居であり、また巨大看板の役目もはたしている。「わたしを買って」と言うわけではないが、「わたしはどうかしら」と言っているわけだ。これは、簡潔かつシンプルに提案するものであると同時に、他の商品も見てみようかしらという気にさせる。その商品は後で買うこともできる。あるいは別の機会にでも。同じフロアの別の売場に置いてあることも多いからだ。買ってしまった物の六〇%は、もともと買うつもりはなかった商品だということを思い出してほしい。これは、衝動買いと同じではない。「これ、いりませんか?今はいらなくても、そのうち必要になるかもしれませんよ」と、問いかける何かがあったからこそ、つい買ってしまったのだ。飲み物のパワー・ディスプレイを目にしたら、次の火曜に誰が大学から帰ってくることになっていたのかを思い出し、秋物のセーターを見れば、休暇で出かけることになっているメイン州の寒い冬が思い浮かぶだろう。こうして、驚くなかれ、六缶入りのジンジャーエールを二ケースと新しいフリースを手に持って、店を出ることになるわけだ。

●事例3――ディスカウント商品を置く

移行ゾーンのまた別の利用法は、アウトレット衣料品販売のファイリーンズ・ベースメントで見かけたもので、移行ゾーンのルールを完全に破っていた。破るどころか、粉砕していた。店の入口のすぐ内側に大幅なディスカウント商品の巨大な箱を置き、あまりの安さに客の足が思わず止まっていた。これは、ルールについて、あることを教えてくれる。最悪なのは、ルールは、それにしたがうか、盛大に破るかのどちらかだということである。ルールをただ無視すること、あるいは部分的にしかしたがわないことだ。

●事例4――店を駐車場まで拡張する

私はこのびっくり箱戦略が好きだ。入口から引っこむかわりに、店を入口の前に押しだす。売場を駐車場まで拡張するというわけだ。なんといっても、ソットボールのファンは、どんなにひどい天気だろうと駐車場をめいっぱい利用しているではないか。アスファルトの上でバーベキューをしたり、飲んだり食ったりしゃべったり。あちこちにあるドライブイン・シアターも、昼間はフリーマーケットの会場に変身する。戸外でも気分よく買い物ができる証拠だ。夏になれば、スーパーマーケットの駐車場に季節商品がもちだされる。ある海辺のリゾート地では、バーベキュー用品、砂遊びのおもちゃ、日焼けローション、ビーチサンダルなどをテントに並べ、一人の店員が番をしていた。海水浴の行き帰りに車を停めて、必要なものだけつかんで走り去るといったことができるのだ。砂だらけの身体を引きずって食品売場をうろうろすることも、長蛇の列に並ぶこともない。

アメリカでは、店が外部に拡張されていることから興味深い状況が出現しはじめている――国土の多くの面積が駐車場としても利用できるようになったのだ。建物なら用途は多彩だ。衣料品店が電気製品や食料品を売ってもいいし、オフィスに使ってもいい。だが、このだだっぴろいアスファルトの利用には、だいぶ頭をひねる羽目になることだろう。何年か前、南アフリカのヨハネスバーグにあるショッピングセンターに行った。ある市営駐車場の屋上にはドライブイン・シアターがあった。同じヨハネスバーグで、アウディがディスプレイされているのを見たこともある。アウディが売り出した全モデル、全カラー、約四七台がところせましと並んでいた。もちろん、人だかりができていたのは言うまでもない。

最初が最高だとはかぎらないという発見は、移行ゾーンだけでなく、店そのものにも当てはまる。どの売場にも言えることだが、消費者が最初に出会う商品がかならずしも有利なわけではない。それとまったく逆のことだってありうる。店に入ってから商品のところへたどりつくまでにある程度の空間があると、客の目に余裕が生まれる。何かを見ることへの期待が高まる。

たとえば、コンピュータを買いにきた客が、とっかかりの一台で立ち止まり、他のものとくらべもせずに購入するということは、まずありえない。だが、売場のなかほどまで進むと、もう十分わかったという気になり、決断する。

見本市などで、入口のすぐ近くのブースは理想的なようだが、実はかなり悪い場所なのだ。会場に入ってくる客はそのまま通りすぎるし、ひどい場合には入口で待ちあわせている人びとに埋もれ、ひどく混雑しているような誤った印象が生まれて、本当の客を逃がしてしまう。おまけに、ドアのすぐ内側というのはどこか寒々としている。玄関の土間に立っているような気分にさせられるのだ。

化粧品会社も、百貨店の入口のそばのカウンターは敬遠するのがふつうだ。鏡の前で化粧を直す女性がプライバシーを求めるのは当然だからだ。少しばかりの平和と静寂が求められる理由は、それだけではない。

たとえば、家庭用ヘアカラー市場の二大企業のうち一社が、ドラッグストアでもっともよい場所に商品を並べたいとする。ところで、若い女性がヘアカラーを買うのは、たいていファッションとしてだ。卒業パーティに赤毛で行くことにしたのかもしれないし、プラチナブロンドがかもし出すちょっとした魅力にあこがれたのかもしれない。これにたいして、年配の女性が買うのは必需品だからだ。もう一五年も前から買う色を決めていて、毎日ますます白髪が増えていくこともあり、もはや石鹸と同じ日用品なのだ。このちがいから、年配の客はいつもの色を見つけてさっさと立ち去るが、若い客は棚でしばらく物色してからでなければ買わない。ヘアケア製品を例にとると、年配の女性が買う製品の数は若い女性の三分の二で、前者が二・二個なのに対し、後者は三・三個だ。したがって、若い顧客を中心とする店では、静かで混まない場所にヘアカラーを置いたほうがよく売れる。ふつうは店の正面から離れた場所ということになるだろう。これにたいして、顧客に年配の女性が多い店では、入口に近いほうがヘアカラーに適している。これらの客は、どのみち時間をかけて物色しないからだ。

おしまいに（わが社の周辺で）有名な話を一つ。あるスーパーでは、多大な手間と金をかけてチップスやプレッツェルのディスプレイを製作した。漫画のキャラクター、チーターのチェスターを起用した機械仕掛けで、人が通ると話しかけるものだ。「腹ぺこのキミ、いいところにきたね！」客が通るたびにそう声をかけるのだ。製作したフリトレーは多額の資金を投じて、いくつかの店舗の正面入口にこれを設置した。効果は絶大だった。絶大すぎた。間断なく発せられる挨拶に、八時間ぶっ通しで単調な声を聞かされるレジ係が逆上してしまったのだ。ある店ではまもなく、店員一同がこの問題をさわやかに解決した。電源を引っこ抜いたのだ。おかげでずっと感じはよくなったけれども、チェスターは二度と口をきけなくなってしまった。

4　手の問題の重要性

肌寒い一日。買い物客は女性。ここから何がわかるか？

まず確実なのは、彼女がハンドバッグをもっていること、コートを着ていること、これはいったん店に入れば脱ぎたがるはずだ。つまり手にもつことになる。神は彼女に二本の手を与えられた。だが、彼女は一本の手で買い物をしている。

選んだ商品をあいた手にもつ。もう手は一本もない。小さくて軽いものなら、小脇にかかえられるかもしれない。ハンドバッグを肩か腕にかけることも。こうして、そういう言いかたができるなら、彼女には一と四分の一本の手がある。だが、もう一つ品物を取れば、手を使いきってしまう。よほど意欲のある客でなければ我慢できないはずだ。ヒトの解剖学的な特徴が買い物の終了を宣告する。

これがショッピングの科学の古典的な瞬間である。この物理的な事実（買い物客の手はおおむね二本）は、かなりよく知られている。ところが、その事実が意味するところとなると、想像もされなければ気づかれもせず、考慮されることも、それに見合った工夫がなされることも、認識されることもない。ただ無視されている。

人間には手が二本しかないことを考える

手の割当という問題にであったのは、ショッピングの科学にたずさわるようになったころだ。一九七〇年代後半、北米のニューススタンド最大手、イースタン・ニューススタンドに事業を売り込むチャンスを手にした。だが、この仕事はきつかった。長時間勤務、早朝の配達、売れ残った新聞・雑誌の複雑な返品手続き。当時のガールフレンドが社長夫人と知り合いで、私をパーティ好きだと思ったのか、よく招待してくれた。彼らは丁寧にもてなしてくれたが、はじめの頃はうさんくさいやつだと思っていたにちがいない。

このスタンドではただ働きだった。報酬はなかったが、ここでの経験から学んだことは多い。それに、アメリカ新聞協会（ＮＡＡ）にもつながりができた。ＮＡＡとは、もう一〇年以上も実りある関係が続いている。

人類の大交差点、ニューヨークのグランド・セントラル駅のニューススタンドを調査したときのことだった。スタンドにカメラを向けて、もっとも混雑する時間帯、朝と夕方のラッシュ・アワーを観察した。

ニューススタンドの商売が成功するかどうかは、ある決定的な能力にかかっている。朝は職場に向かって、夕方は職場から駆けだし、電車に飛び乗ろうとして誰もが急いでいる時間帯に、大量の売買をこなせる能力である。通勤客はせかせかと歩きながらニューススタンドに目を走らせ、混みぐあいを判断する。そこに割りこんで、新聞、雑誌、タバコ、ガムを買えそうなら足を止める。客が大勢並んでいて、いらいらしながら時計に目を走らせているようであれば、そのまま歩きつづけながら、こうつぶやく。ずいぶん混んでいるな、電車に乗り遅れてしまうだろう。よそで買ったほうがいいな。

ニューススタンドのありかたに関連してもう一つ気がついたのは、どの客もすでに片手がふさがっていることだ。ブリーフケースやトートバッグ、ハンドバッグ、ランチバッグを持っている。いまどき手ぶらで仕事にいく人間はまずいない。こう考えてみると、現代のアメリカで両手が完全にあいていることは稀なのだ。いまやあちこちで見かけるバックパック、メッセンジャーバッグはあるが、それとて私たちを荷物の運び屋にしたままでだ。加えて、携帯電話、コーヒー、ときにはアイスクリームまで持つこともある。商業用スペースの多くでは、少なくとも半分の人が片手しかあいていない状態で歩いている。両手が手ぶらなのはいささか落ち着かないと言ってもよい。何か忘れ物をしたように感じてしまうからだ。

次の（ある意味、重要な）発見は、ごく単純なことだった。およそ九〇％の人は右利きなので、左手に何かを持ち、左肩にかばんをかけたりする。これで右手があいて、モノをつかめるというわけだ。さて、空港での待ち時間に本書を読んでいるとしよう。コンコースを眺め、右手にかばんを持つ人と、左手で持つ人の数をざっと数えてほしい。だいたい六対一の割合だろうか。右手でかばんを持つのは、おそらく重いから、大きいから、あるいは周りの状況を見てというところだろう。こうした要因を取り除くと、比率はもっと変わってくるはずだ。したがって、新聞の売り子であっても、チラシ配りのバイトであっても、空港のチェックインデスクや自動車販売店で使うテーブルのデザイナーであっても、右利きを考慮するのには重要な意味がある（左利きの諸君、ご容赦）。

われわれの調査の最後の要素は、スタンドそのものである。ありふれたタイプは、低い平棚に日刊紙、その上に雑誌のラック、その上にキャンディ、チューインガム、ミントの棚、そしていちばん上の円形の内側にレジというレイアウトだ。

われわれは売買のすべてをビデオに撮って仔細に分析した。するとこんな光景が見られた。

ブリーフケースをもった客がスタンドに近づき、腰をかがめて平積みにされた新聞などを取る。腰を伸ばして商品を大げさにふりまわし、店員の注意をひく。それから、ブリーフケースを足もとに置くか、ブリーフケースの取っ手に新聞をはさみ、あいた手で金を取りだす（客が遅刻寸前なら、ポケットの金を渡す）。わずかに身を乗りだして、あいたほうの手を伸ばして釣銭を受け取る。釣銭をポケットにつっこみ、ブリーフケースを拾いあげる、またはブリーフケースの取っ手にはさんでおいた新聞を自由な手にもち換える。それから身体の向きを変え、人ごみをかき分けてその場を立ち去る。

スタンドの設計者が、できるだけ多くの商品を陳列できる構造こそ最善と信じていたのは明らかだ。ことによると、スタンドの経営者もそう信じていたのかもしれない。だが、客の目からすれば、この設計は見当ちがいもはなはだしい。そもそもひじくらいの高さの棚を設けるべきだったのだ。客が金を取りだしたり、釣銭を待つあいだ、ブリーフケースやハンドバッグや品物を置ける場所、カウンターのようなものだ。

ところが、ただ一つある平面は膝に届かないほどの高さで、新聞を見栄えよく並べてはいるが、売買のたびに片手の通勤客は身体を傾け、ぎこちないバレエを踊らされていた。そのために、モノと金のやり取りに必要以上の手数がかかり、それだけ時間も、コンマ何秒にせよ余計にかかり、結果としてラッシュ・アワーの売買処理効率を妨げていた。そのことが混雑を生み、客を遠ざけ、最終的にはニューススタンドの売上コストとなってのしかかっていた。設計を改善するなら、人間の身体の構造を考慮して、陳列する商品を少なくし、より多くの客に対応できるようにするべきだろう。

今から三〇年ほど前、退屈気味のニューススタンドの経営者たちを前にして、調査結果を発表していたときのことだ。誰もが無表情だった。もし、いくつかの段階にわけて発表して、得べかりし売上を計算してみせていたら、あるいは簡単な図をかいて、トライアルを提案していたら、聞き手をもっと引きつけていただろうと今でも思う。振り返ってみると、学んだことのひとつはこれだ。アイデアや情報をどうプレゼンするかは、アイデアそのものと同じくらい――あるいはそれ以上に――重要だ。昨今使われているマップ、チャート、図表、加工写真、ビデオクリップは、われわれの調査について、そうした調査結果を受けてクライアントがとりうる対策について説明する際に役に立っている。聴衆がビジネスマンであっても、学生であっても、あるいは教会の信者であっても、エデュテインメントは効果的だ。笑いと知識が組み合わされば、強力なカクテルができあがる。それに写真やイメージを組み合わせることができれば、なおよろしい。

ファストフードのドライブスルーを調査したとき、同じ問題にとりくんだ。ドライブスルーでは、客とのやり取りにかかる時間を短縮することが非常に重要だ。なぜなら、車が列をつくって並んでいれば、潜在的な客がそこからなにを読み取るかが明らかだからだ。アメリカではずらりと並んでいる車は、店内に並ぶ客の列以上に目立つものなのである。

運転席は左側にあるのだが、ハンバーガーとフライドポテトを受け取り、支払いをすませるのも左手でこなさなくてはならない。混み合うランチの時間帯に平均一〇秒短縮することができれば、売上は即座に伸びるだろう。

手が足りない問題の解決法――買い物カゴ

本章の冒頭に登場した女性は、ウォルグリーンズのようなディスカウント・ドラッグストアで買い物をすることもありうる。このようなチェーンを調査しているさいちゅうに、われわれは手が足りない問題について簡単ながらきわめて有効な解決策を思いついた。

アイデアがひらめいたのは、むし暑い八月の夜のことで、私は仕事場でヤンキースの試合のラジオ中継を聞きながら、問題のドラッグストアを撮影したビデオを見ていた。レジの行列に向けたカメラが、いくつもある瓶や箱を取り落とすまいとしてジャグラー顔負けの芸当を披露している客をとらえていた。そのときにふと思ったのだ。あの男、カゴを使えばいいのに、と。

なぜ彼はカゴを取らなかったのか？　店にはカゴがたくさんあるが、ドアのすぐ内側に置かれていた。おそらく人びとの頭のなかで、ドラッグストアとカゴが結びつかないのだろう。店に入るときは、必要なものを一つ二つ買うつもりでいるが、しばらくしてほかにも買うべきものに気づくのだ。最大の犯人は、言うまでもなく、移行ゾーンである。カゴが入口に近すぎるため、入ってきた客は目もくれずに通り過ぎてしまうのだ。私は急いでレジを撮影した三日分のビデオを見直し、カゴを使っている客が一〇％にみたないことを確認した。つまり、この店ではずいぶん大勢のアマチュア大道芸人が買い物をしていたのだ。それなら、と私は考えた。誰かがカゴを渡せば、客はもっとたくさん買うのではないか！　買い物が減ることはない。それはたしかだ。しかし、どうだろう。人の手と腕の容量が使われる金額を決定しているとしたら。

われわれは、三個以上の商品をかかえた客にカゴを手渡す方針を、全従業員に徹底するよう提案した。経営陣はこれを採用した。人は誰かが親切にしてくれると嬉しいもので、ほとんどの客は喜んでカゴを受け取った。カゴの使用がみるみる増えると、平均売上にも同じことが起こった。まったく同じように上昇したのだ。

われわれは長い時間をかけて、カゴやカートを使う買い物客の割合と、平均的な購入額との関連性を導き出した。客にもっと買ってもらいたい？　それなら、もっと多くの客に、ショッピングを楽にするモノを持たせることだ。小売業者はこのアドバイスを耳にしてはいても、その意味を理解してはいなかった。つまり、実際には何が起きたかというと、カートが大きくなったのだ。ウォルマートやターゲットから、ヨーロッパのカルフールやオーシャンに至るまで、食品売場のカートはぐんと大きくなった。二〇〇六年のわれわれの記録によると、世界中のスーパー、大型マーケット、大型小売店ではカートやカゴを使う客の数は減っている。「ちょっとしたものを買いに来ただけだから」と、客は自分に言い聞かせる。カートやカゴを使わないのは、客が、自分の任務はこれだとはっきりと示す手段になっているということだ。ちょっとしたものを買いに来ただけだったら、大きなカートを押して、通路を行ったりきたりしたくはないだろう。問題は、買い物客がいくつかの商品を手に持って、ワイン売場に向かったときに起きる。あら！　お気に入りのピノ・グリージョが半額セールだわ。さて、客はどうするだろうか？　われわれの意見を聞きたい？　客が店に入ってきたときに、カゴ手渡し作戦を実行すること。カートとカゴのどちらにするか？　店内の要所要所に、カゴを置いておくこと。誰もカゴを取らないようであれば、別の位置に置いてみよう（赤ずきんちゃんが使っていたようなプラスチックのバスケットはやめておいたほうがいい。お勧めのカゴは、買いたいな、あるいは、盗んででも持って帰りたいなと、客に思わせるようなものだ。この場合は、どちらも当てはまらないが。プラスチック製のカゴはみばえがよくないし、魅力的でもない。おばあちゃんの家に行くつもりのない男性諸君にとっては、男らしさを侮辱するものと言ってもいいくらいだ。飾りのないシンプルなもの。質のよいカゴがいい）。

子供の影響力を考えて、カートを用意しているショッピングモールや店舗はかなりたくさんある。上にはカゴを置き、下には各家庭の腕利きレーサーが乗り込むというやつだ。

今年初め、ミラノ駅にある新しいスパーを見学した。スパーは、ヨーロッパのコンビニ・チェーンで、アメリカのセブン-イレブンのような店だ。ヨーロッパ各地にあるし、かつてヨーロッパの植民地だった国にもある。スパー・イタリアの社長と連れ立っていたのだが、そこはよくできた店だった。ヨーロッパでは全体として、通勤電車が止まる駅での食品の売上がぐんと伸びている。ニューヨークのグランドセントラル駅で売っている食材は、質がよくて感心したし、グレーター・サンフランシスコのイーストベイを走るバート線の駅にある小規模農家のマーケットは、今後めざすべき方向に第一歩を踏み出したものだった。パリ北駅、フィンランドのヘルシンキ中央駅、日本のほぼすべての駅で扱っている食べ物は、アメリカで売っているものを見劣りさせてしまうほどだ。質がよいし、値段も手ごろ、それに一般的にいって、時間もかからない。ほかに行くところがないために買い物をしてしまう空港とちがって、駅ではスピードが命だ。客からすれば、次の電車はいつ到着してもおかしくないし、乗ったり降りたりしなくてはならないのだから。一方、店からすれば、重要なのは、一回ごとの売上を伸ばすこと、あるいは売買の回数を増やすことだ。ショッピングバッグを持たない人は、限られたものしか買わないのだから。

社長と私は一時間ほどかけて、ミラノ・スパーを見て回った。すでに書いたが、私はこの店が大好きだ。野菜は新鮮だし、フレッシュジュースを売っているし、小さなパン屋もはいっている。問題は、入口脇にカゴが散乱していたことだ。彼は、売上を伸ばすにはどうしたらいいかと聞いてきた。「見ててください」と言うと、私はカゴを三つ持って、店じゅうを歩いて回った。腕いっぱいに商品を抱えている客を見つけるたびに、にっこり笑ってカゴを手渡していったのだ。カゴを受け取らなかった人はいなかった。

　この仕事をしていると、誰かの頭に、ぱっとアイデアが浮かぶ瞬間を目撃することがある。シンプルなアイデアをとことん検討するのもいいが、変化を実際に目にして合点がいくこともあるのだ。一緒にいた一時間、社長がほほえむのは何度も目にしていたが、彼がにやりとしたのは、この瞬間が初めてだった。

　ショッピングの科学が進歩するにつれて、一番心配になるのは、テクノロジー——ショッピングカードについたセンサー、有線テレビに接続されたソフトウェア——にのめりこむあまり、フロアに出てすみからすみまで見て回るかわりに、机に向かってコンピュータの画面を見つめるだけでいいと小売業者が思ってしまわないかということだ。

買い物カゴの設置場所

　わが社の近所の、なかなか繁盛している書店では、昔ながらの不適切な場所、すなわちドアのすぐ内側の隅に買い物カゴを積み上げている。カゴの置き場所から判断すると、この書店は客がこうつぶやきながら入ってくるとでも思っているらしい。「ええと、今日は本を四冊と、おしゃれなグリーティングカード一箱、それから雑誌を一冊、だからまずはこれだけの品物を入れるカゴがいるな」。常識からすれば、人はこういう順序でものを考えるわけではない。ある一冊の本を買いにきて、それを見つけたあと、別に買いたいものにでくわすのだ。そのような瞬間にこそ、小売業の真髄がある。どこの店でも、ついで買いや衝動買いが赤字と黒字を分けているのだ。

いずれにせよ、本を買いにきた客はもう一冊また別の面白そうな本を見つけた時点で、カゴがあれば楽だなと考えはじめる。まさにその瞬間にカゴが目の前に、台の上か、かがまなくても手の届く場所にあったら、客の手が伸びることは間違いない。それから、ひきつづき三冊目、四冊目の本を買うことだろう。あるいはしおりまで買うかもしれない。

ここに含まれる教えは明らかだろう。**カゴは店内全体に、買い物客が必要としそうな場所にはどこにでも分散させて置くことだ。**実際、アメリカ中のカゴの山が店の正面から奥へ移動すれば、すぐにも効果があらわれるにちがいない。たいていの客は少しぶらついてからでなければ真剣にモノを買おうとはしないからだ。カゴの山の高さは一・五メートルを超えてはいけない。カゴが誰の目にも見えるように。だが、そのために客にかがみこませるのは絶対に避けるべきだ。買い物客は身をかがめるのを嫌うからだ。手がふさがっていればなおさらである。カゴの置き場所が正しいかどうかを確認するいい方法は、カゴを補充しなくてはいけないかどうかだ。一日に何度も補充しなければならないくらいだったら、ぴったりの場所ということになるだろう。

買い物カゴのタイプ

カゴ自体も再考する必要がある。この店で使っているのは硬質プラスチックの浅いカゴで、蝶番で金属の持ち手がついている。スーパーマーケットやコンビニエンスストアでよく使われているタイプで、ガラスの瓶などこわれやすい品物を運ぶにはうってつけだが、書籍や事務用品、衣料品を運ぶにはまったく無意味だ。カゴが重くなると、ぶらさげて歩くのがだんだん苦痛になるが、常識的に考えて残念なことに、カゴの持ち手を腕や肩に通すわけにはいかない。必然的に、客はカゴにあまりモノを入れようとはしない。

ところで、人が本をもち歩くのにふつうは何を使うだろうか？　バッグ、とくにトートバッグだ。キャンバスかナイロン地のトートバッグをラックに掛りて置いておくのが、ここではるかによさそうだ。バッグそのものが売れるという利点もある。店員はバッグから商品を取りだし、傷や汚れの有無をたしかめたうえで、客にトートバッグの買い取りを希望するかどうかをたずねる。それからバッグにまた詰めなおせば、ビニール袋まで節約できる。

モデルケース――小売店の取り組み

これまで見たなかでカゴの使い方がもっともうまかったのは、マンハッタンのオールドネイビーである。オールドネイビーを全体としてみれば浮き沈みはあるものの、責任者が誰であっても、この店舗は実にすばらしい。私はいつも小売業者を連れて見学にいく。この町でもっとも活気のある、エネルギッシュな買い物ができる店だ。内部に足を踏み入れたとたん、群れをなす店員がにっこりしながら、メッシュの黒いトートバッグを渡してくれる。このバッグはプラスチックのカゴよりも安価で、軽く、保存が容易で、見栄えもずっといい。実際、このバッグを買いたいかとレジでたずねられた客は、かなりの確率でイエスと答え、最後の最後にまた一点お買い上げとなる。

これまで目撃したなかでカゴの使い方がもっとも下手だったのは、南部のある百貨店で、クリスマスシーズンのことだ。入口を通ってすぐの完璧な位置に、メッシュのトートバッグを掛けた大きなラックが置かれていた。ところが、その真ん前にどこかのマーチャンダイジングの魔術師がサンタクロースの縫いぐるみで巨大なディスプレイをつくっていた。そのため、バッグは入ってくる客の目から完全にさえぎられてしまった（店からでていく客の目にはよく見えたが）。いくつのサンタが売れたか知らないが、このまずい決断を相殺するほどではなかっただろう。

テーブルウェアのメーカー兼販売のファルツグラフをわれわれが調査したときは、カゴのほかにもショッピングカートが客のために用意されていた。ところが、レジを観察すると、カートに皿やボウルを限界まで詰めこんでいる人が大勢いた。食品カートの大型化は小売店のトレンドとなっているが、ファルツグラフはそれをわかっていなかったのだ。さっそくカートを四割ほど大きなものに取りかえたところ、顧客一人当たりの平均売上も急上昇した。

私のお気に入りの店の一つは、バルセロナにあるデザイン用品の店、ヴィンソンだ。この店ではシーズンごとに、ショッピングバッグを新しくデザインする。ユーモアがあり、しゃれていて、社会性のあるメッセージがついたものだ。かなりの割合の客が、そのシーズンのショッピングバッグを手に入れたいがために買い物をするというのもうなずける。シカゴやニューヨークを歩いていて、アメリカン・ガール・プレースのバッグを見かけることはどれくらいあるだろうか？　街中を得意げに闊歩するショッピングバッグは、コストのかからない広告である。

ここから、買い物の世界を総括する重要事項が思い出される。**顧客がどれほど買うかは、最大限に快適かつ簡便、しかも実用的な買い物体験を提供できて初めてわかる。**

客の手を自由にするために、もっと複雑な方法をとる小売業者もいる。買い物客に一〇〇％手ぶらな感じを、もう意味がなくなるまで、つまり出口にたどりつくまでもたせるのだ。

このアイデアはクロークが、コートだけでなく手荷物を預かるシステムを組みあわせたもので、客は店に入るとすぐに邪魔な荷物を預けることができる。そして、買った商品をもち歩くかわりに、その袋や箱を出口の近くのお買上品預かり所へ送るよう従業員に依頼する。手ぶらでのんびりと買い物をすませた客は出口に向かい、コートと帽子と手荷物、それに買った品物を受け取って、そのまま車やタクシー、あるいは待機していたリムジンに乗りこむのである。

二〇〇六年、大手ビールメーカー、アンハイザー・ブッシュの遊園地部門のために調査を行なった。同社は、ブッシュ・ガーデンやシーワールドを国内各地に展開している企業である。われわれが調査した遊園地では、買ったみやげ物を入口のメインショップに届けさせることができるというシステムが、すべてのギフトショップに導入されていた。フルームに乗って写真を撮り（それをマグカップにプリントして）、届けさせる。こうしておけば、手ぶらで次の乗り物に乗り込めるというわけだ。やった！　理論的には、遊園地のどこで買い物をしても、帰り際にまとめて受け取ることができる。では、何が問題だったのだろうか？　通常、客は買い物をした後でこのサービスに気がつく。さらに、そのときになってもきちんとした説明がないのだ。遊園地内を歩きまわり、ギフトショップをぶらつく客のどれほどが、このサービスについて知らされず、買い物をあきらめてしまうのだろうかと考えてしまう。自分の顔写真がプリントされたマグをひざに抱えて、ティルト・ア・ワールに乗りたいと思う人がいるだろうか？　アンハイザー・ブッシュは、遊園地の入口で、この優れたサービスについてきちんと説明するべきだ。

ときには、これでも不十分な場合がある。ディズニーランドのスーベニアショップは、現在もこの問題と取り組んでいる。その店は日中ずっと閑古鳥が鳴いている。分別のある入園者は買った品物をかかえて、園内を歩きまわりたいとは思わないからだ。だが、それも午後四時半までのこと。その時刻になると、血眼で土産物をあさる人びとの群れでショップはてんやわんやの大騒ぎになる。お買上品預かり所が設けられてからは、客が午前中に買い物をしてから手ぶらで店をでて、夕方、帰りがけにお買上品預かり所に立ち寄り、品物を受け取れるようになった。ただ、問題は買った品物を忘れる客がかなり多いことだ。

このようなサービスに関する私の最大のビジョンの一つに、ブルーミングデールに提案したものがある。マンハッタン本店の八階はどうにも行きにくい場所で、販売にはまったく不向きだ。そこで私は、このフロアを優良顧客のための一種のセミプライベートのリトリート（隠れ家）に変えることを提案した。化粧室、ATM、カフェ、コンシェルジュなどのアメニティ施設、もちろん、クローク兼お買上品預かり所もある――にしてはどうか、と。客がたまたまニューヨークを訪問中なら、ホテルへの配達もできる。このセミプライベート・クラブのメンバーシップをホテルに売り、ホテルから宿泊客に提供させることもできそうだ。こういうサービスは、大規模にやった場合にもっとも威力を発揮する。いずれショッピングモールやショッピングセンターの開発者は、このようなシステムをすべてのテナントに用意するだろう。そして売上を、そしてもちろん彼自身の分け前も大きく増やすことだろう。

買い物の世界における手の問題の重要性は、どんなに強調してもしすぎることはない。すばらしい店をつくることはできる。最高の品質か値段か魅力を備えた商品を用意すればいいのだ。だが、客が手に取ってくれなければどうにもならない。触感や試着など、買い物の感覚的側面というきわめて重要な事柄については、別途、説明しよう。客が商品に手をのばして感じることができなければ、もちろん買うこともない。だから、問題は客が手に取ったものを確実にもち運べるようにするだけという単純なことではない。客は手がふさがっていた場合、その判断をするところまでもいかない。したがって、多くの場合、平台のほうがラックにハンガーをぶら下げておくよりも、衣料品を見せるには好ましい。片手しかあいていない状態でハンガーにかかった服を調べるのはいささか厄介だ。それにたいし、平台は荷物を置いて、セーターを広げ、じっくりと見てさわることができる。

手の問題をきわめて愉快なかたちで目撃したのは、あるスーパーマーケットを訪ねたときのことだ。現代アメリカの小売業者の例にもれず、この店もコーヒーショップを併設しており、買い物客が飲み物をもってひと休みすることができる。スーパーマーケットのコーヒーショップを見たのは初めてではなかったが、全体としてものごとがいかに動いているかを真に理解している店を見たのは、これが初めてだった。そこでは、ショッピングカートにもカップホルダーがついていたのだ。つまり、ドリンク&ドライブができるというわけだ。この賢いひと工夫でコーヒーの売上が伸びることは間違いない。

5 看板や掲示板を有効利用するには

「それで、どうお考えですか？」

そう言うなり、このマーケティング担当の重役は、合計五〇〇あまりの店舗に配布する予定の掲示板を取りだした。

私は空調のきいた会議室で、快適な椅子に座っている。高価な紙に美しく印刷され、プロの手になる精緻な装飾がほどこされたレタリングは、完璧な照明のもと、最適な距離に置かれている。会議室は水を打ったようにしんとしている。

「そうですね」。私は口を開く。「どう考えていいか、わかりませんな」

あちこちで心配そうな視線が交わされている。私の言ったことで心配になったのではない。私のために心配しているのだ。

「わからないとは、どういうことでしょう？」重役がたずねる。「あなたなら、おわかりのはずではありませんか？」

　そこで、私は説明した。

　まず、客の全部が、私がここで見たのと寸分たがわぬ条件でこれを見るのでないかぎり、史上最高の掲示板（最近ではフラットスクリーンのテレビのこともあるが）なのか、それとも悲惨きわまる失敗作で、時間と場所と金が無駄になるのかは判断できない。そもそも考えてみてほしい。商店やレストランや銀行で、人は片時もじっとしていないものだ。あちこち動きまわっているではないか。それに客は、わざわざ文字を読んだり、画面を見たりするわけではない。それどころか、まったく別のことをしているのがふつうだ。靴下を探したり、もっとも早く動きそうな列を見きわめたり、ハンバーグとチキンのどっちにしようかと思案したりするのだ。そういう状況に加えて、新しい案内の文字の距離が遠かったり角度が悪かったり、背の高い人の頭に隠れていたり、照明のぐあいがよくなかったり、誰かに話しかけられたりして注意をそらされる。

　要するに、と私は話を締めくくる。

「会議室で掲示板の原案を見るのはグラフィックデザイナーにとっては理想的かもしれないが、その成否を判断するには間違いなく最悪の方法ですね」

店内メディアを評価する方法

掲示板をはじめとした店内のメディアの効果を評価する方法は一つしかない。**その場所に、その店のフロアに置くことだ。**

現場に置いてさえ、ことは容易ではない。まず、どれだけの人に見られているかを数える。それから掲示や案内の文句が本当に読まれているかどうかを判断しなければならない。読まれなければ、最高の掲示板といえども効果はゼロだからだ。しかも、ぼんやり眺めた場合と、きちんと読んだ場合の時間差は、せいぜい二、三秒。このことからも、われらが調査員の苦労が推測できようというものだ。彼らは掲示板の背後にそっと立って、客のわずかな目の動きを追いかけ、同時にストップウォッチを切り、この男性はあの掲示板に四秒間見入ってから、あのポスターに視線を移して四秒眺めた、などと厳密に測定する。ぶっつづけに何時間も、何百人もの客を何千分も観察し、所見のすべてを総合して初めて、ある掲示板の良し悪しが言えるのだ。

やってみればわかるが、これは楽な仕事ではない。

それでも、この仕事を三〇年続けてきて、とっさの判断にも確信を持てるようになった。そして、たいていの場合、われわれは間違っていないのである。印字面や色、デザインには基本的なルールがあるものだ。また、異なる環境で「現場のコミュニケーション」と動線がどのように作用しあうかについても、なにかしら学ぶものはあった。だが、掲示板の良し悪しをきちんと判断するには、数字で評価する必要がある。客の一七％が掲示板に気がつき、そのうちの一二％がわざわざ目を通した。眺めていた時間は平均二・九秒——こうした統計を得るには、掲示板を実際に置いてみて、観察するしかないのである。人の眼球の微妙な動きを感知するハイテク・ヘルメットを被験者にかぶらせ、掲示や案内を見せる会社はある。だが、これでは正しい掲示板を間違った場所に置いてもわからない。そういう例は実に多いのだ（ついでに言うなら、そこそこの掲示板を完璧な場所に置くよりもはるかに悪い）。ましてや、気を引くものだらけの店内で客が掲示や案内の文字を読み、それに反応するかどうかを判断するなど不可能だ。

店内メディアを誤解していないか

会議室での話を続けよう。掲示や案内のようなメッセージ・メディアのデザインと設置場所についてよく間違われるのは、それらが店のなかのものという考えかたによるものだ。看板や掲示板などは店を超えたものである。それは三次元のテレビコマーシャル、言葉や思考やメッセージやアイデアをつめこんだウォークイン・コンテナなのだ。

人びとが足を踏み入れると、このコンテナがいろいろなことを語りだす。すべてがうまく機能すれば、そのメッセージが人の注意をひき、それに目をとめた客は眺め、物色し、買い、ことによると他日また買い物にくる。語られるのは、商品が客のために何ができるか、そして、いつ、どのようにできるかだ。

偉大なる巨大三次元ウォークイン・テレビコマーシャル。

テレビコマーシャルの脚本、監督と同じく、問題は何を、いつ、どのように言うかだ。まず、視聴者の注意をひく。それができたら、明快かつ論理的なメッセージを提示する。序論、本論、結論と。人びとが吸収しやすいように情報を伝える。一度に少しずつ、適切な順序で。そもそも注意をひくことができなければ、そのあとで何をやろうとしても無駄である。初めからあまり多くのことをつめこみすぎれば、相手は重荷と感じて読むのをやめてしまう。メッセージがわかりにくければ、あっさりと無視される。

これは従来も言われていたことだ。だが、現在とくに重視されている大きな理由は、購入の決定が店内でなされることが多くなったためだ。消費者の可処分所得が増え、ブランドなどへのこだわりが薄れるにつれ、彼らは自分の衝動にしたがいはじめた。ブランドに頼ったマーケティングと伝統的な広告手法のインパクトはいまや薄れた。そういうものには、誰もがうんざりしている。マーチャンダイジングの役割は従来になく大きい。製品が死ぬも生きるも売場しだいなのだ。客に何かを知らせる機会を無駄にはできない。

しかも、買い物客はかつてなく時間に追われている。昔のようにのんびりした客はいない。売りものがすべてオープンに陳列された店に慣れ、必要な情報がすべて表示されていることを期待する。わざわざ店員に道を聞いたり、新商品の説明を聞きたがる者はいない。いずれにせよ、店員などいないのだ。昔はコーヒーショップで読むものといえば、メニューとニューヨーク・ポストしかなかった。いまやどんなに狭いスターバックスにも、一一カ所に掲示や案内があり、無脂肪のエッグノッグから、抱きあわせ企画としてポール・マッカートニーの最新アルバムまでさまざまなお知らせが客の目をとらえようとしている。

そういうわけで、店内をぐるっと見まわして壁面のあいているところを見つけ、そこに案内文を貼るだけではだめなのだ。カウンターを片づけ、インストア・メディアをぶちまけるだけではいけない。どんな店舗も、さまざまなゾーンの集合体なのだから、まずは地図を描かなければ標識ひとつ置くことができない。とにかく腰を上げて歩きまわり、一歩ごとに自問すべきなのだ。客はここで何をするだろう？　ここでは？　ここに立っているとき、視線はどこに向かうか？　あそこでは何が思い浮かぶだろうか？　このゾーンでは、人びとは急ぎ足だから、簡潔でパンチのきいた、目のさめるようなメッセージが必要だ。あそこは商品を眺める場所だから、少しくわしいメッセージを書きだすといい。このエリアは思案にくれる場所だ。そう、たとえばモーターオイルの棚のそばに立って、自分の車のことを考えているとする。それなら、ワイパーの取り替えはいかがですかと話しかけるいい機会かもしれない。レジのそばのこちらでは、また一分半ほどじっと立っているわけだから、長いメッセージにうってつけだ。それから店をでるときには、道路に注意をうながしたほうがいい。

それぞれのゾーンはある特定のメッセージにのみ適していて、それ以外は不適当だ。読むのに一二秒かかる案内文を、客が四秒で通り過ぎる場所に掲示してもガレージに放置しておくのと大してちがわない。

私はいつも歩きまわって、客がしばらく足を止める場所、メッセージを伝えられそうな場所を頭のなかのリストに加えている。先日もそれを一つ見つけた。靴の売場で、欲しい靴を店員に伝えると、自分に合ったサイズを探してくれる。もう靴は全部見たわけだし、そのあいだに何をするか？　他の商品を売りこめばいい。客はそのときその場で読むものがあれば歓迎するはずだ。たぶん、ハンドバッグか何かについて。

最近見かけて感心したのは、トイレの壁にかけた小さな案内だ。これが客の目をひきつける率は、ほぼ一〇〇％だろう。それに、メッセージにどのような工夫でも凝らすことができる。

案内の表示に適していながら、いまのところ見過ごされている場所がほかにもある。エスカレーターだ。私はこのことに、ロンドンの地下鉄から地上にでる途中で気づいた。かつては看板、今はフラットスクリーンがかかる壁の横をゆっくりと昇るのでかなり時間がかかる。デジタル掲示板を置くにはどこがよいかと聞かれたら、地下鉄に乗ったことがあるかどうか、相手に確認してしまうだろう。

掲示板や案内板を置くべきおよその場所がわかるだけでは十分ではない。その昔、店の会計/包装エリアの真上に吊り下げたバナーに客がどう反応するかを調べたことがある。いい場所ではないかって？　どういたしまして。客のほとんどは見向きもしなかった。店のなかで、真上をあおいで立っている者などいはしない。バナーを一メートルちょっと離すようすすめたところ、見た人の数が倍増した。掲示や案内の位置については、最適と最悪の差がわずか数十センチ、あるいは傾きにして数度ということが少なくない。最大限に人目にさらすには、それが人の目線に割りこむようなところに置くべきだ。自分でその場所に立って決めなければならない。自分はどこを見ているか。それこそ案内板を置くべき場所だ。当然のことながら、人間がいちばんよく見るのは他の人間である。だから、ファストフード店のきわめて効果的な文言は、レジの上に置かれている。ほぼレジ係の顔のあたりだ。案内板を正しく設置するのは、客の視線に割りこみ、注目を奪うのが目的なのだ。

だが、メッセージの設置場所に、ひと工夫を要する場合もある。トロ社は堆肥用の自動草刈機の販促に店内ビデオを利用した。ふつうに考えれば、家庭園芸用品店に置くところだろう。だが、どこに？　草刈機の売場？　そこで客がモニターを眺めるのはいいが、やがてビデオが終わるまで一〇分間も立ちっぱなしでいなければならないことに気づく。そればかりか通路の真ん中をふさいでいるので、バーベキュー用品の売場に向かう客になぎ倒される（しかも堆肥のようにされる）可能性もある。結局、ビデオは修理部門の待機場所に設置された。そこから動けないので、どんなにつまらない気晴らしでも大歓迎という客の前で、ビデオが放映される。家庭園芸用品店の修理部門を訪れる人はみな、いつかは新しい草刈機を買うだろう。どういうわけか、他の場所ではさかんに案内や掲示をだしている小売業者であっても、人びとが退屈のあまり涙を流してあくびしている待機の場所でのコミュニケーションの可能性を把握していない例がしばしば見られる。いつか調査した自動車ディーラーのサービスエリアの待合室には、読むものが何もなかった。それこそパンフレット一枚なかったのだ。自動車専門雑誌もない。『リーダーズ・ダイジェスト』さえなかった。

ニューヨーカーが待つことが大嫌いなのは、秘密でもなんでもない。オーダーしたとたんに、タマゴとチーズがロールパンにはさまっているくらいがちょうどいいのだから。それ以上待たなくてはならないとしたら、次回は、道路の反対側にあるデリで買うだろう。そういうわけで、オフィスの近くにある、はやりの高級サンドイッチショップは評価するべきだ。客の機嫌をとるために、その日の『ニューヨーク・タイムズ』や、そのほかにもさまざまなジャンルの雑誌を置いているからだ。この店は、オーダーを受けてから作り始めるので、客はじっくりローストしたポークとつけあわせのピクルスができあがるのを五分以上待つのである。

掲示板と案内板を役立たせるためには

●ファストフード店

ファストフード業界ほど掲示や案内を研究しているところはない。バーガーゴッドのフランチャイズに加盟する気がなくても、そのやりかたを見ておくのはためになる。

たとえば、彼らは窓や入口のすぐ内側の案内板は効果的だが、瞬時に読めなくてはならないことを知っている。せいぜい数語のワン・センテンス。われわれが行なった多くの人びとを対象とした調査から、そのような文章は平均して二秒で読めることが判明している。

あるとき、一〇語からなる入口の案内文の評価を依頼された。

「あなたは一秒半で何語読めますか」と、デザイナーにたずねた。「三語か四語でしょうね」と彼は白状した。「なるほど」と私。

ファストフード店では、その昔、入口付近に案内のメッセージや風にゆれるモビールを吊るして客の注意をひこうとしたものだが、誰もそんなものを見ていないという調査結果がでてから廃止された。ファストフード店に入ってくる客は、カウンターかトイレ、この二つのうちのどちらかを探している。

トイレに向かう客に文字を読ませようとしても無駄だ。もっと大事なことで頭がいっぱいだからだ。だが、トイレをでた客の目につくように案内のメッセージを配しておくのはとてもよい。

カウンターに向かう客は、何を注文しようかと思案している。ファストフード店では、大きなメニューボードを探すことになる。だが、端から端まで読むわけではない。ざっと見て、お目当ての品を見つけたらそれで終わりだ。常連客なら(たいていの客はそうだが)、あらかじめ欲しいものを知っていて、メニューには目もくれないかもしれない。

行列が長ければ、客はたっぷり時間をかけてメニューボードを見やり、他に見るものがあればそれもじっくりと読む。注文を伝えたあとも、メニューボードとカウンターの案内文はまだ客の注意の的となる。マクドナルドの研究では、七五%の客が注文を終えたあともメニューを読んでいた。注文した品がでてくるまでの時間、つまり「調理待ち」の時間は、平均して一分四〇秒だ。これはかなり長い時間で、たいていのメッセージが読める。客はすでに金を払い、釣銭を受け取って手持ちぶさたでいる。長いメッセージにはうってつけだ。次回の来店に備えて客に知らせておきたいことなどがいい。ファストフードからスーパーのデリコーナーにいたるまで、メニューボードに関するあらゆるデータを調べてみると、メニューボードを見ていた時間のうち六一%は、オーダーした後だった。

それから客はでていくか、調味料コーナーに進む。そこにパンフレットを置いてもいい。

だが、そこでハンバーガーを宣伝しても意味がない。もう遅すぎるからだ。だが、デザートをすすめるのはいいだろう。これは案内文と備品の論理的な配列という教えだ。行動しようにも手遅れの段階になってから、客に何か言っても意味がない。たとえば、レジに並ぶ人びとにメッセージを読ませるのはよいとして、その文章が店の奥にある商品の宣伝だとすれば考えものだ。

調味料のあと、客はテーブルについて食べる。数年前に、食事エリアからあらゆるごみを一掃しようという運動があった。ハンギング・サインやモビール、ポスター、「テーブルテント」（ボール紙の三角形の囲いで、塩と胡椒をまとめておくもの）を。それは間違いであることが判明した。間違いの原因は、店舗のレイアウト・プランナーが自分の店で起こっていることに気づかなかったことだ。とくに、ファストフードの食事における典型的な社会構成について。

われわれは、二種類のレストラン――アップルビーズやオリーブガーデンなどのファミリーレストランとファストフード店――のテーブルテントを調べた。ファミリーレストランでは、テーブルテントを読む客は二％で、ファストフード店では二五％だった。劇的な差だが、理由は簡単。ファミリーレストランの客は、二人から四人（あるいは家族）連れが多い。おしゃべりに夢中でメッセージに気づかない。だが、ファストフード店の典型的な客は一人で食べる。死ぬほど気晴らしを求めているので、ぎっしりと文字が書かれたトレーの下敷きに読みふけり、スティーブン・キングの新刊の第一章でも印刷されていればそれも読んでしまうだろう。わが社のクライアントであるサブウェイは、サンドイッチがハンバーガーにくらべてどれほど健康によいかという宣伝をナプキンに印刷していた。われわれは、さらにその先をいく助言をした。脂肪分を比較した表をナプキンに印刷するようすすめたのだ。ファストフード店の座席では、よそだったら見向きもされないメッセージも読まれること請け合いだ。わかりやすいモデルがあるではないか。シリアルの箱の裏側である。

そんなわけで、ファストフード店がどのようにゾーン分けされているかがわかった。奥へ入るほど、メッセージを長くしてもよいのだ。入口には二語か三語。テーブルには小さい文字が何行も書かれたナプキン。先日、通りかかったファストフード店で、窓の案内文のお手本と言ってもいいような例を見かけた。

迫力満点の文字で「**ビッグ・バーガー**」。店に入ると、もっとくわしいことがわかる(当店でビッグなハンバーガーを)。

実にスマートなメッセージだ。メッセージを二つか三つに分割して、店の入口から奥に向かって小出しにしていくのである。案内文とはかならず自立したもの、メッセージ全体を単独で提示するものだという考えは、想像力の貧しさのあらわれであるばかりか、人の頭脳がどうはたらくかについて無知であることをさらけだしている。

●アメリカ郵政公社

案内文の言語におけるもう一つの教訓は、アメリカ郵政公社のおかげで得られた。公社の依頼で、われわれは現在の郵便局の設計の参考となる大規模な調査を実施した。その結果、現在では、セルフサービスの郵便ショップと、使いがってのいい計量・荷造りコーナーが設置されるようになった。

われわれが訪問したあるモデル郵便局では、カウンターの背後に巨大なバナーをぶらさげ、各種サービスの宣伝をしていた。調査の結果、客の一四%がそれらのバナーを見ており、平均時間は五・四秒だった。さらに、カウンターの両脇の壁には、切手コレクションのポスターが貼ってある。やはり客の一四%がそれを見ており、客が読む平均時間は四・四秒だった。

これは掲示板や案内板の世界ではかなりいい数字だ。それに予想外でもない。郵便局で並んでいるあいだ、ほかにすることがあるだろうか？　カウンターの背後や脇は、案内のメッセージを置く場所としては季節を問わずもっともホットなところなのだ。

この郵便局ではまた、筆記台を利用する客に見せる案内板をぶらさげ、電子案内板を備えつけていた。これらのメッセージを読むのは利用客のわずか四%、平均して一・五秒間。計量器の上に吊り下げられたモビールの文字を読む客はわずか一%、平均して三・三秒だった。これは当然だ。書きものをしたり計量したりしている客がそんなものを読むはずがない。こんな案内はないほうがましなくらいだ。

●銀行

銀行も多大なエネルギーを費やして、有効なメッセージと役に立たないメッセージとのちがいを理解しようとしている。銀行、ファストフード店、郵便局には共通点がある。大勢の客が同じ方向を向いてじっと立っているということで、これはコミュニケーションには絶好の機会である。相違点は、銀行が案内板設置の芸術と科学の観点からすると、最悪のルール違反をしているということだ。世界最大かつ最高に洗練された金融機関の支店へ行ってみればわかるが、商品案内のような資料の配置に噴飯ものの誤りが見られる。私のオフィスから五分の場所に、シティバンクの支店があるが、そこにでかけると次のようなマーチャンダイジングの工夫が見られる。円形テーブルに、まず見たこともないほど安っぽい青いビニール製のテーブルクロスを掛けたうえに、自動車や住宅ローンのパンフレットが投げだしてあり、その横にはテレビモニターが置かれている。昔はサービス案内のビデオを見せていたのだろうが、もう使われなくなってから久しく、すっかり埃をかぶっている。テーブルが押しこまれているのは銀行のフロントの隅、顧客サービスのデスクからわずか数メートルしか離れていないところだ。あまりのことに思わず笑ってしまうが、他の銀行も似たりよったりだ。

　わが社のクライアントであるカリフォルニアの銀行は、新たに小切手の利用手数料を無料にしたことを宣伝するため、人や車の往来が激しい外の道路から見えるように屋外バナーをだすことを思いついた。ここまでは正しい。ところが、バナーに次のように記したのである。

「このたび当行が開始いたしました小切手利用の手数料を無料にする方針につきまして、係員が親身にご説明申し上げますので、どうぞお立ち寄りください」

　これは間違いだ。これを読むには、わざわざ車を停めなければならない。くどすぎるのだ。高速道路では、二語くらいのわかりやすい言葉、たとえば「フリー・チェッキング」で意を伝えなければならない。

　また、カナダのある銀行では、つい最近、客が使う筆記台に新型のバックライト・ディスプレイをいくつか置いて、銀行が提供するサービスや融資のくわしい説明を流していた。とても美しかった。しかし、残念ながら誰も読まなかった。

　預入伝票に記入したり小切手にサインしたりするときは注意を集中しているので、ほかのことを考える余裕などない。記入が終わったら、今度は急いで列に並ぶのだ。

　われわれが悲しい調査結果を伝えたところ、頭取は言った。「よかった。おかげさまで、あんなクズに一〇〇万ドルも無駄づかいせずにすみましたよ」。だが、もちろん頭取はやはり一〇〇万ドルを行内のメディアに投じた。しかも、その金を効果的に使うことができたのだ。

やはり銀行で、実に簡単で効果的な設置場所を見つけたことがある。われわれはある支店をあらゆる角度から調査するために雇われていて、銀行が提供するMMF（マネー・マーケット・ファンド）やCD（譲渡性預金）、自動車ローンなどのサービスや投資についてのパンフレットを納めた大きなラックも調査対象だった。ラックは入口の左側の壁ぎわに置かれ、入ってきた客はそのすぐ横を通るようになっている。

客の全員がラックのすぐ脇を通った。だが、誰もパンフレットに手をださなかった。

理由は明白である。人が銀行に入るのは、大事な用事があるからだ。銀行をひやかしにくる客などいない。その用事がすむまでは、ほかのものは目に入らず耳にも聞こえないのだ。ラックが左側に置かれているのも、たいての人が右寄りに歩くことを考えると、なおまずかった。

われわれはそのラックを奥に移動して、入ってくる客ではなく、でていく客が近くを通るようにし、トラッカーを配置して観察した。ほかには何も変えていなかったにもかかわらず、ラックを見た人の数は四倍に増え、パンフレットを手に取る人も激増した。

客の目的を見きわめる――メッセージ戦略の使い分け

用事を考慮しなければならないのは、銀行だけではない。ドラッグストアでも、入ってくる客は薬剤師に処方箋を渡すことばかり考えていて、その用事がすむまでは、そばを通っても他のメッセージやディスプレイには気づかない。それから、つぶさなければならない時間が少しできる。客は店の奥にいるのだが、案内や掲示、備品などはどれもフロント・ドアから近づいてくる客に向かって配置されている。あるいはまた、われわれが郵便局へ切手を買いにいったとする。列に並ぶまでは、歩みをゆるめることをしない。あるいはまた、コンビニエンスストアでバーベキューに使う燃料を血眼で探していたとして、それが店にあることがわかるまでは他のものには目もくれない。いずれの場合も、用事をすませる前の客に何か言おうとするのは間違いだ。だから、たとえば先のドラッグストアでは、二種類のメッセージ戦略を使い分けなければならない。

- **一つは店のフロント・ドアから奥へ向かう客向けのもの。**
- **もう一つは奥から入口へ、つまり薬剤師からフロント・ドアへ向かう客のためのもの。**

われわれが調査を行なったある銀行の支店では、出納窓口の列のそばにパンフレットのラックが置かれていた。だが、少し離れすぎていた。ロープのうしろの客はかろうじてパンフレットのタイトルを読めるが、手にとることはできなかった。

「ロープと支柱とパンフレットのラックを配置するのは誰の仕事ですか？」そう支店長にたずねた。

「そういえば、清掃スタッフが毎晩モップがけのあとで置きなおします」。はたして、この清掃員は案内板のことなど何も知らなかった。

標識におけるデザインとディスプレイの重要性

われわれの生活には、メッセージのデザインと配置が重要どころか死活問題となる場面がある。それは何かといえば道路で、とくに高速道路がそうだ。そこでは、案内板は路面や照明とならんで安全で秩序ある交通を維持するのに役立っている。そのため、エンジニアは案内板を正しく保つために心を砕く。その方針はきわめてシンプルなようだ。

- **余計な言葉を省け。**
- **正しいメッセージを正しい場所に。**

- **ドライバーが無視したり情報不足だと感じたりしない程度にゆきとどいたメッセージを伝えよ。**
- **雑然としていたり混乱の原因になったりしないよう、やたらに標識を増やさない。**

初めての場所を走るときも、正しい方向に向かっていることを確信している、つまり車を停止させて道をたずねたり、メッセージを読むために減速したりしないという事実は、適切に整備された道路標識板の威力を証明している。私は世界各地で車を運転したが、アメリカの高速道路標識は優れたものの一つだと言っておく。それよりも少しよかったのは、スイスの標識だ。少なくともスイスでは、高速道路の植樹をきちんと手入れしていたので、その先に何があるのか、標識板を読むことができるようになっていた。

国内でもっともありふれた道路標識「一時停止」と「一方通行」を見てみよう。大きな八角形で、赤地に白の大きな文字で書かれている。これなら間違えようがない。たとえ読めなくても、停止するだろう。「一方通行」は、言葉とシンボルの完璧な組みあわせだ。目の隅に飛びこんできたとしても意味がわかる。矢印がドライバーを正しい方向に導き、減速や一時停止の必要もない。路上ではアイコンという世界の共通語が使われている。言葉を使わずに、知るべきことを教えてくれる。ガスポンプのサインを見れば、あるいはフォークとスプーン、あるいは車椅子のサインを見れば、メッセージは一目瞭然だ。移動中の人びとに情報を伝えるには、これが最善の方法だろう。さらに、道路標識の場合、技術的な面でもほぼ完璧である。区別しやすい色のコントラスト、文字は大きくて、照明も設置場所も適切である。

　都会の地理学者として、ニューヨークのロックフェラー・プラザの地下コンコースの方向案内の調査に参加した日々を思い出す。そこではほかに方向を知るすべがないので、案内標識は非常に重要だった。フィルムには、人びとが移動するうちに、迷子になったかと不安にかられ、あるいは分岐点にさしかかって困惑する様子が映しだされていた。すると、彼らは首をひねり、足どりが重くなる。そうなる直前が、彼らの迷いと不安を予防する方向案内を置くべき場所なのだ。

　さらに、彼らは歩きながら他人にぶつからないよう、非常に気を使っていた。だから、もし案内標識をさがしまわらなければならないとしたら、あるいはその文字が小さくて接近しなければ読めないとしたら、さらにまた文字が小さいか設置場所が悪ければ、歩行者はそれを読むことと進行方向を見定めることの両方ができない。歩行者が減速したり足を止める原因はかならず、案内板がその役割をはたしていないためだというのが、われわれの結論だった。このことが、歩行者とドライバーの共通点を教えてくれた。どちらの場合も、最良の案内標識とは、すばやく読めるもの、そして移動しながら読めるものである。ほとんどの場合、それを実現する唯一の方法は、情報を細分化して、一つずつ論理的に順を追って小出しにしていくことだろう。

言うまでもなく、われわれがこうしたことを発見したのは、大勢の歩行者が移動するのをひたすら観察しつづけたことによる。われわれの発見がなければ、コンコースを設計した当人が、つまり世界中で唯一、案内板なしで地下道を歩きまわれる人物が案内の言葉や設置場所を決定したことだろう。

増えつづけるメッセージ

ところで私はまだ会議室に閉じこめられている。

ここからでられないので、この掲示板のためにせいぜい苦労してみる。床に置き、壁にたてかけ、一〇歩さがって眺める。実際、そばに立って、目につくかどうかをたしかめる。ふだんのペースで歩いて、印象に残るかどうかを確認する。照明を落とす。不完全な世界で役に立たないのなら、その掲示板は落第だ。現実がそれを見る目は、私よりも厳しいのである。

われわれはいまや情報過多という事態にぶつかった。原因は主に商業的なメッセージだ。リンゴやナシに貼りつけられた小さなシールが、たいへん気のきいたものか、神の恵みを汚すものかは、見る人による。あまりにも多くの言葉があまりにも多くのことを語り、人びとはうんざりして、もはや読もうとしない。情報伝達の機会がいくらか失われる一方で、誰にも耐えられないほど多くのメッセージのために多くの人が混乱している。ディスプレイや案内板があまり増えすぎると、人はどんなメッセージも通じないブラックホールを形成してしまう。

これは私個人の経験だが、空港で飛行機を待って過ごす時間はじつに長い。多忙なビジネスマンの例にもれず、私も待ち時間に仕事をする。だが近ごろは、空港のテレビのために注意の集中を妨げられてばかりいる。CNN制作の航空旅客向けの番組のためだ。どうしても消すことができない。ゲートラウンジにいるのが私一人のときもつけっぱなしだ。私は静かに怒りを燃やし、二度とCNNの番組は見るまいと心に誓う。ところで、空港にはどれほど多忙なビジネスマンでもただぼんやりとつっ立っている場所がある。荷物コンベヤーのまわりだ。そこでなら、スーツケースが転がりでてくるまで、誰もがCNNに感謝するだろう。

商業的なメッセージの現状はかなりでたらめだ。商店や銀行、レストランに発送される案内板の半分はフロアにでることもないという調査もある。全米各地の小売店で、マネジャーが長くくたびれる一日の終わりに倉庫に座りこみ、おそらく店を見たこともないマーチャンダイジング担当者から送られてきた案内板をはじめとするPOP広告の大箱を処分している。無理もない。過労なマネジャーがどれをどこへ配置しようかなどとわざわざ頭を悩ますはずがない。

以前、世界最大の炭酸飲料水メーカーとのセールスミーティングに出かけたときのことだ。ちょうど、いくつかのディスプレイ業者のコンペを行なっていた。スーパーのメイン通路に置くPOP広告をいかに早く組み立てられるかを競うものだった。これは、かなりこっけいだった。二〇あまりのチームが参加していて、どのチームも、胸のあたりに社名を刺繡したオックスフォードシャツと、ラルフ・ローレンのチノパンをはいていた。最も早かったチームで約三分。コメントを求められたので、これは真夜中にやるべきだと提案した。一二時間ぶっ通しで仕事をした後の夜中だ。それと、粗末な電灯しかない、ごちゃごちゃした倉庫でやるべきだとも。

逆に、フロアにでた案内板を取り除くのもたいへんだ。毎年、二月になると、私は酒屋のウィンドウに残る、休暇を連想させるようなディスプレイや案内の掲示を数えてみるが、毎回かなりの数だ。その昔、ニューヨークの大手銀行の支店を調査したときは、二七種類もの販促用の宣材が乱雑に残されていた。自動車ディーラーのウィンドウでは、新車の入荷を告げるメッセージを見つけた。前年の新車のものである。

効果的なディスプレイとは

すばらしい案内板であっても、本来の目的からはずれた場所に置かれれば話は別だ。あるドラッグストアでは、ショーウィンドウに山積みされた咳止めシロップの箱に小さい値引きのメッセージが添えてあった。明らかに陳列棚のためにつくられたもので、三〇センチ程度の距離から見るためのものだ。交通量の多い道路に面したウィンドウに置くものではない。よくあることだが、小売業者は案内板に多くのことを求めすぎる。どんなものをつくってもみたされないほど多くのことを。あるファストフード・チェーンでは、ある商品の企画を説明する案内板を試験し、それを改善して、またテストし、また修正したうえでようやく悪いのは案内板でないことに気づいた。企画そのものが複雑すぎたのだ。企画は変更され、案内板は大きな効果をあげた。かつて調査した南部のある百貨店は、大幅な値引きのメッセージで埋めつくされていた。ただ問題は、数学者でもなければ客にとってどれほど得になるかわからないことだった。店員でさえ、割引率の計算に苦労していた。この店に必要なのは割引を説明するメッセージではなく、教科書だった。

生まれ変わる看板や案内板のスタイル

現在、掲示板や案内板の世界は、ルネサンスの様相を呈しているとも言える。ビルボード（屋外広告板）を見てみよう。三〇年前に当時のジョンソン大統領の夫人のレディ・バードが全米美化計画の一環として法律で禁じようとしたビルボードが、いまのポスト文字メディア時代にあって、もっとも視覚的にエキサイティングかつ革新的でしゃれた商業メッセージの表現方法となっている。印刷した広告よりもスタイリッシュ、テレビコマーシャルよりもヒップ、ウェブよりも流暢にイメージとグラフィックの言語を操っている。iＰｏｄとミニ・クーパーはビルボードの使い方がうまい。印刷広告とビルボードの関係は、インターネットとＹｏｕＴｕｂｅの関係と同じだ。それは時代の最先端をいく情報伝達における新しいアイデアの実験室なのだ。テクノロジーの進歩は、三分割ビルボード、ジャンボトロン、競技場の回転するメッセージボード、空飛ぶフレンチフライを映しだすデジタル・メニューボードをもたらした。われわれが調査したファストフード店では、動くデジタル・メニューボードを客の四八％が読んでいた。それにたいしてテストした同じメニューボード――動かないもの――は一七％でしかなかった。これらは、動くメッセージと動かないメッセージを比較したいくつものテストからでてきた数字だ。だが、このデータには裏がある。動かない案内板と比べて「動くような仕掛けの」案内板は二倍以上も人の目を引きつけるとはいえ、客がその案内板を見る時間は同じなのだ。

それに、印象に残る案内板が、かならずしもテクノロジーの先端を行く必要はない。先日、ニューヨークの金融街にあるホテルのエレベーターに乗ったところ、壁の鏡の下にこう書かれていた。「腹ぺこの顔」。そして、ホテル内のレストランの名前と紹介が添えられていた。保証するが、この案内板の露出率は一〇〇％近いだろう。これを見た人はにやりとして、本当に腹ぺこかどうか自分に聞いてみるにちがいない。おみごと。

6　買い物客は人間で、人間らしく動きまわる

解剖学的な見地からすると、買い物するときにもっとも重要なのは、もっとも単純なことのようだ。それは、人間が実際にどう動くか、とりわけどのように歩くかという問題である。

さて、人は肉体が許容するように動く。それがもっとも自然で、楽だからだ。ところが、これが難しくなるときがある。よい店とは、できるだけ多くの商品をできるだけ多くの客にできるだけ長時間にわたって見せる店、つまり購入を検討させるために、客の行く手や視界に商品をおく店だと考えたときだ。ある店がこれを実践しているか否かを見定めるのはきわめて簡単だ。買い物客の動線を記録して、店のどの部分が取り残されているか判断する。一時間ごとに店を「プロット」する。つまり決まった時間に、トラッカーが店内を巡回して、それぞれの場所に何人の客がいるかを数えるのだ。店のなかで人の流れがよく

て、障害物や盲点がなければ、人びとは端から端まで浸透する。設計やレイアウトの欠点などが原因で流れがとどこおると、どこかに寂しい一角ができる。だから、気のきいた店は、人の歩き方、ものの見方に合わせて設計されている。われわれが慣れている動きを理解し、利用して、万が一にもそれを無視したり、ましてや変えたりしようとはしない。

ヒトの行動メカニズム

わかりやすい例をあげよう。人は鏡を見ると減速し、銀行を見ると足を早める。これにはもっともな理由がある。銀行のウィンドウはつまらないし、銀行へ行くのが好きな人間はめったにいない。そのために、さっさと通り過ぎる。鏡のほうは決して退屈しない。こういう知識がどう役に立つのか？　まず、店をだすときには金融機関の隣を避ける。通行人は近づくにつれて歩く速度を早めるため、ウィンドウ・ショッピングどころではなくなる。どうしても銀行の隣が避けられなければ、店のファサードかウィンドウにかならず鏡を一枚か二枚置くようにして、客に歩く速度をゆるめさせる。

●その1　歩行

人間の動きに関しては、こんな事実もある。それはショッピング環境だけでなく、他のさまざまな場所にも言えることだ。人が歩くとかならず右に片寄る。意識しなければ気づかないが、本当のことだ。人が店に入ると、右に向かう。もちろん、急に曲がるわけではないが、なんとなく流れていくのだ。

出張先でよく聞かれるのは、右に片寄るのは、道路のどちら側を運転するかということにどれくらい影響されるのか、ということだ。日本、イギリス、オーストラリア、インドにも、右へ流れる傾向はあるのか？　たしかに、地域の事情はある。ロンドンのテート美術館に行ってみてほしい。右回りに見学しているのはイギリス人で、左回りに見学しているのは外国人だ。イギリス人は秩序を重んじるから、というかもしれない。だが私の見るところ、セルフリッジやハロッズなどのイギリスの店は、ニューヨークにあるどの店よりも雑然としている。イギリスは歩行マナーを重視する国なのだが。民族をあしざまにいうジョークのすべてが、自然に反する罪を犯した歴史を持つイギリス人を揶揄している。だが、環境心理学を教えるイギリス人の同僚によると、照明を落とした映画館で「火事だ！」と叫べば、イギリスでは、だれもが右側のドアに向かうという。小売の現場では一般的に、イギリスで人が流れるパターンは運転の仕方に似ている。

これは人間の歩き方に関する深遠な真理であって、社会のあらゆる場所、階層に応用される。われわれがこのパターンを見てとるまでにはしばらく時間がかかったが、以来、それを支持するデータを積み上げている（日本では、まず当てはまらないが）。だが、ショッピング環境はこれにどう対応できるのだろうか？

　われわれが調査したある百貨店では、入口のすぐ右側が紳士服売場だった。数えてみると、顧客は圧倒的に女性が多かった。ここに紳士服売場があっても、女性たちはろくに商品を見ずに通り過ぎるだけで、本来の目的地である婦人服売場に向かってしまう。実は、フロント・ドアは左右どちらでもない中央にあったので、トラッカーの目の前で何人もの女性たちが入口から右に進み、あたりを見まわして、紳士服売場だと気づくと、向きを変えて左側の婦人服売場に向かった。右側には二度と戻らず、その奥にある子供服売場にも行かないのだ。トラックシートで子供服売場の客がもっとも少なかったのも偶然ではない。メインフロアのそっくり半分がプランニングの欠陥のためにがらあきだったのだ。なぜかというと、女性は目を向けることすらしなかったからだ！　この配置ミスを解決するには、子供服売場をネクタイや紳士用バスローブの隣ではなく、婦人服売場の奥に置くことだ。

　似たような状況は、ある電器店の調査でも見られた。そこでは、会計／包装が店のフロントに近い左の壁ぎわにあった。入ってきた客は右に向かうが、レジと店員を見ると急に左に曲がり、そこの商品を見たり、あるいはお目当ての商品の所在を店員にたずねる。ときとして客は奥へ向かってそこにある陳列を眺めるが、店の右半分に戻ってくる者は少ない。彼らは一種のクエスチョンマークの動線を描いていた。この状況を変えるために、レジを右の壁ぎわ、店のなかはどに移動し、それをメイン・ハブとした。客が二番目に興味をもっている電話のディスプレイは、右側の壁のフロント寄りに置いた。来店した客をまず右側のレジに向かわせ、そこから電話のディスプレイに向かわせることが狙いだった。店内の配置が人間の動きにとってより自然なものになると、さっそく回遊パターンが改善された。より多くの人が、より多くのものを見るようになったのだ。アメリカ人は自然に右へと移動する。どんな店でもフロント・ドアの右は一等地なのだ。そこには、もっとも力を入れている商品、一〇〇％の注目を集めたい目玉商品を置くべきなのだ。これが、人間の動きを利用する一つの方法である。

●その２　手の動き

また、買い物客は右に手を伸ばす。ほとんどの人が右利きだからだ。棚に向かいあったとき、身体の右側にある品物を取るほうが、身体の前に腕を交差させて左のものを取るよりも楽なのだ。実際、取るつもりの商品の右側にある品物にうっかり触れてしまうことがある。だから、客に買わせたいものがあれば、客の立つ位置よりもやや右寄りに陳列すべきだろう。棚割図、つまりどの棚に何を並べるかを示した図は、このことを念頭において作成すべきなのだ。たとえばクッキーなら、いちばん人気のブランドを中央に置き、これからテコ入れしたいブランドをやや右に置く（やはりイギリスとオーストラリアでは、左側通行・右手伸ばしルールのために、アメリカではありえないような設計上の混乱が生じている)。

●その3　顔の向き

人間の動きについてのより単純な一面について、店が客に対応するうえできわめて大きな問題をつきつける事実がある。実際、人間の歩行にまつわるこの特性は、あらゆるショッピング空間をその目的にかなえることを難しくしている。つまり、人間は顔を前に向けて歩くということだ。

これが意味するところは重大だ。なにしろ、通常のショッピング環境は、足を交互に前にだすのではなく、古代エジプトの壁画に描かれた人物像のように横にだすという、この世のものならぬ存在に適した設計になっているからだ。想像してみよう。店の通路をまっすぐに歩いているとき、人は前を見ている。頭を右もしくは左にまわして、歩きながら棚やラックを見るにはある程度の努力を要する。それには、かすかな不快感さえある。自分が歩く方向以外のところにも目を向けなければならないからだ。馴染みのある環境(行きつけのスーパーマーケットなど)で、しかも安全な場所であれば(広い通路、箱などの障害物につまずく心配のない床)、客は歩きながら左右を眺め、商品を取っていく。だが、それほど馴染みのない状況では、客が目にするものは減る。無意識のうちに、箱や小さい子供につまずいて倒れないよう、目の端で見張っているためだ。歩いているとき、何かの商品に注意をひかれると、歩行を中断してそれを見るべき方向、つまり正面から見る。だが、それはそのときだけだ。

この問題は、商店の棚にかぎらない。街路で人はどのようにしてウィンドウに近づくのだろう? ほぼ例外なく斜めからだ。人は店の左か右から歩いてくるからだ。しかし、ほとんどのウィンドウが、真正面から見られることを前提としてデザインされている。正面から見られることなど滅多にありはしないのだが。屋外の看板に関しても同じことがいえる。わが社の近くに新しいレストランができ、非常に金をかけたとおぼしい、しゃれたハンギング・サインを取りつけたのはいいが、建物と垂直ではなく、平行にしたので、通りの向かい側からしか読めない。店にくる客は、潜在的な顧客のおそらく五%から一〇%だろう。

この看板の位置を直すには一時間くらいしかかからない。それで問題は解決する。ウィンドウを人のアプローチに合わせるのは簡単なことだ。ウィンドウのディスプレイはかならず左右どちらかに向けるべきだ。われわれは車と同じように——右側を——歩くので、ウィンドウ・ディスプレイは左に向けたほうがよい。これだけで、大勢の人に見てもらうことができる。

だが、人間の歩行と顔の向きに関する発見を、ふつうの店で応用するにはどうしたらよいだろうか? 一つの方法は、ほとんどすべての商店ですでに利用されている**エンドキャ**

ップである。アメリカのどこの商店でも、通路の両端に商品が陳列されている。これは品物を客の目にさらすには非常に効果的で、業種を問わず利用されている。レコード店は特定のアーチストのＣＤや値引きした新譜、スーパーマーケットは特価のソフトドリンクや朝食用シリアルなど。エンドキャップによって商品の売上を押し上げることができる。店の通路を歩く人にとって、正面から全体が目に入るからだ。エンドキャップが効果的なのは、スーパーマーケットの主要な通路を歩けばいやでも商品が目につくからでもある。つまり、エンドキャップにおかれたオレオの山を見てしまったら、通路の三メートル先にある別のクッキーを見る前に、こちらをまとめ買いしてしまうだろう。

もちろんエンドキャップにはおのずと限界もある。一本の通路につき二つ、両端に一つずつしか置けないからだ。品物を見られるようにディスプレイする効果的な方法が、もう一つある。**シェブロニング**である。つまり、棚やラックを一定の角度をつけて山形に並べることで、そこに並べられた品物がよりよく客の目にさらされる。通路にたいして棚を九〇度ではなく、四五度に置くわけだ。効果は大きく、エレガントでもある。だが、たった一つ落とし穴がある。シェブロニングは通常の配列よりも五分の一ほど余分なスペースを要するのだ。そのために、従来の方法の八割の商品しか陳列させられない。問題は、シェブロニングが、この損失を埋めあわせる以上の売上増を生みだせるかどうかということだ。ディスプレイがすぐれていれば、少しだけ見せて多くを売ることは可能だろうか？　私はまだそれに答えることができない。いままで大勢のクライアントにシェブロニングをすすめてきたが、全面的に取り入れようとしたクライアントはなかった。だが、長いこと見てまわることが必要な製品については、シェブロニングが効果的なことはたしかである。

●その4　視線

人間がどう歩くかに加えて、人間の視線がどこに向かうかも、人間が見るものを非常に大きく決定している。セーターを満載したテーブルの上面しか見えなければ、真正面に立っているときにはその効果が限定される。三メートルから六メートルほど離れたところでディスプレイが見えなければ、客が近づくのは偶然だ。だから、建築家は客の視線に留意して店舗を設計すべきなのだ。買い物客が自分の正面にあるものを見られるだけでなく、まわりを見まわしたときに他のものも見られるように。だから、プレウォッシュ加工のTシャツ五枚で二〇・九九ドルという印刷物のメッセージをあらゆる場所に貼りつけておかなければならない。客の視線の先に何もないなんてことがないように。

視線を考慮にいれたなら、商品で視線を分断しないように気をつけなければならない。珍しくないことだが、壁面の棚の前に別のディスプレイが置かれて、客の目をさえぎることがある。あるいは、商品説明の掲示が当の商品を隠していることもある。理想としては、客が商品を調べると同時に、あたりを見まわして五メートル離れたところに、別の魅力的なものがあると気づくことだ。これを**ピンボール効果**という。商品を巧みに分散することによって、店全体に買い物客を散らばらせるのだ。こうして、商品自体が客の流れをつくる道具となる。よい商店はこのようにして運営されているものだ。客は前方や右側に見えたものに、思わず注意をひきつけられるのだ。

買い物客を陳列商品にひきつける

スーパーマーケットの陳列商品のうちで客に見られる割合、いわゆるキャプチャー・レートを調査したことがある。スーパーマーケットの棚の平均的な商品を見ていたのは、買い物客の約五分の一だった。買い物客がおそらく商品を見るだろうとされているゾーンは、目の高さよりも少し上から膝の高さまでである。それより高くても低くても、わざわざ見ようとしないかぎり、客の目に入らない。これもまた、われわれの防衛的な歩行メカニズムの一つの機能である。上を向いて歩けば足もとが見えないからだ。

つまり、小売店の広大な売場面積が、無駄にされているとは言わないまでも、そこには問題があるということだ。このゾーンの外に商品を陳列しないのであればかまわないが、ほとんどの店ではそんな贅沢など許されない。商店が試せることとしては、大きい品物だけをゾーンの上もしくは下に並べることくらいである。足首のあたりに置かれた徳用サイズのパンパースを物色するほうが、タイレノールの錠剤を見るよりも簡単だ。最下段の棚処するのも有効だろう。すべてのラベル、箱、容器は、客の頭よりも高い位置や、膝より下などの見にくい角度に置かれる可能性も念頭においてデザインするべきなのだ。

また、包装は真正面からよりも斜めから見られたときに目立つようでなければならない。そうなるとコントラストのはっきりした色、大きくて見やすい文字も必要だろう。これはまた、商品が倉庫ではなく売場に置かれていることともかかわりがある。コンピュータ、電話、ステレオなどの家電製品の箱が、床から頭の上まで積み上げられていることもあるからだ。それらの箱のデザインはディスプレイを前提としていないのに、結果としてまさにそういうことになっている。それだけでも、茶色いクラフト紙に小さい文字で中身の説明だけが書かれている、味もそっけもない包装が時代遅れなことはわかるだろう。箱は製品のポスターと考えるべきだ。シリアルの箱と同じである。通常、パッケージ・デザイナーは製品名をラベルのいちばん上に書くことによって企業側のエゴを満足させ、製品がなんであるかは下のほうにもってくる。しかし、箱が床の近くに置かれようものなら、まったく都合の悪いことになる。ブランド名がわかっても、箱の中身がなんであるかがわかりにくいのだ。それに、箱をどこにどう置くかということに口だしできるデザイナーはいないので、製品がなんであるかはかならず上に書くべきだ。そして、ラベルはビルボードと心得るべきだ。清潔で、めりはりがきいて、目立つイラストと大きい文字をレイアウトしたビルボードと。

残念ながら、ほとんどの会社のマネジャーは、考えぬかれてデザインされたパッケージの重要性を理解していない。ウォートン・スクールのMBAを十分にひけらかすこともできないような若手経営コンサルタントたちと議論したことがある。彼らはデータを手に入れている。データを集計してもいる。だが、パッケージに目をくれたことは、一度たりともないのだ。ビジネス教育に欠けているものは多いが、そのなかに、パッケージングの原則を理解することや、それがブランドにどういった影響を及ぼすかを理解することがある。ビジネススクールで、世界的なブランド戦略、インターネット・マーケティング、カテゴリー・マネジメントなどのコースを取ることはできる。だが私の知る限り、二一世紀の印刷術を教えるスクールはない。ローザンヌの国際経営大学院、バルセロナのIESE、ロンドン・ビジネス・スクールでも教えないし、当然、ウォートン・スクールでも教えない。二〇〇八年現在、印刷機でできることを考えると、一〇年前の技術がいかにも古くさく思えてくるものだ。なんといっても、刷りわけと三六〇度の色相。今日の技術では、各地にある個々の店舗で、パッケージをカスタマイズすることもできる。だが、デジタル制御された印刷機は、オーダーする人間と同じくらい精密なのである。グラフィックデザイナーや印刷機そのものがそれをわかっていたとしても、業務を委託した、やる気満々の若手MBAはまずわかっていないものなのだ。

買い物客を通路の奥までおびき寄せる

現場の話に戻ろう。もう一つ懸念される事柄は、ブーメラン・レートと言われるものである。これは、買い物客が通路の端から端まで歩かなかった回数を測るものだ。買い物客が通路を歩きはじめ、何かを選んでから、そのまま進むかわりに、もとの道を戻ってしまうことである。われわれがハーフ・ブーメランと呼ぶのは、客が通路のなかほどまで達してから戻る場合である。よくあるのは、客がお目当ての品物を見つけると、まわりを見もせずに（見たとしても、足を止めるほどに価値のあるものを見出さずに）戻ることだ。これをどうすればいいのだろうか？　小売業者は、もっとも人気のある商品を通路のなかほどに置くべきだろう。メーカーはその反対に、自社の製品を通路のできるだけ端に置いたほうがよい。

だが、買い物客の注意をひきつけておく方法もいくつかある。そのうちでもっとも斬新かつ効果的なものは、子供連れの客の存在を考慮することだ。そのために、シリアル売場でよく使われている手法だ。シリアル売場は、ママやパパにとっては箱をつかんで歩き去るだけの場所だ。その床に描かれた石蹴り遊びの絵が、客をしばし釘づけにするのにとても役立っている。ある店では、子供がこの通路で遊ぶ時間は平均一四秒で、何も買わずにシリアル売場に立っているにしては長い時間である。

買い物客の動きには、ある側面がある。ほとんどの人が身に覚えがあるはずだ。店の奥まで行きたいという気持ち。乳製品の陳列棚が、店の奥の壁際にある理由は誰でも知っている。ほとんどの客が牛乳を買うからだ。だから客は、店の奥まで行って戻ってくるまでに、ほぼすべてのフロアを通る（そして買い物をする）ことになる。これも、非常に効果的だ。少なくとも、効果的だった、と言えるだろう。効果的なのだが、ライバルにも大きなチャンスを与えることになってしまったからだ。実際、コンビニ産業が存在しているのは、買い物客が牛乳やその他の食料を短時間で買うことができるようにしているからだ。つまり、客は店に走りこんで、商品をつかみ、店から出ていけるのだ。最近では、多くのスーパーが**シャロールループ**を取り入れるようになった——乳製品の棚を出入口近くに置き、買い物客が商品をつかみ、買えるようにしたのである。

●ドラッグストアの事例

大手のドラッグストア・チェーンは、薬局のコーナーを同じように利用している。ほとんどの薬局がかならず奥の壁ぎわにあり、お客はそのために店全体を歩かなければならない。だが、この戦略が逆効果にならないためには、これらの客に特別な便宜をはかる必要がある。客が薬局にでかけるのは、たいてい深刻な用事があるからだ。だから、店の奥へ向かう途中で棚を眺めることには興味がない。したがって、ドラッグストアのマーチャンダイジングでは、前面からだけでなく背面からの配慮もしなければならない。少なくとも一部の看板やディスプレイ、備品の配置を、店の奥から手前に歩いてくる客にも見えるようにしなければならないのだ。これは同じ敷地に二軒の店をプランニングするようなものだが、それというのも薬局の位置は客に店内を歩きまわらせるうえで非常に効果的だからだ。

本書の1章で、ショッピングモールの若い店員が休憩時間に急いでソーダを飲むドラッグストアを紹介した。それを利用しようと、この店はクーラーを店の奥に置いた。そのために、若者たちは一五分の短い休憩を最大限に利用するために、店に駆けこんできてソーダを取り、また外に走って戻ることを余儀なくされた。彼ら一〇代の若者が、ソーダを買うついでにシャンプーや目覚まし時計やタルカムパウダーを買うことはないだろう。1章でも述べたが、この店は再度、慈悲深くもクーラーを前面に戻すことにした。忠実なソーダの顧客の都合を考慮したのだ。さもなければ、彼らがもっと便利な別の場所を見つけて休憩時間の燃料補給をするかもしれなかったからだ。

それでもふつうは、どんな店でも客を奥の壁まで行かせるのは大変なことだ。GAP、エアロポステール、アンソロポロジーはどれもアパレルチェーンだが、値下げ商品を店の奥の左隅に置いている。店の一番奥にある隅まで来るよう、お得意様をトレーニングしているわけだ。奥までやって来るようになったら、次の課題は、入口に戻るまでの通路に、商品を見栄えよく陳列し、看板のいくつかを入口へ戻る客が見えるように置くことだ。賢明にも、たいていの小売業者は金になる商品を店の奥には並べていない。だが、売場のどこも、リース料や光熱費の額は同じだ。客の興味をそそって売場から売場への流れがスムーズな店は、ごく自然に客を店の奥まで引きこんでいる。店の手前にいる買い物客が、店の奥に面白そうなものがあると思えば、少なくとも一度はのぞいてみるだろう。簡単な方法としては、奥の壁に曼陀羅（寺の一番奥にある仏像のようなものだ。参拝客を奥へ奥へと招き入れるためだ）のようなものを掲げることだ。たとえば大きな画像、あるいはなんらかの視覚的ないし聴覚的なノイズを発生させて、何か面白いことがありそうだと客の好奇心をそそるようにするとなおよい。客が二度目にきたときはそこに直行しないかもしれないが、なんとなく磁石に吸い寄せられるように奥まで足を向けるだろう。なんであろうと、ほとんどの大型小売店で感じさせられること、つまり奥は行き止まりだというよりはましなのだ。

買い物客を限定しない

店の前面は、入ってくる客を決定するうえでこのうえなく重要である。

家電販売のレディオシャックは、女性客の比率を高める戦略の一部として、電話の販売に力をいれることにしたとき、女性を誘いこむため、店の前面に電話をディスプレイした。実際、われわれはクライアントに、一日のうちに何回か店頭の商品陳列に変化をつけ、いろいろなタイプの通行人をひきつけるようアドバイスすることがある。

たとえばショッピングモール内の書店では、午前中の客のほとんどがベビーカーを押した母親である。そこで、クライアントに言って、子育て、フィットネス、家族に関する本を店頭に並べさせた(また、ベビーカーを押して歩きまわれるスペースをとっておくようにとも助言した)。午後には学校がひけた子供たちがモールに駆けてくるので、スポーツ、ポップ・ミュージック、テレビなど思春期の子供が好むものを置くようアドバイスした。午後五時を過ぎると、仕事帰りの人びとが流れこんでくる。そうなればビジネスやコンピュータに関する本があるとよい。それから早朝には、モール内をウォーキングする高齢者が利用するので、夜の閉店前にはウィンドウに老後や財テクや旅行に関する本を並べさせた。その店は巨大な円筒形のディスプレイ装置を購入し、それは一日の時間帯に応じて回転して、必要な本を見せる。

スーパーマーケットは金曜日から日曜日までは店頭に商品を詰めこんで、そのスペースを混雑に対応させている。だが、月曜日と火曜日には、その場所はすいている。われわれはクライアントに、レジのすぐ手前のエリアを新たに売場とし、ふつうのラックではなく衝動買いをうながす商品を並べるようにアドバイスした。

買い物客の来店ペースをつかむ

お客が店をまわる頻度も考えておく必要がある。もし顧客が平均して二週間ごとに来店するなら、ウィンドウやディスプレイをそれくらいの頻度で変える必要がある。そうすることによって新鮮な興味をかきたてるのである。ここでもう一つ、店舗設計とマーチャンダイジングが協力すべきことを示す例がある。ウィンドウの構造が、従業員にとって入りやすいものであれば、入りにくい場合よりもひんぱんにディスプレイを更新しやすくなる。設計の何かが原因で、商品をウィンドウのなかに運びこむのが苦痛であったり、あるいは陳列ラックがウィンドウに近づくのを邪魔していたりすると、ウィンドウは確実に注意の的からはずれてしまう。

買い物客の動きにまつわるいくつかの事実は、普遍的な法則ではない。しかし、われわれが調査した特定の環境においては、たしかにあるインパクトをもっている。

ロサンゼルスのサンセット大通りにある大手のファミリーレストラン・チェーンの店舗を調査したときのことだ。日中は、店の化粧室がフロント・ドアのすぐ内側にあるという事実は、まったく理にかなったことと思えた。ところが夜間、外の通りが近所に住む無遠慮な街娼たちでにぎわう時間帯には、化粧室がその場所にあるのは、まったく不都合だった。まるで娼婦たちのラウンジのように、彼女たちが仕事の合間に水を使ったり、足を休めたり、おしゃべりに興じる場所になってしまったのだ。それは食事にきた他の客にとっては手放しで喜べる状況ではなかった。

ホールマークのカード店には、客が印刷物を注文できるコーナーがあり、近く結婚しようとする人びとが招待状をつくったりする。このコーナーには巨大なサンプル帳をおさめた棚つきの書物机があり、客の目的にぴったりかなっていた。ところが、ニュージャージー州のあるにぎやかなショッピングモールでは、このコーナーが店頭に位置していた。レジのすぐうしろで、おそらく店内でいちばんうるさくて混雑した場所である。それを使っていたのはたった一人で、その客は履歴書を書いていた。

7　固定観念で販売することの危険性

ここで見張れ。下着のかげに隠れろ。

何が見える？　男女のカップル。いくつぐらい？　六〇代。特徴は？　よくいる太めのお母さんとお父さんが、今日は町にでてターゲットみたいな店で高齢者用ブリーフを買いにきた。おそらくそんなところだろう。

待てよ——何か話している。

「で、わしのサイズはどこだ？」

「ここよ」

「この三枚のパックを買おう」

「だめよ、六枚のを買いましょう……わたしもはくから」

うわっ。なんて気持ちの悪い。想像もしたくない。この二人はかかわりばんこに——

おい、やめろ。お前はショッピングと購入のきわめてダイナミックな性質に関する貴重なレッスンを見過ごしたところだ。ショッピングの科学の専門家でなくても、何が起こっているかはわかるだろう。女性だったらなおさら、ウエストと股ぐりに細いゴムが食いこむ下着を買うしかない肥満タイプの女性だったら、なおさらだ。

二〇〇四年、私はアメリカ、ヨーロッパ、日本など世界中で、下着に取り組んだ。その夏には、カリフォルニアのウィンストン・サレムで行なわれた下着会社の重役の集まりで、基調講演を行なった。講演はまず、ニューイングランド出身の女性と住んでいる男性として、下着については個人的にというよりは、プロとして知識があるという話で始めた。この業界で一番大きな問題は、セックスを意識してデザインされた下着と、快適さを追求してデザインされた下着のちがいである。ビクトリアズ・シークレットのカタログの表紙のように、下着姿でうろつく女性はほとんどいない。一部の女性向けの下着は、脱ぐときに誰かが手を貸してくれるようなものだが、ほとんどの女性がほとんどの場合に身につける下着は、いかにつけ心地がいいか、下着の上に着るものをいかに引き立たせるかが決め手になる。一八歳であれば、下着はヘアカラーと同じように、ファッションアイテムとなろうが、四〇歳以上のほとんどの女性にとっては、快適さとフィット感が重要なのだ。とくに、余分な脂肪を蓄えている女性にとっては。

これは数年前の出来事だが、以来、女性の下着は男性に似てきた。フラットな（締めつけない）幅広のゴムと柔らかい綿布。それによって女性は問題を解決し、男のパンツから遠ざかった。

二〇〇八年、ビクトリアズ・シークレットは、今でもピンクのフリルがついた下着を売っている。だが、それより後発のGAPボディは、もっとスポーティでつけ心地のよさそうな下着を扱っている。この業界で皮肉をこめて、「ブッチライン」と呼ばれているものだ。だが、成熟した女性のニーズに注目する大手メーカーは、いまだに登場していない。

さて、話をもとに戻そうか。

買い物客のニーズに応じる柔軟性

ここにもう一つ、買い物客がショッピング環境をみずからの意思にしたがわせた例がある。これは公共空間の設計と設備にまつわる重要な問題とかかわりがある。つまり、座席だ。

私は座席についてはこだわりがある。その気になれば一日中でも語れる。人間に必要なものということからすれば、座席ははずすことができない。空気、食料、水、住居、座席と、この順番だ。座席というものは、金よりも、愛よりも大事なのである。

世界中のほとんどの店が、椅子を一脚おけばすぐに売上が伸びるだろう。私は椅子一脚の空間をつくるためなら、すてきなディスプレイを除去することもいとわない。備品は壊そう。マネキンも外してしまおう。椅子は語っているのだ。私たちはあなたを気にかけていますよ、と。

選べるものなら、人は気にかけてくれる相手から買うだろう。

●ある婦人衣料品店の事例

大手のある婦人衣料品店では、女性の買い物を待つ男性のための座席が足りなかった。どうして足りないとわかったか。旦那や恋人たちが自分なりに工夫していたからだ。必要がみたされていないとき、人間がかならずやることだ。ショッピング環境において、買い物客が工夫していたとすれば、人が人の要求をつかみそこねた厳然たる証拠である。

(脱線になるが、よい例がある。ニュージャージー州アトランティック・シティのカジノ・ホテルでのことだ。ここでは親切ということがあまり重視されていず、賭けですった大勢の人びとがバスがでるまで待たされている。カジノはわかりやすい理由により、こうした人びとが賭博場で待っていてくれることを望んでいる。スロットマシーンやディーラーの前などで。そのために、ホテルのロビーには椅子が一脚もない。これにたいして、客はどう対応したか？　彼らはむっつりした顔で床に座りこんだ。何十という辛気くさい負け犬が並んだ光景は、新たに入ってくるカモにとってモンテカルロのカジノの華やかな雰囲気を彷彿させるとは言えなかった。彼らには椅子が必要なのだ！）

衣料品店でもまた、必要なものは明白である。女性が買い物するあいだ、男性は待つ。そして、男性が待つときは（女性もそうだが）、座りたがるものだ。こんなことは明々白々、しごく当たり前ではないか？　ところが、商業スペースの設計者《デザイナー》は、座席のこととなると大失敗をしでかす。公共空間のためのプロジェクトで公園や広場を観察した日々、われわれは屋外のベンチをいかに改良するかに膨大な時間を費やしたものだ。どこに置き、幅はどれくらいで、日陰に置くか日向に置くか、通りとの距離はどれくらいか、木製にするか石造りにするか（石は冬になるとひどく冷える）などなど。ベンチがあれば高齢の歩行者の歩ける距離が二倍になることもわかった。人はしばらく歩くと少し疲れて、引き返そうかと考えはじめる。そのとき、日陰に招くようなベンチがある。そこでひと休みすると、歩行者はまた歩く気になるのだ。ショッピング環境においては、椅子の第一の役割は若干異なる。女性が夫や子供、友人と一緒に、二人ないし三人連れで買い物をするとき、座席はそうしない人が心地よく満足して邪魔をしないようにするためのものだ。

その衣料品店でも、女性たちだけが買い物をして、男性はそれがすむのを待っているだけだった。彼らは座る場所が欲しいと思っていただろうが、店はそれを提供しないことに決めていた。なぜか？　たぶん椅子を置くスペースが足りなかったのだろう。椅子があってもこわれていたのかも。それとも、誰かの判断で男どもがその辺にへばりついていると雰囲気が損なわれると決めたのかもしれない。

そんなわけで、男たちは立っていたのだろうか？　もちろんちがう。彼らは座席を工夫していた。この場合、彼らは大きな窓に吸い寄せられていったが、その窓にはちょうどベンチぐらいの高さに幅の広い枠がついていた。窓枠がベンチになったのだ。

しかも、この急ごしらえのベンチはいったいどこにあったのか？　誰のせいでも、わざとでもないのだが、それはかのワンダーブラの魅力的なディスプレイのすぐ隣にあった。数年前から、女性たちにたいへん高揚感を与えた構造上の驚異である。後知恵ながら、その後どうなったかを予想するのは簡単だろう。女性たちはディスプレイに近づき、品定めをはじめたところが、窓枠にとまった男どもに自分たちが品定めされていることに気づいた。われわれが店を訪れた日には、年配の紳士が二人座りこんで、勇敢な女性が足を止めて品物を見るたびに、彼女にはワンダーブラが必要かどうかを臆面もなく議論していた。

言うまでもないが、その日、そこで売れたワンダーブラはごくわずかだった。

もうおわかりだと思うが、どの商品についても取りあわせということは非常に大切であり、とくにワンダーブラのように目新しく、したがって調査と検討と試着を要するものはなおさらだ。賢明な小売業者は、相乗効果を最大限にするためには、どの商品とどの商品を取りあわせればよいかという謎の解明に頭をひねるものだ。そして、ここにまったくの偶然から、店内で工夫を強いられた人びとによって最悪の取りあわせが出現してしまった

（最悪というのは客と店にとってであって、男どもにとってはそうでもない）。

椅子について、ちょっとだけ待つための場所、ずっと待つための場所、中途半端な時間だけ待つための場所に分けて考えてみる。ちょっとだけ待つための場所は、更衣室の外に用意する。ここは、退屈しきった財布持ち、にわか仕込みの護衛、二本足のワンちゃんが三分間待つ場所だ。中途半端な時間だけ待つ場所は、出入口においた椅子か、出入口の外に置いたベンチのことで、連れの男性、護衛、ワンちゃんが十分間、待つ場所である。ここを人間観察の拠点に使えると、なおよいのだが。近くなりすぎてはいけない。ぶつぶつ言っているのが聞こえないようにしなければ。一方、ずっと待つための場所は、ショッピングモールのなかにある。静かで心安らぐ場所だ。流れ落ちる水や泉の音が聞こえ、禅の雰囲気を醸し出すところもある。新聞を読むにせよ、ブラックベリーをいじるにせよ、子供をあやすにせよ、二〇分以上いても、気持ちよく過ごせるところだ。

●ある化粧品メーカーの事例

もう一つ、買い物客がけちな小売業者の計画の裏をかいた例がある。

化粧品会社と消費者のあいだには、いまも解決されない争いがある。女性は化粧品を買う前に試したがる。化粧品が高価で、肌によって見た目がちがうことを考えれば、それは無理もない。化粧品メーカーは反対に、女性がそう簡単に商品を試してほしくないと思っている。ちょっとでも使われた商品はまず売れなくなるからだ。買い物客に見本品を用意する計画やシステムはたくさんあるが、業界の標準となるほど完璧なものはない。こうしてゲームはつづく。

二、三年前に、とある化粧品メーカーが絶対に安全な口紅を考案した。テープを切らなければ繰りだせない口紅である。これは、メーカー側としては、女性はチューブのなかをのぞきこんで色を見るだけで、口紅本体には触れないだろうと踏んでいた。包装担当の坊やたちは、これによって会社は何百万というコストを節約できるとにらんでいた。この試作品に女性がどう反応するかを観察するために、われわれが雇われた。われわれの目の前で、ある女性がキャップをはずし、なかをのぞきこみ、繰りだせないことがわかると、なんとピンク色の爪の先をチューブにつっこみ、口紅をえぐりだして色を見たのである。専門家はまたしても裏をかかれたのだ。女性が口紅を試すのをやめさせようとしたこと自体、彼らの誤りだった。先進的な化粧品メーカーは、試用することが購入に結びつくことを認識している。だから彼らは、女性が違法行為をしなくてもすむような方法で試用することをすすめている。私の意見では、もっとも好ましいのは利益がついてくる方法だ。シーズンごとの新しい色の口紅や頬紅、白粉のサンプルを少量ずつ（二、三回分で十分だが）パッケージして、一ドルか二ドル程度で売るのである。

二〇〇二年に日本を訪れたとき、渋谷で、まさにこれだというアイデアに出会った。スリーミニッツハピネスという店だ。看板には「人生を楽しくする雑貨」とあった。これ以上シンプルなメッセージがあるだろうか？　たったの三分。ほんの一瞬の、穏やかな買い物体験。なおいいことに、それで幸せを感じられるのだ。その宣伝文句どおりに。その店ではサンプル品――リップや爪磨きなどの化粧品、日用雑貨も多少――を売っていて、一〇〇円、二〇〇円、三〇〇円という値段ごとに分けて、陳列していた。壁際には、コーヒーやアイスクリームのコーナーがあり、写真つきのメニューが貼ってある機械にお金を入れると、チケットが出てくる。それを店員に渡すと、コーヒーをいれ、アイスクリームをすくってくれるのだ。お金をごそごそ、探し出す必要もない。三分間の買い物休暇と呼んでおこう。

●レンタルビデオ店の事例

その場の工夫のすべてを矯正しなければならないわけではない。ネットフリックスが登場する前のレンタルビデオ全盛期（この暗黒時代を覚えておいでだろうか？）、週末になると、たくさんの家族連れが、ブロックバスターやハリウッドに新作詣でをしたものだった。レンタルビデオ店は、最新作を貸し出してもほとんど儲けにならない。だが、旧作――『北北西に進路を取れ』や『大脱走』を貸すとなると、これは大当たりだ。長年抱えてきたジレンマは、どうやって客に「基本在庫」と呼ぶ作品を借りださせるかということだ。

われわれが見たところ、事情にくわしい常連客は新作の棚ではなく、返却カートでビデオを探す。返却されたビデオを棚に戻す前にしばらく仮に置いておくワゴンである。この行動を矯正する理由はなかった。店員の手間が多少はぶけるのだ。われわれがすすめたのが、返却カートに旧作をしのばせておくことだった。特に、新作に関連する作品を。これは効果があった。

●ファストフード店の事例

最後に、客が思いもよらない方法で店を利用した例について語ろう。このときは、店にとっていいことずくめだった。ファストフード店ではドライブスルーの窓口で買う客が半数以上だ。それをわれわれは（他のみなさんと同じように）、自動車を運転しながら食べる。あるいは、オフィスかどこかにもって帰るためだと思っていた。ところが、最近の一連の調査で奇妙なことが判明した。ドライブスルーの客のおよそ一〇％が、食べ物を受け取ると、そのまま駐車場に停めた車のなかで食べるのである。興味深いことに、これをやる車は、店のなかで食べている客の車よりも新しい傾向があった。彼らは超エリートのハンバーガー愛好者で、脂でべとべとしたみすぼらしい席に座っているところを見られたくないのだろうか？　それとも自分の車のなかで好きなだけ携帯電話でしゃべったり音楽を聴いたりし、自分のシートに座る贅沢を楽しみたいのだろうか？　いずれにせよ、これほど多い客には便宜をはかる価値がある。要するに、彼らは自前の椅子を持参してきているわけだ。そこで、われわれはファストフード店にアドバイスした。駐車場を道路から見えるようにして、走行中の車にスペースがあることを知らせるように、と。さらに、快適な環境、すなわち日除け、ゴミ箱以外の眺望などを提供することが、人だけではなく車にとっても大切だと強調した（われわれが調査したあるレストランでは、駐車場の最高の場所を従業員が独占していた。その多くが八時間以上も車を停めていた。バカの見本である）。おしまいに、われわれの発見は、建物の面積を縮小してドライブスルーと駐車場の規模を拡大するというファストフード業界全体のトレンドを裏づけている。客に好きなようにさせる。これこそ、ほとんどすべての場合に必要なことなのだ。

最後に、どうにも解せないことがある。ファストフード業界は、なぜ車のなかで使う前掛けを開発して、売らないのだろうか。つまり、おろしたてのネクタイにピクルスやケチャップをつけたり、座席のすき間にフライド・ポテトを落としたりせずに、ハンバーガーを味わえるように。ビジネススクール卒の諸君がじっくり考えるにふさわしい問題だと思うのだが。

第三部　ショッピングの統計的研究

すでに見たように、人間性のもっとも単純な側面——肉体の能力と限界——は、われわれの買い物の方法をかなり規定している。しかし、買い物ほど興味深いことがそれほど単純であるはずがない。

たとえ同じ環境におかれても、示す反応は一人ずつちがう。趣味のよいデザインで、文字も読みやすく、配置も適切な看板があったとしても、あなたはそれを見るが、私は見ない。美しい商品を取りやすく並べた店でも、私は服を買うよりも釣りのほうが好きかもしれない。買い物カゴがとても便利な場所に置かれていたとしても、あなたはいまのところお金がないかもしれないし、一度に二冊以上の本を買えない性格の人かもしれない。

たしかに誰もが、買い物とは人により時によってちがうものを意味することに気づいている。われわれは買い物を、セラピー、ご褒美、賄賂、気晴らし、外出の口実、異性との出会いの機会、娯楽、勉強もしくは祈りの一種、暇つぶしなどに利用する。買い物せずにはいられない人びともいる。銀行口座や信用に悪影響をおよぼし、助けを求める叫び声として買い物を利用する人びとだ（買い物遍歴の末に、依存症回復への一二のステップからなるプログラムを学ぶ）。そして、なんと多くの有名人がけちな万引きを見つかって逮捕されることだろう。年に二、三回はあるのではないか。場所はきっとフロリダだ。

八〇年代の東ヨーロッパからの移民は、アメリカの郊外のありふれたスーパーマーケットに陳列された品物の豊かさに仰天した。こういう店が、自由経済とは要するに選択の自由、途方もなく多くのものから選択する自由であることを象徴していた。私自身も、スーパーマーケットで買い物による感情のカタルシスを経験したことがある。

二〇年ほど前だろうか、エンバイロセル社に成功の見通しがついてきたころだった。そのときまでは、先が見えない状態だった。自転車操業がつづき、私は馬車馬のように働いて、入ってきた金は一銭残らず会社に注ぎこんでいた。厳しい状況だった。たとえばフロリダでミーティングがあれば、安くあげるために最終便のチケットを取り、夜半に現地に到着したあと、レンタカーを借りて目的地に向かう。わが身を丸くして車のなかで眠り、ガソリンスタンドの洗面所で髭を剃り、歯を磨き、先方に着くとせいいっぱい成功した調査会社の創業者らしく振る舞った。本当にきつかった。ともあれ、問題の日に、私も会社もこのさき大丈夫らしいことが明らかになったのだ。その日、私はたまたまニューヨークのサウスストリート・シーポートの近くのスーパーマーケット、パスマークにいたのだが、輸入食品売場に立っていたとき、不意に思いついたのだ。自分はそこにあるものをなんでも買えるのだ、と。子供のころに食べたイギリス産のしょうがの砂糖づけが欲しければ、そこの瓶を取って金を払えばよい。これを食べるには四ドルか五ドルかかるなどと考えなくてもいいのだ。ウェルチの安いジェリーを買わなくてもいい。もはや食費で冷汗をかく必要はないと認識したその瞬間、齢三五、身長一九三センチ、体重一〇〇キロ、はげでひげを生やした私は泣きだしていた。その場で、あのおびただしい輸入品のジェリーやジャムや砂糖づけの前で。ほっとした気持ちと幸せを感じて、涙があふれてきたのだ。スーパーマーケットのおかげで湧きあがった感情だった。それ以来、少なくとも年に一五〇日は、嫌味なほど高価なしょうがの砂糖づけとオーガニック・ピーナッツ・バターをイングリッシュマフィンにぬって、苦味のきいたコーヒーでしめるという朝食をとっている。

誰もがスーパーマーケットで泣くわけではないって？　エンバイロセル社の業務の多くは、客同士のちがいを見出すことだ。小売業者をはじめショッピング空間を支配する人びとの役にたつ分類や法則を発見しようと努力しているのだ。当然のことながら、「男は火星から、女は金星からやってきた」と言われるこの世界で、われわれは男と女の店内での行動のちがいに目をこらしている。容易に予測される特徴もある。女のほうが買い物上手で、男は無分別だということなど。だが、男と女（と両者の関係）が変わると、購買行動も変わる。このことがアメリカのビジネスの世界にもつ意味はとても大きい。

もう一つ、われわれが注目している大きなちがいは、買い物客の年齢である。昔は店で子供を見かけることはあったものの、彼らの声が聞こえることはなかった。そんな日々は遠く過ぎさり、いまやどんなに幼い子供も、小売の方程式における熟慮と迎合の対象となる。その対極に位置する高齢者も、これまでになく重要性を増している。その数が増え、使う金と時間が増えたことだけ考えてみても。彼らの存在は二一世紀のモノの売り方を変えていくだろう。文化と人口構成の壮大な変化が現出している。以下の章では、買い物客がどう変わったか、そしてその変化が買い物の世界にどう反映しているかを語ることにしよう。

8　男性と女性のショッピングの相違点

男と女はほとんどすべての点においてちがう。ならば、買い物のしかただってちがうはずではないか？　男性客についての従来の常識は、つぎのようなものだった。

男はあまり買い物が好きではない、だからあまり買い物をしない。女性の買い物に男をつきあわせるのにひと苦労する。

結果として、買い物体験のすべて、つまり包装デザインから広告、マーチャンダイジング、店舗の設計、備品までが、女性向けに考えられることになった。

小売という昔気質の業界もそうだ。ばかばかしいことだが。女性が地位を昇りつめつつあるというのに、この業界は男どもが支配し、作り上げ、采配をふるっている。女性にも加わってほしいという気持ちはあるのだが。女を仲間に入れないのは当たり前だ。男同士ではうまくいかない。どちらも悲劇的だ。これが基本的な二大要素だ。遺伝子的に、男は狩りに心を惹かれるのである。だから、森まで歩き、さっさと獲物をしとめ、持ち帰ることができなければできそこないだ。一方、女は観察に無限の喜びを見出す採集の性である。だから、女性が二人集まれば、ショッピングモールで一日を過ごすのに何の問題もない。何も買わなくても、楽しめるのだから。

女性らしい買い物

女性は、われわれが買い物と呼ぶ行動、すなわちゆったりと店内を歩きまわる、商品を眺める、品物や値段を比較する、販売員と話す、質問する、試着する、そして最後に購入することにとても共感を寄せているようだ。昔から買い物をするのはほとんどが女性で、しかも女性はそれをたいてい嬉々として行なう。とくに胸がときめくわけでもない、ありふれた日用品でも、女性はじつに頼もしく、楽しげに買い物をする傾向がある。歴史的に、女性はその社会において、日常的な買い物をする役割を担い、賢い買い物をする能力を誇りにしている。乳幼児用品の研究をしたとき、インタビューした女性たちは、商品の値段を暗記しているので値札を見る必要がないと主張していた（よく調べると、ほとんどは思いちがいだったが）。女性の役割が変化するとともに、女性の購買行動も変化している

（この点ではより男らしくなりつつある）が、しかし彼女たちがアメリカの市場における消費の主力であることには変わりがない。

男性らしい買い物

それとは対照的に、男性は概して無分別で、才能もない。大勢の買い物客の時間を測った経験から、男性は女性よりも売場を歩く速度が早いことがわかっている。男性は品物を眺める時間も短い。どんな場合であれ、買うつもりのないモノに男の目を向けさせるのは難しい。それに男は、品物がどこにあるのかなどといった質問をするのも嫌いだ（男の買い物は、彼らの運転ぶりと同じである）。お目当ての品物が見つからなければ、男は一、二周してから、あきらめて店をでる。助けを求めることはしない。ただ、あきらめるのだ。

見ていると、男は目的の売場へさっさと歩いて行き、何かを取り上げたかと思うと、すぐにも買おうとする。発見のプロセスに嬉しそうな様子も見せない。その典型例は、ドッカーズを探して買い物をしていた初老の男性たちだ。ドッカーズは、ベーシックなカーキとチノパンをそろえた、リーバイスのブランドである。ドッカーズの棚に駆け寄り、ぴったりのサイズ（ウエスト八六センチ、股下八一センチ）を見つけるやいなや、くるりと向きを変え、走らんばかりの勢いでレジに向かう男性の姿をよく見かけたものだ。店にいるという事実だけでも、男らしさが損なわれるとでも言わんばかりに。おかしなことだが、カベラスやＲＥＩ、Ｌ．Ｌ．ビーンといった店なら、そうした男性でもベルトやパンツ、下着を買いやすい。こうした店には、釣りや狩りで使う小物、アウトドア用品をおいているからだ。

もう一つの例は、ハーレーダビッドソンの販売店である。ここでは、中年男性に服を買ってもらうだけでなく、子供用のグッズも売りつけることができる。だが、典型的な男性が買い物をしていれば、事実上、彼らに先を譲ってしまうだろう。さもなければ、邪魔するなと言われんばかりだからだ。男が服を試着室にもちこんだら、買わないのはそれが身体に合わないときだけだ。反対に、女は検討のプロセスの一部として試着するにすぎず、身体にぴったりの服でも他の理由で買わないかもしれない。われわれの調査では、何かを試着した男性がそれを買う割合は六五％なのにたいし、女性は二五％だった。これは男女共用の試着室なら婦人服売場よりも紳士服売場の近くに設置することへの根拠となる。でなければ、男性用の試着室を入口付近に設置して、目立たせるべきだ。探さなければならないとなると、男はわざわざそんな面倒なことをする必要はないと判断するかもしれない。

ここにまた別の比較統計がある。女性は八六％が買い物するときに値札を見る。男性はわずか七二％。男にとっては、値札を無視することが男らしさの証明みたいなものなのだ。必然的に、男性は女性にくらべて高価なものを買いがちだ。また、彼らは女性よりもずっと提案に弱い。男は店からでたいばかりに、何を言われてもうなずいてしまうようだ。

こんな客は、ありがたいよりも面倒くさいばかりだと思えるかもしれない。しかし、男性だって、利益の源泉と見ることもできるのだ。彼が訓練不足であればなおさらである。いずれにせよ、男たちはいまやこれまでになく買い物をするようになっている。そして、それは今後ますますそうなるだろう。独身の期間がかつてなく長くなるにつれ、彼らの父親が自分で買うことなど夢にも思わなかったモノを買うようになった。そして結婚しても、妻が自分と同じように長時間働いているので、買い物の負担が否応なしにいっそう大きくのしかかってくる。メーカー、小売店、ディスプレイ・デザイナーは、男性のやりかたに注意を向け、彼らに合った買い物体験を用意することで、二一世紀には優位に立つことができるだろう。

●スーパーマーケット

男性の購買行動が繰り広げられる伝統的な舞台は、つねにスーパーマーケットだった。容易に手の届く商品が無数に並ぶそこでこそ、男性について知られる思慮に欠けた奔放な行動、訓練不足による落ち着きのなさを目撃することができる。あるスーパーマーケットの調査で、われわれは買い物リストを携帯している客を数えた。女性はほぼ全員がもっていた。男性は四分の一以下だった。家計の見張り番である妻は、夫を付き添いなしでスーパーマーケットに送りだすような真似はしない。品物をのせる車を彼に与えれば、それがただのショッピングカートであっても、買い物という体験のなかで男っぽさを発揮させる結果となる。父親に子供を二、三人加えれば、致命的な組みあわせのできあがりだ。男はダメと言えないことで悪名が高い。食糧入手作戦が敢行されるときは特にそうだ。つまるところ、父親たることには供給者たることが含まれているのだ。それは男の自己イメージの中心に位置するのである。

私は人生の数百時間を費やして、スーパーマーケットを歩きまわる男たちを眺めてきた。私が気に入っているビデオの一つには、幼い女の子を肩車した父親が登場する。菓子売場で、女の子は動物クラッカーを指さす。父親は棚から箱を取り、封を開けて娘に渡した。自分の頭や肩にクラッカーの粉がふりかかることも気にしない。母親が子供をこんなに甘やかすところは想像しにくい。男性の買い物について、もう一つの大きな教えは、シリアル売場を通りかかった男性と二人の幼い息子の観察から得られた。息子たちが好物のブランドをねだると、父親は箱を取り、開封線に沿って切るかわりに、てっぺんをむしり取った。息子たちが食べはじめたら、もう蓋を閉める必要などないことをよく知っているからだ。

スーパーマーケットは男女どちらにとっても衝動買いが起こりやすい場所だ。そこで貰うものの六〇％から七〇％が計画外だと、食品業界の研究は示している。だが、男は子供のおねだりと同じくらい、目をひくディスプレイにも弱い。

スーパーマーケットでいつも現われる男のだらしない振る舞いがもう一つある。レジを撮影したビデオで何度も目にしたことである。ほとんどつねに、男が支払いをするのだ。男と女が一緒に買い物をしている場合はとくに、男が財布から札を抜きだす。それは生活費をかせぐのが女だと、レジ係に誤解されないためだ。小売業者が男を「財布もち」と呼ぶはずである。あるいは、昔からの知恵で、女に売って男に払わせろというのがある。なぜなら、男は買い物という経験が好きでなかったとしても、金を払う経験には胸をおどらせるからだ。それは彼に、責任者だという気持ちを（たとえ実態はちがっていても）与えてくれるのだ。プロムの衣装を売る店は、これをあてこんでいる。一般に娘は、父親が一緒だと、母親だけに連れられた場合よりも高価なドレスを買ってもらえるものだ。

●パソコンショップ

いくつかの分野では、男は女も顔負けである。ある店の調査では、インタビューした男性の一七％が週に一度はその場所を訪れると答えた！　そこにいた男性の約四分の一は、その日家を出たときは、店にくるつもりではなかったと言った。ふと気がつくと店をぶらついていたというのだ。もちろん、それがパソコンショップであることと関係があるだろう。コンピュータのハードやソフトは、自動車やステレオ機器にかわって、男性のテクノロジーと発明への興味の的となりつつある。その店の客のほとんどが情報収集にきていたのは明らかだった。ビデオテープには、ソフトウェアのパッケージをはじめあらゆる印刷物や説明文を熱心に読む男たちが映っていた。この店は、男性がソフトウェアを買うだけでなく、それについて主に学習する場所でもある。このことは、男性のもう一つの買い物の習性を裏づけている。道をたずねるのをいやがるのと同じで、自分で情報を仕入れたがるのだ。なるべくなら印刷されたものやビデオやコンピュータ・ディスプレイなどからだ。

●携帯電話販売店

数年前に、ある携帯電話メーカーが試験的にだした販売店の調査を引き受けたことがある。そのときわれわれは、男と女ではその場所の利用の仕方が大きくちがうことを発見した。女性は例外なしに販売デスクに向かい、電話をはじめ店が提供するサービスについて質問する。ところが男性は、電話のディスプレイと契約を説明した看板のところに直行する。それからパンフレットと申込書を取り、店をでる。店員には一言も口をきかない。この男たちが店に戻ってくるのは、契約するときだ。これにたいして、女性は平均して三回は店を訪れ、相談を重ねてから、ようやく契約する気になる。

買い物における男と女の役割

女性と男性の役割は、当然、変わりつつある。二〇〇八年、高等教育に通う学生の圧倒的多数は女性だ。学部に限らず、ロースクールや医大も同じである。工学や数学を除いて、ほぼすべての大学院教育では女性が圧倒的に多いのだ。収入はいまだに男性の方が多いし、ほとんどの職業でガラスの天井がジャマをし続けているのだが、女性が自分のお金を今以上に持った時代は、かつてなかった。

いまやアメリカで車を運転する人の約半分は女性だ。にもかかわらず、自動車販売店は女性がまず行きたがらない店の筆頭にあげられている。

車の購入で主導権を握るのは、いまでもほぼ男性である（新車の購入における女性の発言力はかなり強いのだが）。家庭用品を買うときには、男と女のあいだで役割の分担がなされているようだ。家のなかのものはなんであれ女性が買い、男性は家の外のものをすべて買う。芝刈機などガーデニングや芝生の手入れのための道具、バーベキューグリル、ホースなど。

この歴史ある役割分担を、人口構成の視点から見なおしてみよう。二〇〇二年の国勢調査によると、両親と扶養されている子供からなる世帯はわずか二四％で、約一五％が片親とその子供だった。つまり、約六〇％が子供がいない世帯（子供を持たないか、子供が成人した世帯）と、伝統からはずれた世帯ということになる。つまり、友人同士、両親と成人した子供、独身貴族などだ。誰に何を売るかという基本的なアイデアは変わらないが、新たなタイプの購入者を考慮することは、これまでになく重要だと言える。

中流程度の生活を送るには、世界中どこでも、二人分の収入が必要な時代である。一九六五年、私の父はメリーランド州チェビーチェースに一戸建てを購入したが、その価格は、年収とほぼ同額だった。父の年収は四万ドルだったが、家もそのくらいしたのである。現在、年収と同額程度の家に住んでいる人をみたときに、うらやましく感じるだろうか、それとも同情を禁じえなくなるだろうか。どちらなのかはわからない。そうは言うものの、金の使いみちを決める流儀は、時代によって変わるものである。

「連れの男性」への対処法

買い物をしていないときでさえ、男は買い物の立役者となる。すでに述べたが、一般に、消費者が支払う金額は、消費者の滞店時間の直接の結果である。われわれの調査で何度も明らかになったのだが、女性は男性と一緒に店にくると、自分一人だけのときや他の女性と一緒のとき、子供を連れているときよりも滞店時間が短くなる。以下に、全国チェーンの家庭用品の店で実施した調査の結果を示す。

女性二人　　八分一五秒

子供連れの女性　　七分一九秒
女性一人　　五分二秒
女性と男性の二人　　四分四一秒

いずれの場合も、何が起こっているのかは歴然としている。

女性が二人で買い物すると、思いきりおしゃべりをしたり、助言しあったり、提案したり、相談したりするため、時間がかかる。子供と一緒の場合は、子供が迷子になったり不機嫌になったりしないようにと、神経を使う。女性一人のときはもっとも効率よく時間を使える。だが、男性と一緒だと男性は露骨に退屈した様子で、いまにも店をでて車に座ってラジオを聴くか、通りに立って女の子でも眺めそうだ。そのため、男性がそばにいると女性の心の安定が急減する。買い物しているあいだずっと落ち着かず、せきたてられているような気分になる。だが、男性にも何かすることがあれば、女性はもっと楽しく、リラックスして買い物できるのではないか。買い物にかける時間と支払うお金も増える。大きな買い物の場での男性の存在に対処するには、主として二つの戦略がある。

第一の戦略は、受動的拘束である。手錠をかけようというのではない。主に女性向けのものを売る店では、男の興味をひくなんらかの方法を案出したほうがいいということだ。私がチコスかビクトリアズ・シークレットのオーナーなら、女性がコートのように男性を預けられる場所をつくるだろう。これまでにも男性が気分よく待てるスペースは存在した。理髪店である。薄汚れた古い椅子と『プレイボーイ』、『ボクシング・イラストレーテッド』のバックナンバーのかわりに、座り心地のよい椅子、それと向かいあわせに大画面テレビを置き、スポーツ専門チャンネルESPNに合わせるか、ケーブルテレビのバス釣り番組を流しておく。簡単なものでも妻を気がかりから解放する効果があるが、さらに想像をたくましくすることもできる。『スポーツ・イラストレーテッド』のインストア・プログラム、たとえば水着の製造過程のドキュメンタリーや先週のNFLのハイライトなどはどうだろう。

私が新しい店を開こうとするところで、女性に気持ちよく買い物してもらおうと思うなら、男性の好む店、たとえばパソコンショップや自動車部品のショップなど、三〇分は楽につぶせる場所に隣りあった土地を探すだろう。逆に、コンピュータ・ソフトを売るなら、婦人服店の隣を選び、男が嬉しそうに集まる店をつくるだろう。

だが、やむをえずその場にいる人びとに、モノを売ることもできるのだ。婦人服の店なら、男性が女性への贈りもの、靴やパンツよりもスカーフやローブといったものを買うのに役立つビデオカタログを用意するとよい。ギフトに最適だと紹介されたものは売れやすくなるだろう。彼女がその店を好きなことはもうわかっているのだから。ビクトリアズ・シークレットが男性向けのビデオカタログを売りこむとか、ちょっとしたファッションシヨーを上演してもよい。

（ただ、こういうコーナーの設置場所には気をつけなくてはならない。客の目につくようにしたいあまりに入口に近づけすぎて、ウィンドウ・ショッピングの視線が、安楽椅子にどっかり座ってテレビを見ているウィンドブレーカー姿のいかつい男たちにとまってほしくはない。）

第二に、そしてはるかに満足度の高い戦略は、なんらかの方法で男性を買い物に巻きこむことだ。場合によっては容易ではないが、不可能ではない。

ストーンウェア食器のメーカー兼販売のファルツグラフを調査していたときのことだ。ここの客はたいてい気に入った柄のセットの全部を揃えるが、それにはディナープレート、コーヒーカップ、からし入れ、大皿、ナプキンリングなどおびただしい数がある。この店での買い物はひどく時間がかかり、品物を一つ一つレジ打ちして、こわれないように包装されるまで待つのは、たいていの男にとっては気が変になりそうな状況である。ファルツグラフのアウトレット店の平均売上は数百ドルにもなる。だからこそ、男を巻きこむ必要があるのだ。

ビデオテープを眺めているうちに気づいたのだが、男たちはどういうわけかガラス食器売場に流れていきがちだった。グレービー・ソース入れやスプーンレストをよけて、タンブラーやワイングラスの棚のあいだをさまよう。あるとき、二人の男がビアグラスのほうへふらふらと向かったが、一人がグラスを取り上げ、反対の手で想像上のビールのタップをつまみ、ビールを注ぐかのようにグラスを傾けた。そこで私は考えた。そうだ、当然ではないか。食事の集まりがあって、妻がキッチンで料理するあいだ夫は何をするのか？　飲み物を用意する。それは社会的に受け入れられた夫の役割だ。だから、彼はバーテンダーのあらゆる道具に興味をもつようになる。さまざまなかたちのグラスとその用途、栓抜き、アイストング、ナイフ、シェーカーなど。それらは男の領域なのだ。

私はまず、この店にビアタップの模型を置くべきだと考えた。芝居の小道具のように、男たちが実演できるようにするのだ。最終的にアドバイスしたのは、ガラス食器をすべてバー用品売場にまとめることだった。壁には何か大きな写真、たとえば男性がビールを注いでいるところや、しゃれたクロムのシェーカーでマティーニをつくっている写真などを掲げる。男たちが寄ってきて、自分たちのためのコーナーだと感じ、買い物ができる場所だ。たとえば、あらゆるボトルオープナーをここに置く。男は自分で読んで情報を得るのが好きだから、そこにはどのタイプのグラスを何に使うかを示した表を貼りだすとよい。大きなバルーングラス、ロングステム、フルートグラス、ロックグラス、ビールのジョッキなど。

こうしたことを実行すれば、商売の邪魔で、本命客の足手まといと見なされていた男どもを顧客に変えることができるのだ。あるいは少なくとも、興味をもった見物人に。

家具メーカーのトーマスヴィルの調査でも、男性を巻きこむことが、このような高額商品の販売に役立つと思われた。方法は簡単である。グラフィックな仕掛をつくりだすのだ。たとえばディスプレイやポスターを使って、家具の製作過程を見せる。そして、断面図や分解図などビジュアルな表現を用いて、トーマスヴィルの家具は見栄えがよいだけでなく、つくりもしっかりしていることを説明するのだ。構造をアピールすることは、家具の新調にかかるコストへの男性の抵抗感を和らげるのに大いに役立つし、妻が家具の布張やスタイルを吟味するあいだ、男にも研究すべきことができる。

男性が女性よりもつねに上まわる買い物の一つがビールである。スーパーマーケットやコンビニエンスストアなどのあらゆる舞台で、男がビールを買う（男はジャンクフードも買う。ポテトチップスやプレッツェル、ナッツなどのおつまみを）。そのため、われわれはクライアントのスーパーマーケットに、毎週土曜日の午後三時に、まさにそこのビール売場で、ビールの試飲会を催すようアドバイスした。小規模醸造所を紹介するもよし、有名メーカーの新製品を宣伝してもよい。なんでも構わない。試飲会でビールの売上は伸びるだろうが、それだけが目的ではない。より多くの男を店にこさせるためだ。そして、スーパーマーケットはより男性向きの場所に変貌するだろう。

だが、最近、エンバイロセル・ブラジルが大手ビール会社、ブラーマのために行なった実験から学んだのは、またちがうものだった。この実験でエンバイロセル・ブラジルが念頭においたのは、女性が自分のためではなく、ほかの人のためにビールを買っていくような店の売場を女性も利用しやすいようなものに変えることだった。胸の大きな女性の看板を片付け（ビールと胸の谷間は、一体どういう関係があるというのだろう?）、大人のカップルがビールを飲んでいる食卓のポスターを貼ったのだ。一晩にして、売上は二〇%もアップした。コンビニを調査した結果をみると、ここアメリカでは、女性はビール購買者のごく一部を占めるにすぎない。だが、買うとなれば、女性は大量に買っていく。男性が六缶入りを買うのに対して、女性は一二本入りを買うのである。結論。女性はパーティのためにビールを買う。一方、男性は一人で飲むためにビールを買う。

男性客のための商品・売場づくり

これは現在のすべての小売業が目標とすべきことである。業種を問わず、男性と女性の社会的役割がどう変化するかを先取りしなければならない。未来は、そこに先に到達した者のものだ。このような原則が考えられるだろう。現在、女性が優勢なカテゴリーに着目し、それを女性を遠ざけることなく、いかにして男性にアピールするようにするか。

●家庭用品

たとえば、ここ一〇年ばかりのあいだにアメリカのキッチンで起こったことを見てみよう。昔は、母親が食料品の買いだしと料理を一手にこなしていた。いま、母親は父親に負けないくらい働いている。必然的に、男が料理、掃除、洗濯のやりかたを知らなければならない。それらはすてきなことから必要なことになった。

このような変化とともに台所道具が男っぽくなったのは偶然だろうか？　その昔はアボカドかゴールデン・ハーベストというのが、冷蔵庫やレンジについての選択だった。現在のいちばん人気は、業務用の強力六口バーナーにオープン・ガスグリルがついたもの、冷蔵庫はステンレス・スチールとアルミニウムとガラスでできた味もそっけもない巨大な箱である。ウィリアムズ・ソノマのようなしゃれた台所用品の店へ行けば、クレームブリュレのてっぺんを焦がすブローランプが人気である。アメリカ人は手間のかかる脂肪たっぷりのフランス菓子をつくることに夢中になったのだろうか？　それとも、自前の火炎放射器で火を噴くことが男にとって調理の魅力を増すのだろうか？

(同じく、女性の独身期間が長くなり、人によっては一度ならず独身生活を送るようになると、昔風の男だけのためのハードウェアストアは押されつつある。われわれのクライアントであるエース・ハードウェアとトゥルー・バリューは、ビジネスを方向転換させることに成功した。これらの店ではジェンダーに偏らない売場を作り上げ、女性の家主が、道具を使いこなす日曜大工になれるようにしたのだ。こうしたビジネス転換を手っ取り早く実現する方法は、女性をもっと雇うことだ。)

電子レンジの説明書でいちばん強調されているのはワット数であり、これがどれほど売れているかを見るといい。また、掃除機を買いにきた男性へのインタビューで、何をいちばん重視するかとたずねたところ、彼らの回答は（予想どおり）「吸引力」だった。つまり「パワー」だ。いまや掃除機メーカーはアンペア数を吹聴している。どちらの場合も、家庭用品がよりマッチョになっているらしい。男たちがマッチョでなくなるのとは反対に。彼らはどこか中間地点で落ちあおうと決めているかのようだ。

家庭用品も男性を意識するようになっている。そうでなければなぜペーパータオルを「バウンティ（戦艦）」、洗剤を「ボールド（大胆）」などと名づけるのだろうか。男がレジにもっていくときに恥ずかしくないようにとの配慮でないとしたら？　「ヘフティ（頑丈）」という名のポリ袋を欲しがる女性が何人いるだろう？　いまや何人の男性が、と問うべきだろうか。男らしい名前といえば、昔は自動車につけられたものだったが、いまでは石鹸がそうだ。九〇年代に発売されてヒットした石鹸にフリルやラベンダーの雰囲気はない。リーバ２０００である。最新のコンピュータか電動工具にでも似合いそうな名前ではないか。いつか操縦してみたいものだ、リーバ２０００とやらを。

●衣料品

買い物を越えて、現代の男性のもっとも根元的な欲望を見てみよう。かつてのマリリン

・モンローとアンジェリーナ・ジョリーのちがいを考えてみるがいい。アンジーの上腕二頭筋はフランク・シナトラとボビー・ケネディを足したよりも太そうだ。三〇年前のピンナップガールたちとはくらべものにならないほど筋肉質でヒップは小さい。

男も自分のスーツと靴はこれまでも買っていた。だが、その中間につけるもののすべてを、かつては女性が買っていたのだ。とくに靴下と下着を。しかし、いまやそれも変わりつつある。男は前よりも自分の衣服にかかずらうようになり、女はボクサーパンツを買う以外にやることがたくさんある。ターゲットでは、男性衣料品売場で見かける女性と男性の比率はいまでも二対一あるいは三対一である。しかし、高級衣料品店では、買い物をする男性がようやく女性を上まわるようになっている。われわれは現代のアメリカ男性の変化の歴史的瞬間をビデオでとらえた。一人の男性が額にしわをよせて下着のディスプレイを眺めていたが、やおらズボンの腰のあたりを引っ張るとなかをのぞきこみ、自分のはいているサイズを――ついに！――知ったのだった。自分の下着のサイズを知らない女性を想像できるだろうか。近い将来、すべての男が自分のサイズを知ることを期待してもよいだろう。

（女性は下着を買う前に、自分の下着の上から試着をしたがると聞いたが、きっと本当だろう。男性が下着をもって試着室に消える日を見るまで長生きできるかどうかはわからない。）

女が男の下着を買うのをやめて、今度は男が女の下着を買うようになるのだろうか？ある宝石商が言っていた。「男性相手の仕事は、店に入らせるまでがたいへんなのよ」。妻や恋人にきれいな下着や宝石を贈りたがる男性は多いが、それを売る店、そして商品そのものが彼らをひるませてしまう。自分のサイズを覚えてもいないのに、彼女のそれを覚えているわけがない。しかし彼女がローブやナイトガウンなどならともかく、ブラやパンティを買いたいと思っていたとしたらどうだろう。それに、これから買う指輪やネックレスが彼女の好みで、彼女に似合う色だとどうしてわかるのか？　男たちがためらいながらこうした女性の園に入り、おどおどとあたりを見まわして一つ二つ商品を手にとったあげく、逃げるように立ち去る姿をたびたび目撃した。販売員はおびえた獣のような男性たちを手なずける方法を会得しておく必要がある。どんな難問にも懇切丁寧に対応するサービスを個々の客が利用できるようにするというのも悪くない。宝石が（下着も）高価なことを考えれば、ますますそうだ。

こうした異性への買い物を可能にするために、衣料品のサイズを簡便化することも必要だろう。おそらくもっとも簡単な方法は、女性が好みの衣料品店に自分のサイズを登録し、あとは自分の夫なり恋人なりをそこへ送りこむことだ。最初にこれを導入する店は、ひらひらの下着を買いたいという男性たちの隠れた願望から利益を吸い上げることだろう。男性はピンクのショッピングバッグを持って店を出るところを見られたくはないということを繰り返しておく。

もう一つジェンダーがらみの問題で、衣料品店が解決すべきことがある。男性用と女性用の両方を売っている店内で、いかにして客にその場所をそっと教えるか？　それほど遠くない昔だが、男性と女性の衣料品が同じ店内で売られることなど考えられない時代があった。この壁は六〇年代にこわされたが、まだ修正すべきバグが残っている。現在使われている合図は、この点では先駆的なＧＡＰやＪ・クルーでさえ、うまくいっているとは言えない。靴やセーターやジーンズを一〇分くらい物色したあげく、男女の売場を間違えていたことに気づいた経験は誰にもあるだろうから。

女性のクローゼットを探してみると、男ものがみつかるはずだ。ジーンズのジャケット、だぶだぶのセーター、Ｔシャツ――私の妻は、私のクローゼットや引き出しを我が物顔で探しまわっている。自分の性が脅かされるという脅威を感じていないのだ。だが、私はちがう。

そういえば、小売環境のあいまいさが増すなか、同性愛者の買い物客がしっくりくるのはどちらなのだろう？　ゲイやレズビアンが求めるものと、ノンケの男性や女性が求めるものは、何がちがうのだろうか？

言うまでもないが、ホモセクシュアル文化で最も一般的になったのは、まさしくそれだ――そのあいまいさ。フランネルのボタンダウンとカーキパンツを着て、リラックスする同性愛者の女性がいる一方、土曜の夜にめいっぱいおしゃれをすることを一番の楽しみにするレズビアンもいる。『乱暴者』のマーロン・ブランドを理想とするゲイもいれば、がさつなゲイもいるし、ウェスト・ポイントにある新兵宿舎以外では見かけないほど、細心の注意を払ってワードローブを毎朝、整理整頓するゲイもいる。これと同じ多様さは、ストレートの男女にもある。

ちがいは、ゲイ・コミュニティが常にトレンドを先読みしていることにある。その先見性と直感とセンスを見れば、流行りすたり、何が今の話題で、旬をすぎた話題なのかがわかるのだ。ゲイカルチャーの向かうところに、われわれ一般もついていくということだ。目鼻立ちがくっきりして、全身プラダで固め、都心に住むようなセクシーな男性であれば、これを真っ先に認めるだろう。

同時に、ストレートの多くは、これを認めたがらない。下着売場で買い物をしていたストレートの男性が、ぴったりフィットする下着の写真が印刷された外箱を見つけることがある。すると、そうした男たちは、その新しいボクサーパンツを茶色の紙袋に入れて、会計／包装にこそこそ持っていかなくてはいけないような気にさせられるだろう。戸惑ってしまうのだ。だが、それはつまり、ジムに精を出す官能的な男性の写真が、潜在顧客を発見したということかもしれない。ゲイでもストレートでもかまわない、六枚入りの下着を買おうと思ったことのない一〇代の少年か、くぼんだ目をして、腹はでっぷり、筋肉は落ちてしまった自分を鏡で見たことのないジェネレーションXの男性がいたら、会わせてほしい。その代わり、ある事実を考慮したことのない小売業界を紹介しよう。つまり、多くのヘテロが、同世代のゲイのようにシャープで引き締まって見られたいと思っているということ。要は、ほとんどの人は認めたがらないし、気にするそぶりも見せようとしないということだ。細かいことを気にするなんて、典型的な男の自画像に反することだから。

一般的に、小売環境にはこうした千差万別の細やかさを受け入れる余地がない。レズビアンは、マーケットで、まさにこの混乱に直面している。ゲイと異なり、レズビアンの多くはほしいものを見つけるために男性ものの売場まで足をのばさなくてはならない。小売業界は、ゲイに対するほどには、女性の同性愛者に向けた選択肢を用意していないのである。私って男っぽい女だから、と話すレズビアンの友人は、普段着やアクセサリーを見つけるのに苦労している。彼女がショッピングに出かけるのを嫌い、ほとんどをネットですませているのはそうした理由からだろう。店頭にあるものはまず女性的すぎる。奇抜で、先がほっそりして、そそるようなデザインのものばかりなのだ。パンツも悩みの種だ。どこへ行っても、ローライズを並べた棚ばかり。これは彼女の好みではない。靴にいたっては望みなし。結局、ベーシックな男性用のローファーを探して売場をうろつくことになる。彼女のワードローブは、バギーのカーキパンツのような、兄貴が着てもおかしくないデザインの女性服でいっぱいだ。職場では、四の五の言わずアイリーン・フィッシャーのスーツを着ているが、バギーパンツとTシャツで過ごすことができれば、この上なく幸せなのである。彼女は二〇代前半にカムアウトしたが、買い物をするときはいまだに二重生活をしているように感じるの、と言った。

女性の同性愛者にはまじめな人が多いことを指摘しておこう。子供がいるレズビアンのカップルは、なおさらそうだ。彼女たちは保守的だ。政治的にではなく、社会的に。ほとんどの人は、買い物のことや、マネキンが着ている流行のドレスのことで文句をつけたりするつもりなどない。男どもと同じで、ただ、そうしたつらい立場を解消したいだけなのだ。

男性でも女性でも、カムアウトしている人たちはいる。勇気のいることだ。小売業者はこうした人びとをまたもや、クローゼットに押し戻してはいけない。同性愛者のマーケットは実際に存在する――これに目を向けた人々は、利益を手にするはずだ。

では、伝統的な家族を大事にする男どもに話を戻そう。出産を目撃する唯一の男性が産科医だったのはいつのことだろうか？　現在では、父親が分娩に立ち会うのは母親と同じくらい不可欠とされる。男たちは父親としての役割の再定義にともない、みずからを適応させていかなければならない。このような激震はあらゆる場所で体感され、買い物のフロアもその例外ではないのだ。

例をあげよう。私の父親の世代で、赤ん坊を連れ歩いたことのある男はほとんどいないだろう。男が予備を含めた哺乳瓶とおむつをベビーカーに乗せ、土曜日の朝に外出することなど考えられなかった。現在、このような光景は珍しくもない。だからこそ、気のきいた男性用トイレはおむつ交換ベッドを備え、マクドナルドのコマーシャルではかならず父親と子供がハンバーガーをほお張っている。母親はいない、土曜日の朝はオフィスにいるのだろう（いずれにせよ母親は子供にビッグマックなど注文したりするはずがない）。これはアメリカだけの現象でもない。ミラノでもっともファッショナブルな街角を、土曜日の朝に個人的に観察したところでは、ベビーカーの半数くらいを父親が押していた。父親はドライブが好きなものだから。

われわれはボストンの百貨店でリーバイス売場の検証をしていた。二〇代から三〇代の男性への百貨店の訴求力を向上させる試みの一環である。われわれのビデオは、若い男性がジーンズ売場に歩いてくる姿をとらえていた。妻と赤ん坊を連れ、ベビーカーを押している。リーバイス売場にたどり着くと、彼は明らかに壁際の棚を見たい様子だった。しかし、彼とジーンズのあいだに立ちはだかるラックの間隔があまりにも狭いため、ベビーカーを押して通ることができない。彼はどうしようかと考えていた。妻と子を通路に残して、自分はジーンズを買うか？　彼はそういう場合にたいていの人がやるようなことをやった。ジーンズをあきらめたのだ。アメリカ全体でどれほどの面積の売場が、いまだにベビーカーに敷居を高くしているかを知れば驚くだろう。これは二〇代と三〇代の客の相当な割合を締めだしているのに等しい。

二〇年前には、父親が幼いわが子の服を買うことはまずなかった。現在、幼児服売場で父親の姿を見かけることは以前ほど珍しくない。だが、衣料品メーカーはまだこの流れに追いついていない。衣料品のなかでもとりわけ子供服のサイズはわかりにくいという事実が、その証拠である。これが、全部とは言わないまでも多くの親をいらだたせることは間違いない。サイズが子供の年齢に直接対応する日は、男が子供に服を着せる責務をもっとはたせるようになる日だろう。ここで甘やかし放題に金をだすのは父親だ。息子にビロードのスモーキング・ジャケット、娘に小さなプロムガウンを買ってやったりするのだ。

土曜日の朝がくると、父親は哺乳瓶とチェリオとゴールドフィッシュとおむつとベビーパウダーと軟膏とお尻ふきを何に詰めればいいのだろう？　母親がかついでいるでっかいピンクのナイロンバッグではない。実際、いま手に入るものはどれも気が進まないだろう。黒無地のおむつバッグにさえ「マミー」と書いてあるのだ。だが、スイス・アーミーのおむつバッグがあればどうだろう？　ジム通いに使うものとそっくりなナイキのナイロンバッグは？　そこまで言うなら、ハーレーダビッドソンのベビーカーはどうだろう、黒革のおむつバッグがセットになったやつだ。乳幼児のための商品の常識を全面的に考え直す必要がある。

このほかの伝統的な女の牙城も男が共有することになるだろう。私のオフィスの近所にも、皿やグラスなどを売る店があるが、そこのすばらしいところは、私がなかを歩いても「瀬戸物屋にとびこんだ牛」のような気分にさせられないところだ。それとは対照的に、ブルーミングデールのロイヤル・ドルトンの売場では、おばあさんの食堂に戻ったような気分になる。

男が嬉々として買い物する、それどころか買い物したいと願い、買い物をする必要にかられる場所はほかにもありうる。ただ、少しばかり歓迎されていると感じられさえすればいいのだ。たとえば、男性の健康や身だしなみのための製品はかつてなく増えている。しかし、その売られ方を見ると、たいていの男にとっては買い物に熱中できるようなものではない。

●男性用化粧品

ドラッグストアやスーパーマーケットのチェーン店でこうした製品が売られているが、その雰囲気は圧倒的に女性的だ。シャンプーや石鹸など、男女のどちらも使う製品が相も変わらずパッケージもネーミングも女性だけが買うことを前提としている。そして、実際にそのとおりになっているのだ。シェービング・クリーム、整髪料、デオドラントといった男性用化粧品は、芳香ただよう女性向けの商品にはさまれて小さくなっている。このような男無用地帯《ノーマンズランド》で、どんな男が買えるだろう？

化粧品ビジネスは伝統的に、高級品市場を動かすことで成功してきた。エスティローダーやロレアルは、ナイトクリームには大枚をはたく価値があると、女性たちを納得させてきたのである。だが、これは男性向けマーケットを相手にする場合には、ベストな方法ではない。男性用スキンケア用品を成功させるには、効果的なポジショニングと、言葉やパッケージを注意深く選ぶことが重要になるのである。警官、建設労働者、ケーブルテレビや電話線の敷設作業員、道路工事の従事者など、屋外で働く男たち向けの保湿クリームや日焼け止めの市場はまったく手つかずのままだ。だが、頬紅やコンシーラーをかきわけて見つける気にはなれない。それに、彼らは女性や子供向けにしか見えない商品を買う気にもなれないだろう。どこのヘルス＆ビューティの売場へ行っても、まるで男は肌がないかのように扱われている。だが、実際に肌はあるのだし、手入れだって必要なのだ。

策はある、と言うのはハーレーダビッドソンのディーラーだ。同社は、スキンケア製品のブランド名には頓着しない。サンシールドでもいいし、ワイルド・バーン・ケアでも、スキンコンディショナーでもいい。大事なのは、路上で手軽に使えて、がっしりしてシンプルな製品名がついていることだからだ。手についたグリースを落とすグープや、松脂から手を守るラヴァソープなどは、男性をとりこにする商品として売りだすべきだ。ハーレーが先陣を切れば、ジョン・ディアやキャタピラーは後を追うかもしれない。そうすれば、皮膚がんの予防に向けて、大きな一歩を踏み出すにちがいない。

クリニークは、男性の髭剃りからスキンケアまですべてを網羅する製品群を用意している。だが、ニューヨークのもっとも洗練された百貨店のバーグドルフ・グッドマンでは、男性は一階の化粧品売場を通らなければお目当ての場所にたどりつけない。五番街をはさんだメンズストアでさえそれらは手に入らないのだ。シェービング・クリームが口紅の隣にあってほしいと誰が思うだろうか？　多くの女性が夫や恋人の髭剃り用品を買っているにはちがいないが、それは時代遅れのアプローチであり、未来のやりかたではない。ジレットは肌のタイプ別に何種類ものシェービング・クリームを製造している。もちろん男性用だ。しかし、男が自分の肌のタイプをどうして知るのだろうか。壁に貼った簡単なチャートがあればこと足りるのだが、まだ一つも見たことがない。先だって、私はマンハッタンのゲイのメッカ、チェルシーにある全国チェーンのドラッグストアを訪ねた。この店でさえ、男は不自由を強いられている。売場（デオドラント、昔ながらのオールドスパイス、チューブ入りブリルクリームなど整髪料が少ししかない）は、写真現像のブースと使い捨て剃刀のあいだの狭い隙間に押しこめられていた。男性のための売場のモデルをつくるには絶好の場所なのに、相変わらず工夫のないやりかたが踏襲されている。

男性のための製品と、男性のための店をつくること、スタートとしてはそれでよい。しかし、それにはまだ女性向けの健康、美容、化粧品のにおいがまとわりついている。誰かがゼロから「男性の健康」をうたった売場をつくる必要がある。そこには、スキンケア、身だしなみ、髭剃りの道具、シャンプーとコンディショナー、フレグランス、コンドーム、筋肉痛の湿布薬、その他の薬品、ビタミン剤、女性だけでなく男性も悩まされる軽い病気のためのサプリメントやハーブ治療薬を置くのだ。そのほかにアスレチック・ウェア、たとえば靴下やTシャツ、サポーター、バンデージなどもあるとよい。健康やフィットネス、美容に関する書籍や雑誌を並べるのもいいだろう。売場自体に、備品からパッケージまで男っぽい雰囲気をただよわせるとよい。そして、男性を念頭においた売り方の工夫をする。案内板は大きく目立たせ、なんでも見つけやすいように工夫をこらすようにするのだ。過去一〇年の雑誌でもっともめざましい成功は、『メンズ・ヘルス』というタイトルの定期刊行物の驚くべき成長だった。毎月の発行部数は一五〇万部以上、『GQ』『エスクァイア』『メンズ・ジャーナル』などを上まわっている。雑誌で成功するなら、店でも成功するはずではないか？

9　女性が小売店に求めるもの

この章を始める前に少々スペースをさいて、アメリカの偉大な施設であり、戦後の男らしさの（実際のアジトではないにしても）最後の砦が消滅したことを指摘したいと思う。

私が言いたいのは、もちろんジョーズ・ハードウェア店のことだ。それともジムズ・ハードウェア店だったか。どちらでもいい。誰もが知っているあの店だ。きしる床板、空気中にただようゴムとフォー・イン・ワンオイルの奇妙なにおい。大釘の木箱、撚り糸、パイプの継ぎ手、ミスティックテープ、巻いた銅線、防水シーラントのドラム容器、ブラッズ？　そう、ブラッズ、鋲、股釘、ワッシャー、ナット、ボルト（「モリー」など）、ピン、スリーブ、肘金具、ハウジング、フランジ、蝶番、ガスケット、シム、木ねじ、板金ねじ、体にぴったりのシャツを着て、胸の谷間をこれ見よがしにして電動カンナを振りまわすミス・スナップオン・トゥールズのカレンダー、そして、ぐらつく梯子のてっぺんで、安ものの葉巻を嚙みしめ、二叉プラグの箱に手をつっこみ、ヤニくさい息でにこやかに悪態をついているジョーその人。おっと、ジムだった。

彼の身に何が起きたのか？　死んだのだ。彼の店は？　死んだのだ。

誰が殺したのか？　誰だと思う？

そう、あの女性たちだ！　ジョーの店はお眼鏡にかなわないというわけだ。気の毒に、彼は客の望むものをすべて仕入れたのに、それだけでは十分ではなかった。色が気に入らない。かたちがダサい。このお店、タバコ臭くない？

バイバイ、ジョー。

女性が買い物の世界にこれほどの構造変化を引き起こしうるのは別段驚くにあたらない。買い物はいまも昔も主に女性の領域であり、女性の特権なのだ。男が買い物をするのは、本来は女性的な活動に参加しているにすぎない（買い物をするときは、事実上、女装しているのだ）。だからこそ、女性は店や製品のなかにある種を、ダーウィンのゴミ箱行きの運命にしてしまえるのだ。その小売業者なり製品なりが女性の必要とし望むものに適応できなければ。恐竜が絶滅したのと同じだ。

もっと証拠をだせって？　一言ですむ。ミシン。

五〇年代、聞いたところではアメリカの家庭の七五％がミシンを所有していた。現在は五％未満。つまり、ジョーにかわって、ここではミスター・シンガーだ（実際、この巨大ミシンメーカーはいまや軍事産業に食いこんでいる)。昔は女性が自分と家族全員の服を縫い、着られなくなるまでつくろった。それから、ここ三〇年の社会と経済の大変動があり、女性たちはボタンつけよりも難しい縫物をやめてしまった。

最後の例。

食料品店のクーポン券。

消えた。跡形もないくらい。二〇〇七年、新聞、雑誌、ときには郵便で送られてくる食品メーカーのクーポン券の回収率は三%にもみたない(この結果、業界はオンラインで配布しようとしている)。女性の生活が変わると、台所のテーブルにかがみこんでデイリー・ビューグルを切り抜くのは、手間のわりに報いがないことから、自分でバターを攪拌するのと大差ないように思えてきたのだ。クーポン切り抜きの人気衰退に抵抗する大きな勢力がある。高齢者である。コスト感覚に厳しく、やる気十分、ほとんどは女性で、定職についていない人びとだ。しかし、それ以外は、とっとと失せろというわけだ。

女性の社会的役割の変化

われわれはもちろん、男たちがどれほど優秀で、思いやりのあるこまやかな買い手になったか、そしてつまらない日用品や食糧の買い物も進んで分担するようになったかをよく知っている。しかし、こうした改心が生じたのは、たいていは女性からのやさしいうながし（乱暴に押されたり突かれたりしたわけではない）があったからだということを忘れてはならない。それから、このことも心にとめておこう。小売の未来が、市場における男性的エネルギーが増加した影響を示すことは間違いないが、大きなシフトはほとんど女性の生活や趣味の変化を反映しつづけるということだ。

しかし、ジークムント・フロイトのようなマーケティングの天才が問わずにいられなかったように、女性は買い物に何を望んでいるのだろうか。店での男と女の行動の目立ったちがいについては幾千万言が費やされてきた。しかし、ここでまた一般論をぶつのではなく、まずはまたとない例をあげさせてほしい。これは最近、あるイタリアのスーパーマーケット・チェーンのために行なった調査で、食肉売場に据え付けたカメラがとらえた光景だ。

中年の女性がやってきて、挽肉のパックをいちいち手に取っては調べはじめる。じつに几帳面かつ慎重に、一つ一つ検分している。彼女が品物を吟味しているところへ、一人の男性が歩いてきた。手をうしろで組んで、彼女が選ぶものをじっと見つめている。まもなく彼はパックを一つ取ると、カートに入れてさっさと立ち去った。彼女はまだ肉を調べている。そこに赤ん坊を連れたカップルがやってきた。妻がベビーカーを押して、夫がパックを取り上げ、ざっと眺めてカートに入れる。それを妻が点検して、首を振る。夫はそのパックを戻し、別のパックを選んでカートに入れる。妻が点検して、また首を振る。また夫が選ぶ。妻はまた首を振る。業を煮やした妻は、夫にベビーカーを預け、自分で肉を選んだ。彼らが立ち去ったあと、最初の女性は最後のパックを調べているところだった。調査の結果に満足して、彼女は最初の肉をカートに入れて立ち去った。

どうして女性の買い物はこれほど自信たっぷりなのだろうか。環境より遺伝だと言いたがる向きは、有史以前、マンモス狩りに遠征するよりも身近な木の根や木の実、草の実を集めるほうが多かった女性の役割をあげて、買い物上手は生物学的特性からして当然だと言うだろう。それにたいして、遺伝より環境論者のほうは、何百年にもわたり、強大な家父長制のもとで女性は家に閉じこめられ、一般消費者として参加することを除いては商業から締めだされていたと主張する。

ただ、これだけはたしかだ。買い物は家庭の主婦を家の外にだすものだった。古い役割分担では、モノを調達してくるのは主に女性の仕事で、彼女らはそれを嬉々として、手際よく、系統だてて行なった。それはかつて（そして世界の多くの地域ではいまも）女性の社会生活の中心であった。たとえ個人として、ビジネスの世界に影響力をもたなくても、女性全体としては市場を大きく左右していたのである。買い物は、女性が外出し、ときには家族のしがらみを離れて一人居を楽しむためのよい口実だった。女性解放の最古のかたちと言えなくもなく、店員や店の主人や買い物仲間など他の大人とつきあう場を与えてくれる機会だったのだ。

女性とショッピングの関係

ところが、女性の生活が変わると、女性と買い物の関係も進化せざるをえない。現在、アメリカ女性のほとんどが職をもち、そのために他の大人との非個人的な、ビジネスライクなつきあいは十分すぎるほどだ。彼女たちは居心地のよい家庭を離れる時間もたっぷりもっている。だから、ふだんの買い物はもはや大いなる息抜きではない。いまや、それは仕事と通勤と家庭生活と睡眠の合間のせわしない時間にこなさなければならない義務であり、昼休みに大急ぎですませたり、夜、帰宅の途中にすることになったのだ。コンビニエンスストア産業は、女性の生活がこれほど変化したことによってじかに利益をこうむっている。毎週末にきちんきちんと、詳細なリストを握りしめてスーパーマーケットにでかけるかわりに、現代の女性は夜の九時になって、ミルクを切らしていることや明日の昼食のパンがないことに気づき、セブン－イレブンまで月夜の道を走る。カタログ販売やテレビ・ショッピング、ウェブ・ショッピングはいずれも、女性の責任の変化のうえに花開いた面が大きい。女性が店で過ごす時間が短くなれば、店での買い物も少なくなる。単純にして明快だ。彼女たちが伝統的な義務（料理、掃除、洗濯、子育て）の一部を男に手渡すとともに、食品や石鹸、子供服についての主導権を放棄することにもなった。あるいは女性たちの買い物の習慣が男性化したと言えるかもしれない。じっくり調べて選ぶやりかたから、せかせかと一つを選んですませるやりかたに変わったのだ。フェミニズム以後の世界が小売業に与えたプラス（女性が自由に使える金が増えた）は、いくつかのマイナス（女性が店で過ごす時間も動機も減った）で相殺される。

とはいえ、買い物の社会活動としての一面は不変のようだ。現代の女性も友達と買い物するのが好きで、たがいに選びあったり、まずい買い物をしないように注意しあったりする。男が二人揃っておでかけして、一日がかりで素敵な海水パンツを選ぶ日がくるとはちょっと考えられない。これまでの研究でわかるように、女性が二人で買い物をするときは、一人だけのときよりも多くの時間と金をかけるのがふつうだ。男性を連れた女性よりも多くの買い物をし、長い時間をかけることはたしかだ。店に入った二人の女性は買い物マシーンになり、賢明な小売店はこの行動をけしかけるためならなんでもする。「お友達と一緒なら割引」や、試着室の外に椅子を置いて、試着し批評しあうことがもっと気軽にできるようにする。店にカフェを併設して、客が買い物の合間に売場を離れず休憩できるようにする。

　私ほど大勢の買い物客を観察する経験を積めば、誰でも買い物は女性にとって心理的、感情的な側面があることに気づくだろう。これはほとんどの男性にまったく見られないものだ。女性はある種の忘我状態に入ることがある。商品を探し、比較し、使ったところをイメージし、思い描くことに没頭するのだ。そのあとで、冷静に、それを買った場合の損得を数え上げ、適正な価格で欲しいものが見つかれば、それを買う。女性は概して、どんなに小さい買い物もうまくやろうと気をつかい、メロンだろうが家だろうが亭主だろうが、完璧なものを選ぶ能力を誇る。実際、野菜売場での男と女を見るがいい。男は歩きながら山のてっぺんからレタスを取り、茶色の点や、透きとおった葉を見落とすが、女はさわって、目で見て、においをかぎ、ゴミをよけ、完璧なレタスを求める。男はレタスの値段さえ見ないかもしれない。女には考えられないことだ。男もときに買い物上手を自認するのは、耐久消費財である――自動車、工具、ボート、バーベキューグリル、コンピュータなど。しかし女性は昔からはかないものの尊さを理解してきた。食事をつくったり、ケーキを飾ったり、髪や化粧に工夫をこらしたりして。

　別に女性の消費が表面的だということではない。本当に、男性ではなく女性こそ、買い物の形而上的な性質を正しく理解しているのだ。彼女らは、われわれ人間が目にするなかで最上のものを求め、調べ、問い、そして手に入れ、引き受け、身につけて、人生を過ごすのだという事実をよく示している。こうした高い次元においては、買い物は変容の経験となる。前よりも新しく、おそらくは少しましな人間になる方法。あなたが買う商品が、あなたを別の、理想化されたあなた自身に変えるのだ。あのドレスはあなたを美しくし、この口紅はあなたにキスをもたらし、そのランプはあなたの家をエレガントな場所に変えてくれる。

女性が望むショッピング環境——空間

現実に即して言えば、こうしたことはすべてある包括的な事実を歴然と示している。女性は男性よりも多くのショッピング環境を求める。男性は、ただ必要なものを、最小限の手間で見つけて、さっさとでていける場所があればいい。もし男性が足を棒にして探しまわる、つまりはショッピングをする羽目におちいったら、いらだち、落ち着きがなくなってさっさと立ち去るだろう。男はそういうプロセスをあまり楽しむことができないのだ。女は概してもっと辛抱強く、好奇心が強く、徐々に現われてくる空間で完全にくつろいでいられる。したがって、彼女たちは時間をかけ、自分のペースで、ときには半ばトランス状態で気持ちよく歩きまわれる環境を求めている。

尻こすり効果は、われわれが発見したなかでもよく知られているものだが、その意味するところを考えてみるがいい。それが示すのは、うしろからぶつかられたくないがために、女性が腰より下に陳列された商品を見るのを嫌がる傾向だ。腰から下の陳列は、アメリカの売場のかなりのスペースを占めているのだが。女性（男性も）が腰をかがめて不快にならないのは一瞬が限度だということを覚えておいたほうがいい。女性を混雑したなかに押しこんでおいて、彼女が長居することは期待できない。混雑した売場の買い物客の顔を見てほしい。二、三度ぶつかられると、明らかにむっとしはじめる。そして、いらだった客は長居しない。実際に、お目当てのものを買わずに帰っていくことも多いのだ。小売業者はこうしたことをすべて心にとめて、何をどこで売るかの決断をくださなければならない。

混雑することがわかっているバーゲンであれば、女性が抗戦態勢をとるというのは同じく事実だ。女性は、ボストンのファイリーンズ・ベースメントやバーニーズのウェアハウスセールで買い物をする。お買い得品を手に入れる気が満々であれば、適度な距離感を突き破ってくる他人などなんのそのだ。長年指摘していることだが、お尻がぶつかるのを察知する女性の能力は、見知らぬ男性と女性に対してでは、その反応レベルはちがってくる。女性が何物をも恐れることなく歩きまわっているような人ごみでは、ぶつかってきて、もぎとろうとし、引っぱろうとするのは、男性ではなく女性なのである。

●事例1——百貨店の化粧品売場

例をあげよう。百貨店の化粧品売場では、女性が腰をかけるか立ち止まって、メーキャップの実演を見なければ話にならないが、混雑しているときにはそれがなかなか難しい。われわれの調査で何度も明らかになったのだが、カウンターの角に立った女性は、くぼみに守られて少々ゆとりがあるので、そこから数メートル離れてカウンターの主翼に寄り添った女性よりも高い確率でモノを買う。

一部の化粧品売場では、カウンターに袋小路を設けている。奥まった場所をつくることで、買い物客が通行人に邪魔されずに心おきなく商品を眺められるようにしているのだ。つまり、一種の死角で、われわれはこれをキャッチメント・ベイズン（集水域）と呼んでいる。これらは女性を誘いこんで、買い物を長びかせることに役立っているのだ。

先に紹介したように、ドラッグストアがコンシーラーなど魅力のない商品を壁面陳列の底部に押しこめていることがある。そのために高齢の女性が、誰よりもかがむのを喜ばない客が、低くかがんで、できればお尻を突きだしたくないところへ突きだす。コンシーラーはもっと高い場所に陳列した場合よりも売れにくくなる。

●事例2——空港のギフトショップ

女性の空間への要求は、小売店のいたるところで見られる。空港のギフトショップなどは典型的な「つかんで立ち去る」ゾーン、すなわちレジの近くの、飛びこんできた客が新聞かガムをつかみ、金を払って走り去るところと、「滞留」ゾーンに分かれる。こちらは店の奥のほうで、たいていはギフト用の商品が置いてある場所である。われわれの調査で明らかになったところでは、こうした店で女性はカウンター近くの混雑を離れて、通行人から守られた「滞留」ゾーンに向かう。こうした店の多くは、建築上の特徴として、棚やラックで小さな隅や隙間をつくりだしている。邪魔されずに買い物するための完璧な袋小路だ。

それが女性たちに好まれる買い物の仕方だ。人の大きな流れが見えるが、区切られた場所で守られている。

空間と印刷物の関係

女性がお尻に敏感なことは、店の設計と看板の字面の関係をも規定している。売場が狭いほど、女性がとどまる時間は短くなる。そこで、よりわかりやすく直接的な案内状などの販促印刷物が必要になる。印刷物はすべて大きい活字でコントラストをはっきりとさせなければならない。たとえばシャンプーや、現在のドラッグストアの窮屈な売場で売られる製品のデザインは、いずれもこの現実に留意しなければならない。われわれは、多くのドラッグストアのヘルス&ビューティの売場を調査し、結果はいつも同じだった。女性は買う前に商品を試したがり、新製品の場合はとくにそうだ。あるときの調査では、ドラッグストアの購入者の九一％がパッケージの前面を読み、四二％が裏面を、八％が側面を読んだ。何かを買った女性の六三％が、少なくとも一つは製品のパッケージを読んだ。すなわち、読むことと買うことには明らかなつながりがある。そして、読むには時間がかかる。時間をかけるには空間が必要だ。ここに、われわれが集積したデータの内訳を示す。買い物をした女性が初めての製品のパッケージを読むのにかかった時間である。

洗顔料	一三秒
保湿剤	一六秒
ハンド&ボディソープ	一一秒
シャワー用ジェル	五秒
日焼け止め	一一秒
ニキビ治療薬	一三秒

だが、もし居心地が悪ければ、彼女たちは二秒と立ち止まろうとしないので、少しでも検討が必要な商品はどんなものも買おうとしないことはたしかだ。小売業者は売場をくまなく歩いてこう自問しなければならない。ここに立って買い物していてもうしろから突き飛ばされないだろうか？　答えが「ノー」になった場所はすべて、じっくりと見る必要のある商品には向かない。

女性の普遍的な購買行動を知る

ファストフード店でさえ、男性と女性の空間へのニーズは異なる。さほど頭をひねらなくても、男がフロント・ドアに近いテーブルを選び、そこから店内のもっともにぎやかな場所を見渡そうとする。女は少し時間をかけて、自分のビッグマックの置き場所を探し、それから後方に引き寄せられて、わずかなプライバシーを保てるテーブルを選ぶ。実際、女性はファストフード店に一人で入るという愚かなまねはしない。彼女たちは、ドライブスルー利用者の大多数を占めており、駐車場に停めた自分の車のなかで食べるのだ。

●グリーティングカード店

女性が多い店でこそ、女性が買い物に抱く幻想を見ることができる。たとえば、グリーティングカードの店。そこでは、女性たちは義務をはたしているのみならず、本当の感情表現を求めているのである。女性はかなりの時間を費やしてカードをしらみつぶしに調べ、自分の心を語る一枚を見つける。だからカード店は感情にひたれる場所づくりを心がけるべきだ。数年前に、ホールマークが雇った建築家は、百貨店で売場の改装に多くの実績をもつ人物だった。彼女は大理石など高価な資材をふんだんに使い、非常にスタイリッシュな外観をつくりだした。ところが、店全体の空気はホールマークの顧客がなじんでいたよりも冷たく、エレガントになってしまった。彼女たちは昔のような温かくほのぼのとした雰囲気が懐かしかったにちがいない。改装後、客が買い物に費やす時間は減少した。

カード店には、静かにゆったりとものの思いにふけることのできるデザインが欲しい。つまり通路を十分に幅広く取って、眺めるにも通行するにもゆとりがあるようにしたい。通路はベビーカーを押しながらでも通れる広さが欲しい。隣りあわせに何を置くかはいきあたりばったりではなく、周到に計画すべきだ。誰も、お悔やみ状を選んでいるさいちゅうに、隣の四〇歳の女性がふざけたバースデイカードをみて無遠慮に笑う声などを聞かされたくないからだ。ほかにもディスプレイの重要なポイントがカード店では前面にでてくる。女性がカードを買うのは、いくつも手にとり、開いて読んだあとである。ところが、商品はデリケートだ。折れ曲がったり、破れたり、汚れたりしやすい。客がサンプルだけ見て、商品には手を触れない陳列システムにいまだ定番がないのは驚くばかりだ。それに、カード店の陳列は床上およそ三〇センチに始まって高さ一八〇センチくらいまでである。これには二つの問題がある。その一、低い位置にあるカードは、身をかがめなければ見にくい。その二、低いカードは母親に連れられた小さい子供に汚い手でさわられやすい。ディスプレイ全体を三〇センチ高くすれば、こうした問題は解決する。高いところのカードで床から二メートルくらいあっても、一五〇センチ以上の身長があれば手が届く。

●化粧品売場

女性の購買行動がはっきりと示されるもう一つの大きな舞台は、化粧品である。百貨店の魅惑的な化粧品売場だろうと、ドラッグストアの口紅やアイシャドウの棚だろうと、そこではジーンズやセーター姿の女性でも、ちょっと試して鏡をのぞきこむだけでお姫さま気分になれる。これは公的であると同時にこのうえなく私的な場所でもある。化粧品が壁際や、他からはへだてられた場所に置かれているにはそれなりの理由がある。そこは女性が、実際的にも比喩的にも髪を梳く場所なのだ。彼女たちが解放感を味わうには少しばかりのプライバシーが必要だ。

一般的に、女性は思春期にドラッグストアで安いブランドを買うことから始める。そこからステップアップして、百貨店で高級化粧品を買うようになる。売っているのは化粧品メーカー各社の魅力的な美容部員たち、つまり簡易な実験用の白衣を着た（だが週末の夜に外出するときのようなメーキャップの）美女たちで、口紅やファンデーションをのせたブラシを振りかざす。ここでは強制的な学校のように化粧品の販売が行なわれている。あなたがストゥールに腰をおろすと、彼女よりもやや落ち着いたメイクをほどこしてくれる。そして、あなたは彼女にすすめられたものを買う（少なくともそうだとされている）。あなたが怖気づいて聞けないとふんで、値段のことはわざとぼかすのがつねだ。

これがいまでも標準的なお膳立てだ。だが、これも急速に変わりつつある。「オープン販売」コンセプトが、ついに化粧品のカウンターにも押し寄せてきたおかげだ。それは一種の女性解放である。メーキャップをデモンストレーター兼販売員の手から解放し、買い物客自身が眺め、考え、試して、買う、あるいは買わないやりかたへの変化がもたらしたものだ。これまでの気取ったゲームのいくつかは終わり、これまでの強制的な手法も終わりかけている。オープン販売だと、女性たちは化粧品の値段をたしかめるために、恥をしのんで慇懃無礼な店員にたずねる必要はない。お金を払うときのショックが小さくなるので、店の化粧品の売上は増すだろう。

以上のようなことは、女性の買い物の不変の部分であり、いまでも（いつでも）当てはまる基本的な条件であり、何を売るにせよ好ましくて必要なことだ。しかし、現在の動きは、そこにはない。

男女の伝統的な垣根をこわす

すでに見たように、ジェンダー革命によって男性の買い物客をも配慮する場所をつくることが必要になった。この時代のあらゆる努力は、おもに女性をねらった店や製品を、男性にとっても安心できるものにすることだ。女性にとっては正反対である。問題は、伝統的に「男性用」とされた製品や環境の女性客への訴求力を増すことなのだ。

●ハードウェア店

例をあげると、旧式なナットやボルトの店は、まだ町のあちこちで細々と命脈を保っているが、ほとんどは男女の垣根が低くなるにつれて駆逐された。ホームデポはどうしてそんなことができたのか？　主として、女性がもはや昔のようなやりかたでは男に頼っていないという社会・経済的な現実を考慮することによって、である。それが、ウィングナットやダクトテープとどう関係があるのだろう？　考えてみると、社会・政治的な教化のバリケードで終日すごし、夜に帰宅して夫に窓枠のペンキ塗りや調光器の取り付けを頼もうとした（それも一五回くらい）女性がいただろうか。どうやらいそうもない。言うまでもなく、この三〇年、自分の持ち家がある独身女性、つまり自分の巣をととのえる金と意欲をもった女性は増加している。女性の警官、消防士、ＣＥＯ、ネット企業家、副大統領候補がいるのに、自信と野心と能力を備えた女の職人だけがいないのだろうか？　そうとも思えない。

それでは、こういう女件たちが手仕事を自分でこなすための手始めにどこへ行くだろう？　ジョーズ・ハードウェア店？　ちがうな。たいていのハードウェア店は排他的で、言うまでもなく男っぽく、女性にとってはいささか無愛想だとさえ言える。そこはレジを備えた樹上の小屋なのだ（女の子は入れない）。だから、少し譲歩する必要がある。日曜大工の店へ行ってみるがいい（そして小売のスペクトラムの反対の極として、ハードウェア・ブティックへ）。そこはハードウェアの秘密めかしたにおいをぬぐい、どんな素人にもこわくない、親しみやすい雰囲気さえかもしだしている。それをするには、マーチャンダイジングの変更とともに、使命の大転換をも要した。ナットやボルトを売る店からライフスタイルを売る店へと。その大きな傘のもとで、ナットやボルトや材木や石膏ボードが、照明器具やキッチンキャビネット、ジャグジー、フリルつき（あるいはなし）のカーテンなどと並べて売られる。こうした店が売っているのはハードウェアではなく、ホームなのだ。ハードウェア小売業界は、女人禁制のメンタリティから「お家ごっこ」へと変貌をとげた。男の子だけから、男の子と女の子が一緒の遊びへと。

これを実行に移すには、知識のある女性販売員を雇って、客に教えたり勇気づけたりする必要がある。ホームセンターのニューウェーブでは、従来ジョーやらジムのような男が独占していた販売やマネジメントに女性を起用している。少なくともホームデポのテレビ広告では、女性の姿しか見えないものがある。店は客を教育する機会も積極的に活用し、ハウツービデオを流したり、店内で無料講習会を開いたりする。こういう店は、今日、絵の吊り方を習った女性が、明日はスパックル（補修用の充填剤）を塗り、来月はクラウン・モールディング（廻り縁）をつけるようになるという認識があるのだ。日曜大工の番組を見ているのは誰だと思うだろうか？　男らしい男はバス釣りの番組を見ている。工具べルトを締めているイケメン大工のタイ・ペニントンを見ているのは、女性なのだ。

このように女性のエネルギーが注入されれば、店の品物の陳列の仕方さえ変わってしまう。もはや照明はラックの上から下げたり、棚の上に立てたりするだけではだめなのだ。小売店は、室内で照明器具がどんなふうに見えるかを示さなければならない。風呂用の水栓の箱を並べるかわりに、バスタブそのものを、シャワーカーテンやタオル付きで見せなくてはならない。ここに、ホームデポが古いタイプの工具店を駆逐したわかりやすい証拠がある。以前は、人が金物屋へ行くのは何か必要なものがあるときだけだった。現在、人はたんに眺めに、何か新しい品物の入荷はないか、何がディスプレイされているかを見にいく。いまはハードウェアをショッピングする時代なのだ。つまり、はっきり言うと、女が勝ってジョー（とジム）が負けたのだ。

最近のめざましい成功をおさめた塗料がマーサ・スチュワートとかラルフ・ローレンのようにライフスタイルの教祖《グル》の名を冠して売りだされているのも偶然ではない。ペンキはハードウェアからファッションになった。それはひとえに女性が手を染めるようになったからだ。男がペンキを塗るのは、壁がはがれてひび割れたときだが、女がやるのは（壁ではなく）自分に変化が必要だと感じたときだ。もちろん、ペンキ塗りはこれまでもずっとふつうの男や女の能力の範囲内にあった。しかし、ここにいたって初めて、ペンキそのもののパッケージ、マーケティング、売られかたのユニセックス化が進んだのだ。

ハードウェアの変化で恩恵をこうむった者はほかにもいる。われわれベビーブーム世代の男は、どういうわけか家まわりの手入れの方法を知らぬまま大人になった。女が器用になると、それだけ男は不器用になった。われわれ男も、昔風の金物店では少し圧迫感をもつようになっている。しかし、これさえ男に多少のコストを強いている。フェミニズム勃興の日より、われわれは金物店のみならず理髪店、靴みがきスタンド、男の衣料品や紳士靴店の衰退を目のあたりにしてきた。まず大学、軍隊、会員制クラブ、その後も続々と女性の入場制限が取り払われた。それからユニセックスの美容院、カジュアル衣料のGAPやサファリルックのバナナ・リパブリック、J・クルーといったブランドが、店舗やスタイルまでも性差別の撤廃を進めてきた。二〇世紀後半の大きな流れは、男たちをそれまでの巣穴から追い立てようとし、いいことなのか悪いことなのか、それとも両方かもしれないが、それが実現したわけだ（振子は揺り戻そうとしているのだろうか？　最近登場した葉巻バーを見ると）。

●コンピュータ店

ジェンダーによる大変動の第二の舞台は、コンピュータ店などコンシューマー・エレクトロニクスが売られている店である。ステレオタイプなイメージでは、ギガバイトとは何ぞやを知っていたり、スピーカーに五桁の金を払ったりするパーソナル・テクノロジーのフロンティアにいるのは男だと思われた。最近では、パソコンと携帯電話が男の子のおもちゃになりつつある。しかし、実際は往々にして、いちはやくニュー・テクノロジーを取り入れるのは女性たちなのだ。ビジネスでコンピュータが使われるようになったとき、女性のオフィスワーカーが真っ先にOSやソフトウェアに習熟しなければならなかった。昼休みに時間に追われたこの女性たちがATMの登場を誰よりも熱狂して迎えたのだ。

どうして気づかなかったのだろう？　男と女はテクノロジーの使い方がちがうということに。男はテクノロジーそのものに惚れこむ。並み外れた機能、馬力やコスト・パフォーマンスなどだ。その昔、車がコンピュータ化される以前は、アメリカの日常的な光景として、三、四人の男たちがボンネットを開けた車のまわりに集まり、車の持主がキャブレターを調整したり、ジェネレーターを取り付けたりするのを見ながら、ああしろこうしろとうるさく注文をつけるところが見られた。現代の男たちはバーベキューの炉を囲んでハード・ディスク容量やブラックベリーの速度を自慢しあう。彼らに言わせれば、それが男らしいのだ。

女性は一般に、ハイテクの世界にたいして男性とは根本的にちがった態度でのぞむ。彼女たちにとってテクノロジーは使えていくらのものである。どんなにミステリアスな隠語まみれの機械だろうと遠慮会釈なく裸にして、それが使えるかどうかを判断する。女性は新しいテクノロジーに接するとき、その目的を見る。その理由を見る。それで何ができるかを見る。テクノロジーの約束とはつねに人間の生活をより楽に、効率的にすることだ。女性はその約束がはたされることを要求する。

二〇〇七年の視点で眺めれば、女性の消費者が家電業界の健全性を左右する鍵であることはわかっている。レディオシャックは、わざわざ女性店長を雇っている。ベスト・バイは、各店舗の成功と、売場に立つ女性従業員の人数に関連があることを見いだした。

これはどのようなものになるだろうか？　そう、いつか非常に聡明な女性がトップ（ないしその近く）に位置するコンピュータ・ハードウェアの会社が出現するだろう。『ニューヨーク・タイムズ』の経済面やCNBCに登場するような女性、そして女性版ビル・ゲイツのようなエグゼクティブが（もっとも髪型はもっとましなはずだが）。その製品は、RAMのサイズやマイクロプロセッサの速度ではなく、使い勝手のよさ、用途の広さ、利便性を強調することだろう。プロセスではなく結果重視だ。そのコンピュータは研究や調査のための機器ではなく、冷蔵庫のように売られるだろう。最大の売りものは、平易な言葉でテクニカル・サポートが受けられるフリーダイヤルだろう。プログラムがフリーズしたり、プリンタが作動しなくなったときに助けてくれる。それから広告代理店のなかにも、テレビや印刷広告で女性のイメージを使うところがでてくる。ことによると、男性のテクノロジーとのかかわりかたを諷刺するキャンペーンが登場するかもしれない。それから最後に、デザイナーが人間工学にもとづく改良キーボードを開発するだろう。コンピュータの掃除もしやすくなる（いまはほとんど不可能だ）。灰色と黒以外の色の製品も多くなり、同系色や補完色のコーチのパソコンケースを買えるようにもなるだろう。

男と女でテクノロジーへの見方が異なることについての証拠がいるだろうか？　あるコンピュータ・ソフトウェアの店で調査したところ、買い物客は圧倒的に男性だった。だが、コンバージョン・レート、客が何かを買う割合は、女性のほうが高かった。なぜなら、彼女たちが店にきたのは、実際に用件をはたすためであり、ハードディスクやスキャナーの新製品の前で夢想にふけるためではないのだ。

●自動車のディーラー

自動車産業は、アメリカ産業界ではもっとも保守的で消費者志向が希薄だと思われている。ところが、数年前から女性も車を買うことに気づきはじめた。これまでずっと男性優位の自動車販売の世界がどのようであったかを考えれば、ディーラーは自動車の販売やサービスに女性をもっと多く雇用すべきだ。だが、女性のディーラーは全体の一〇％未満だ。それに、自動車の販売に女性を雇うのは政治的に正しいというだけではない。調査に応じた女性のほとんどが、女性から車を買えればもっと気分がいいと言っているのだ。彼女たちは男性を敵視しているというより、男のセールスマンから見くびられ、ときにはだまされた気がするのだ。

車のセールスマンが身につけている旧来の常識では、男女のカップルで決断を下すのは男性のほうであり、女性が新車をせっついている場合が少なくないことや、女性の反対が関門であることは認識されていない。そのために話の矛先を男性に向け、その横で女性は何も言わずに怒りを鬱積させている。契約がまとまると、購入者はたいていサービス部に再度足をはこんで、担当者に会う。そこはほぼ一〇〇%男の世界で、まずは待合室の雑誌の選択からしてそうだ。女性は、自動車ディーラー、整備工場、自動車部品店とのつきあいをあからさまに嫌っていることが報告されている。彼女たちは、見下されたり、せせら笑われたり、だまされたりしたような気分になるのだが、いまのところはあまり選択の余地がないことも認識している。だが、彼女たちはもっとましな扱いを受けてしかるべきなのだ。

ここでも迅速かつ賢明な措置は、車の修理や部品の販売に女性を雇うことだろう。テレビコマーシャルに女優を起用するのも、この男性だけの世界を再編成するのに大きく役立つだろう。数年前、われわれは大型商店の自動車部品売場を調査した。買い物客の九〇%は男性だったが、コンピュータ情報端末の利用者の二五%が女性だった。明らかに、この女性たちは店員から答えてもらえなかった疑問を解決したかったのだ。あるいは店員も答えを知らなかったのかもしれないし、女性がその男たちに質問したくなかったのかもしれない。いずれにせよ、女性は自分の車の基本的なメンテナンスや簡単な修理の方法を知りたがっている。

明日にでもガソリンスタンドを買ったら、私は真っ先に大きな看板をだす。「清潔なトイレ」。ガソリンスタンドは相変わらずリッター価格を力強く表示している。客がそんなに細かいところまで気にするのだろうか。ガソリンはガソリンだし、価格もおおむね似たようなものだ。だが、清潔なトイレは女性を引きつける。彼女たちはこの種の施設を利用する機会が多く、それだけに途方もなく不潔な状況には言うことがたくさんあるからだ。

現実は、ガソリンがセルフサービス商品になっても、路上の手助けはいままで以上に必要とされている。長距離をドライブするようになれば、方向案内もいるし、まともな飲食施設や、清潔なトイレが必要になる。さらに、清潔なおむつ交換ベッド、使える洗面台、散乱していないゴミ箱を備えた場所もそうだ。ガソリンの価格が少々高くても、他の面に配慮がなされていれば、気にする女性はいない。ガソリンスタンドのオーナーはわかっていないのだろうか？　おおむねわかっていない。しかし、自動車ビジネスにたずさわる女性が増えれば、ディーラーも、部品販売および修理店やガソリンスタンドも変わるだろうし、業界全体が見違えるように変わるだろう。まさしくハードウェア業界のようにだ！　そうなれば、自動車業界もそれはど望みがないとは言えなくなるかもしれない。

10　老眼鏡にはまだ早い

西暦二〇二五年になると、アメリカの人口の約五分の一を六五歳以上が占めるという統計はすでにご存知だろう。日本、イタリア、ドイツ、フランス、中国では、この割合はもっと高い。ベビーブームの世代が老年期を迎えるためだ。ベビーブーム世代であふれる一大高齢化社会の到来である。

だが、そもそもこれは何を意味するのだろう？　まずは、年をとることがもてはやされるようになる。間違いなくそうなる。ベビーブームの世代が若かりしころには青春がもてはやされた。彼らが中年になると、今度は中年の渋さがもてはやされた。二一世紀の高齢者はいまどきの地味なお年寄りとはまったく異なった存在だ。なにしろ大恐慌、あるいは第二次世界大戦中の苦労を知らず、モノであふれた放縦な五〇年代、六〇年代、そして七〇年代に育った世代である。犠牲や滅私奉公を尊び、喜怒哀楽をあらわすなどと教えこまれてもいなければ、病気や能力の衰えを運命として真摯に受けとめるのが老境だなどとしおらしいことも言わない。二〇二五年には、高齢のご婦人方のガレージから新品の大型車が消え失せる（これはかつて日曜日ごとに教会へ通うためのものだった）。頭のてっぺんから足の爪先までナイキの「シルバー」・ラインで固め、街でアルファロメオを乗りまわし（油圧式リクライニングなどはもちろん標準装備だ）、高齢にもかかわらずきびきびしている人びと専用のだだっ広い駐車場に車を停める（これは二〇一二年施行の高齢者支援法の賜物だ）。発達したヘルスケア、栄養事情、フィットネス、美容整形のおかげで、七〇歳の女性たちは自分の母親たちが五〇歳のころの容姿や気分を満喫できるようになる。成長して家をでた子供たちは働きバチに徹して社会保障制度を支え、われわれ老人は確定拠出型年金の401Kプランと死んだ親ゆずりの財産をたっぷりと享受する。いまや親の死が経済史上かつてなかったほど莫大な遺産をもたらす時代が到来したのだ。

高齢化社会のショッピングのありかた

買い物の世界はどんちゃんさわぎだ。これも間違いない。商店、レストラン、銀行など、店舗という店舗は一つ残らず顧客の数と財力を誇る高齢者に出張サービスをせざるをえなくなる。だが、われわれに必要なのはまったく新しい世界だ。いまのままでは通用しないし、サービスを受ける側もまっぴら御免だ。

配慮すべきこと

●その1　視覚面

　では、いまのままでは何がまずいのだろうか？　まずは、文字という文字が小さすぎる。この文章が読めるだろうか？　無理だろう。文字が小さすぎる。朝刊は？　ぜんぜんだめ。これも活字がやたらに小さい。オーガニック・ハーブの下剤に記載された使用上の注意は？　小さすぎて話にならない。しかし、だからといってわざわざ目を細める人など誰もいない（そんなことをすれば皺が増えるだけだ）。使用上の注意が読めなければあなたがこの下剤を買うことはないだろう。あなたが買わないということは、誰も買わないということだ。誰も買わないとなると……。何を言いたいか、もうおわかりだろう。

　人間の視力は四〇歳前後で衰えはじめる。どんなに調子がよくても六〇代になればふつうは視力が落ちる。年を取ると目に三つの大きな変化が生じるためだ。まず水晶体が硬化し、次にそれを支える筋肉が弱くなる。すると、細かい文字に焦点を合わせられなくなる。さらに角膜が黄変する。そのために色を識別しづらくなり、網膜にあたる光が減ってモノが薄暗く見えるようになる。

　すでに市場では人の視力が大きな問題になりつつあるが、今後はこれがますます切実な問題になっていく。しかも遠い将来ではなく、いますぐにだ。

たとえば、新聞の購読者を対象とする最近の調査では、文字を大きくして欲しいという要望がいちように聞かれた。いまのところ、ほとんどの新聞が九ポイントの活字を使っている。だが、読者が望むのは一二ポイント以上の活字だ。各紙はようやくこの要望に対応し始めたところだ。大手の日刊紙で文字サイズを大きくしたのは『マイアミ・ヘラルド』が最初だったと思う。その次が『ロンドン・タイムズ』で、大判の紙面からタブロイドに変え、見出しを大きくし、丸っぽいフォントを使うようになった。二〇〇七年には『ニューヨーク・タイムズ』が紙面サイズを小さくし、囲み記事を減らして、読みやすくした。それでも、使っているのはいまだに八・七ポイントだ。まだまだ先は長い。それにしても、読者が新聞から離れつつあるというのに、なぜこんなに時間がかかってしまったのだろうか？

活字の問題はマスコミ業界にかぎったことではない。

現在、ドラッグストアの顧客の大半が高齢者であり、しかも顧客の高齢化は進む一方だ。日常的に読む必要のあるすべての活字のうち、処方薬、市販薬とを問わず、薬のラベルや使用法、注意書きは何より大切なはずだ。スキンケア製品を例にとると、顧客の九一％が箱や瓶、容器の前面のラベルを読んでから商品を買うという結果がでている。さらに、購入した人びとの四二％が裏面の説明にも目を通していた。スキンケア製品をはじめ、ヘルス&ビューティ用品の購入にあたっては読むという作業がつきものだ。

薬局のパッケージを調査すると面白いことがわかった。有名ブランドのヘアダイやスキンクリーム、ニキビ治療薬、歯みがき粉などの使用法、成分表示、場合によっては警告までが一〇ポイント以上であるのにたいし、アスピリンのような鎮痛剤の表示は六ポイントから九ポイントだったのだ。カゼ薬や咳、鼻、涙目用の薬、ビタミン剤も同じく六ポイントから九ポイントだった。つまり、パッケージ・デザイナーの手にかかると、高齢者が読む可能性のある頭痛薬やカゼ薬の説明よりも、ティーンエイジャーがよく使うニキビ治療薬の説明のほうが字が大きくなってしまうのである。高齢者への配慮が見られたのはポリデントの外箱だけで、使用法が一一ポイント、成分表示が八ポイントだった。

これは明らかに製薬会社のパッケージ企画部のミスだ。だが、ラベルの担当者を含めてデザイナーたちが二〇代であることを考えれば、この大間違いにも納得がいく。パッケージをつくる側や委託する側は、それが読む側の目にどう映るかについてまったくわかっていないようだ。

若者をターゲットにした『ワイアード』や『SPIN』などの雑誌を見て欲しい。活字が小さいばかりか、背景と文字の識別さえままならない。ここには対象が若者であり、老いぼれに用はないというメッセージがはっきりと示されている。これは、ビング・クロスビーやパティ・ペイジを聴いて育った世代が、生まれも育ちもいいはずのミック・ジャガーのくぐもった歌声を聴きとれないのと同じだ。二一世紀には、医薬品のデザイナーとそれをひんぱんに読むはずの顧客との年齢差がますます広がっていく。

フロリダのいくつかのドラッグストアの棚には鎖でつながれた老眼鏡が設置してある。なかなか賢いアイデアだが、これですべてが解決というわけにはいかない。薬局の報告によれば、五人に一人が従業員の手を借りるという結果がでているが、高齢者ではその割合が倍になっている。そのほとんどが若い従業員の目で品物を探してもらったり、ラベルを読んでもらうためだ。

商品の記載が老眼に耐えないのはどの店でも同じだ。コーンフレークの脇に記された成分表示。シルクのシャツの洗濯方法。ヘアダイの使い方やコレステロールのセルフチェックの手順、カメラやソフトウェア、DVDプレーヤーの取り扱い説明書。コンピュータ用プリンタのインクジェット・カートリッジの仕様書。CDに記された歌のタイトル。ゴルフシューズのサイズ表示。ペーパーバックの値札。そもそも、これからの人たちはいったいどうやって店を探すのだろうか。電話帳を使うって？　それともネットで探す？　私はすでに読めなくなってしまったのだが。

さらにレストランのメニュー、時刻表、各種申請書、バースデイカード、切手、温度計、スピードメーター、オドメーター、ラジオのダイヤル、さらに洗濯機やドライヤー、エアコン、冷蔵庫、加湿器、給湯器その他のボタンも忘れてはいけない。そういえば、買ったばかりのナシに貼ってある、「ナシ」と記したゴマつぶのようなシールもある。だが、どうやってそれを読めというのだろうか？

このように、活字の大きさだけでも高齢者の買い物客を寄せつけないばかりか、悪意さえ感じさせるものがいっぱいだ。いまの高齢者は文句一つ言わずにこうした目立たない差別を運命として受け入れている。だが、自分の都合で周囲を変えるのが当たり前であるべビーブーム世代が、こうした状況に反発するのは必至だ。二〇二五年になれば、一三ポイント以下の活字は商業的な価値を失うだろう。われわれの視力がぼやけはじめた昨今では、九ポイントを使うことでさえ自滅行為だ。

しかし、ここに矛盾があるのにお気づきだろうか？　教養の高い買い物客ほど（言いかえれば金持ちほど）ラベルや箱、瓶の表示で買う買わないを判断するのである。事実、いまの小売業界はかつてないほど文字に頼っている。裏を返せば、製品やパッケージ、商品にできるだけ多くの情報を盛りこもうとしているのだ。しかし、説明書きを増やせと言われれば、デザイナーはたいてい活字を小さくしようとする。パッケージを大きくするという手もあるにはある（だが陳列するとなるとスペースの問題が生じるし、良質の樹木の無駄使いにもなる）。いっそのこと、ラベルに視覚的なイメージを活用してはどうだろう。いまこそ大きくてわかりやすい記号や、音声による案内を導入すべき時期だ。携帯電話やブラックベリーに、情報を瞬時にして送ってしまうというのもありかもしれない。いっそのこと、思考を根本から変えて、棚と説明を合体させてしまうのはどうだろう。棚はリサイクルできるものを使い、説明書きは再生ヘンプに印刷して、エコなものにするのだ。近々活字サイズの大幅な見直しを迫られるのだから、こうしたアイデアをすべて実用化してしまうのも一案だ。

視覚面で考慮すべきことはほかにもある。これからは、角膜の黄変によって色彩の微妙なちがいを識別できない人が多くなる。その結果、たとえば階段の段差がわからずに足を踏みはずしたり転落したりする人びとがこれまでになく増えると考えられる。青と緑が区別できない買い物客が増え、黄色はデザイナーにとってますます扱いづらい色になる。老いた人の目には何もかも黄色っぽく見えるからだ。そのため、パッケージや案内板、広告などの色彩的なコントラストを最大限はっきりさせ、微妙なグラデーションは避けたほうが無難になる。黒、白、赤を大幅に増やし、その他の色はできるだけ使わないほうがよい。

一例を紹介しよう。カリフォルニアの大手貯蓄銀行の依頼で宣伝広告について分析したときのことだが、帰りがけの顧客に聞き取り調査をしたところ、出納係のうしろに貼ってある大きなポスターを覚えていた年配客が少なかったのである。ビザのゴールドカードを宣伝するそのポスターには、金塊に乗った巨大なゴールドカードが描かれていた。何が描かれているのか、われわれの目には一目瞭然だ。だが、高齢者の目にはゴールドカードと金塊の境がはっきりとせず、妙なかたちをした一つの巨大な物体に映ったのである。こうして六五歳以上の顧客の大半にとって、このポスターは無意味なものになっていた。ニューヨークの一流ホテルを調査したときは、白地に金というルームナンバー表示のせいで高齢者が部屋を探すのに苦労しているという結果がでた。

最後になるが、ごく一般的な五〇歳の人の網膜が受ける光は、平均的な二〇歳の人の網膜が受ける光の四分の三になっている。すなわち、多くの店やレストランや銀行を、もっと明るくする必要があるということだ。買い物客自身が何を買おうとしているか、どこを歩いているのかを把握するには、薄暗い場所がないようにしなければならない。照明は明るく、とりわけお年寄りが来店する日中は明るくしておくべきだ。重ねて言うが、印刷はすべて大きく、コントラストを強くすること。明るい背景に黒っぽい文字を使うことが大切だ。

ワインメーカーがラベルをアートとしてとらえるようになったのはなぜだろう？　クローガーに始まりトレーダー・ジョーズにいたるまで、われわれは無数の人びとがラベルを読もうと奮闘するのを目撃してきた。大手チェーン店と比べて店内が薄暗く、陳列棚も徹底して陰気になりがちな地元の酒屋は、一層分が悪い。かわいらしいラベルやカンガルーのついたラベルがいけないというのではない。だが、手にとって確認してもらわないことには、買い上げてもらえないのである。これは、小規模で新進気鋭のワイン醸造業者にとって、とりわけ重要だ。ワインの種類、生産国、生産年、ブドウ園、宣伝文句――客が気にするのはこうしたことだ。実績があって鼻高々なフランスのブランドなら何をやってもいいが、チリ、アルゼンチン、南アフリカ、オーストラリア、ニュージーランドなど、世界中のワイン・マーケットに新規参入するところは、実力があったとしても、こうしたことに気を配る必要がある。

われわれのクライアントであるファストフード店は、メニューに記された文字が高齢者にとって非常に読みづらいものであるにもかかわらず、五五歳以上の客層が他のどの年齢層よりも伸びていることに気づいた。その店ではメニューを一新して品目の写真をでかでかと掲載したが、写真の掲載とひきかえに品目を抑えなければならなかったにもかかわらず、売上は伸びたのである。

●その2　身体面

高齢者の目に合わせて視覚的な世界を変えることなどは、いずれ迫られる構造的な見直しにくらべればまだ序の口だ。二一世紀になったところで、高齢者の身体の動きが鈍いことには変わりはあるまい。さらに、老後がかつてないほど長くなることも念頭におく必要がある。何十年もつづく老後が、人によっては若かった時期よりも長くなるのだ。元気な六五歳と足もとのさだかでない八五歳の人が共存しうる社会が必要なのだ。

ふた昔ほど前、退職者が老後の住居を海辺にかまえることが流行した。なかには海を望むテラスのついた二階建てや三階建てのアパートもあり、のんびりとした隠居生活を送るにはうってつけであるように思われた。あれから二〇年、かつて元気だった六〇代の人びとも車椅子に頼ったり階段を満足に登れなくなったりして、いまとなっては夢の隠居生活もすっかり時代遅れになった。世にあふれるベビーカーがすべて電動車椅子に置き換わったら、いまの店舗や道路、ショッピングモールはどうするのだろう？　入口、エレベーター、通路、レジ、レストランのテーブル、トイレ、飛行機、電車、バス、それに自家用車も、現在よりはるかに広くしなければならない。たとえ法的な義務づけがなくても、スロープは商売上なくてはならないものとなり、階段は過去の産物にすぎなくなる。エスカレーターや動く歩道はデザインの再考を迫られるだろう。スピードを落とす必要もあるかもしれない。二五年後には、現在の複数階からなるショッピングモールが、全員ではないにせよ全人口の五分の一にとって不便なものになりそうだ。そのころには年配の買い物客がありとあらゆる場所にあふれ、ドラッグストアばかりかGAPやラルフ・ローレン、トイザらス、スターバックス、ボーダーズが未来のシルバーたちの、つまりわれわれの御用達ブランドになる。スマートでスポーティな電動車椅子（というよりは一人乗りのゴルフカートの路上版といったほうが的確だ）や、流線型のヨーロッパ風歩行器が登場すれば、世間の光景は一変し、歩行者の交通整理をしなければならなくなりそうだ。

店舗の見直しが必要なのは、かならずしも足腰の不自由な人のためだけではない。自力で歩ける高齢者もかつてのようにかがんだり背伸びしたりできなくなるし、そうしたくもないはずだ。かがんだり背伸びしたりすればいやでも年齢を感じるし、そもそもいちばん感じたくないのが年齢なのである。

家電販売チェーンのレディオシャックが扱う電池のうち、もっとも売れゆきが芳しくないのは補聴器用の電池であり、これまでの常識にしたがえば回転式ラックのいちばん下に置かれるはずの商品だった。だが、補聴器用の電池を買うのは身をかがめるのが誰よりも苦手な高齢者であるはずだ。そこで補聴器用の電池を上段に移すと売上が伸びた。ところが、逆に下段へ移動したほかの電池の売上が落ちこむことはまったくなかったのである。

ニューヨークにある某百貨店の婦人服売場を調査したときにも似たような問題にぶつかった。案にたがわず、こういう場所で服が買える人びとには年配者が多く、恰幅のいい人が大半だった。ところが、イメージを重視するデザイナーは四号や六号をラックに吊るし、一四号や一六号を店の奥にしまいこんでいる。その結果、買い物客は恥をしのび、悲惨なほど痩せこけた店員に頼んで、もう少しゆったりしたサイズをだしてほしいと頼むことになる。

衣料品売場はどこも似たりよったりで、下着売場やズボン売場のラックや棚もサイズ順に整理され、小さいものが上、大きいものが下というぐあいだ。太った人やお年寄りは四苦八苦して身をかがめ、身軽な若者たちはまったく苦労しないのである。

（個人的には、ＡＴＭや水飲み場でいちいち体をくの字に曲げなければならない上背のある買い物客の代表として、抗議運動を組織したい気分だ。平均身長が伸びつつあり、高齢化が進んでいるのだから、二、三〇年もすれば身体を曲げるのが相当きつい人が多くなるはずだ。）

スーパーマーケットで商品の位置が高すぎたり低すぎたりすれば、そこは高齢者にとって立ち入り禁止も同然だ。彼らはわざわざ苦労して買うこともないと、ため息まじりに他の店へ行くことになる。こういう場面はほかにもある。とくにケース入りの清涼飲料水や洗剤の大箱は厄介だ。棚から引きずりだしてカートに入れられないかぎり、その店で買うことができないからだ（老若男女の消費者のために言わせてもらえば、かさばる商品はショッピングカートと同じ高さの棚に陳列すべきだ）。1章であげたペット用のおやつの例を覚えておいでだろうか？　高齢者が買い物をしやすいように配慮すれば売上が伸びるばかりか、店員に冷たくあしらわれがちな年配客のあいだにも親近感が生まれる。補聴器の電池が楽に買えれば、携帯電話やコンピュータが欲しくなったときにもその店に戻ってきてくれそうだ。

日本は高齢化社会に備えるため、大きく進歩した国の一つだ。この国では土地が貴重なので、ショッピングモールは横に広がるかわりに、上へ上へと伸びる傾向にある。そうしたモールのいくつかでは、エスカレーターは非常にゆっくりと上がっていく。なにも、人ごみを走り抜けるティーンエイジャーをいらつかせるためではない。高齢化する顧客を重視してのことだ。日本最大の携帯電話会社NTTドコモは、ボタンと数字を大きくした高齢者向けの携帯電話に力を入れている。あらためて問いたい。アメリカ、あるいはイタリア、ロシア（どこも急速に高齢化している国だ）では、高齢の顧客に対してわずかでも対応をしているだろうか？　五〇歳を超えると、次第に空間的不確実性に耐えられなくなる。つまるところ、高齢化した消費者の多くは、三〇〇〇平方メートルちかくもある店内で迷子になることを楽しんではいないのだ。小売業者からすれば、迷子になっても穏やかなままでいてほしいと思っているはずだ。混乱して、キレる寸前の迷子になってほしくはない。

待合所は、小売業者や経営者にとって、もう一つの重要な課題である。あるいは、そうあるべきだ。平均的な高齢者が、もう少しなら歩けるわと思い、その先には座れるような場所があることを知っていたら、おそらく、そこまでは歩いていくだろう。テキサスにある食品チェーンのHEBは、ラテン系ファミリーが何世代も集まった大人数で買い物するのが好きなことを、よく知っている。だから、店内のあちこちにベンチを置いておくのは、サービスであると同時に、ゲリラ的にマーケティングをしかけるためでもあるのだ。加えて、待合所というものは、モノを売るのにも、コミュニケーションを図るのにもぴったりの場所なのだ。つまり、その場にいる客は囚われているようなものだから、掲示されたありとあらゆる情報を読んでしまう。また、座りやすくて、なおかつ立ち上がりやすい椅子を置いておけば、高齢客から特に高い評価を得るはずだ。高齢にさしかかり、ある程度の影響力があるような世代の人たちの関心は、世の中を自分たちがもうろくする将来に備えたものにしておくことである。だから、高齢の買い物客を研究しなおすなら、早いほうがよい。カルバン・クラインが成人用オムツのデザイナーズブランドを引っさげて登場する前に、世間をもっと高齢者に優しいものにしておく必要があるはずだ。

いまの銀行がかかえている厄介な問題の一つは、お年寄りによるATMの操作だ。双方向型のタッチスクリーンや機械音声に不慣れだと、現金自動預け払い機にさわるのもおっかなびっくりということになりかねない。高齢者に手ほどきをするのも一つの方法だが、若い人や上昇志向の強いおせっかいな新入社員では不向きだ。われわれの調査結果によると、高齢者は高齢者に教えてほしいのである。金銭出納係の列のそばに年配の行員を配して、高齢者をATMに案内させてもよい。また、出納係の目の届く場所にATMを設置するのも効果的だ。コンピュータを扱う行員の姿をお年寄りが見れば、ATMにたいする恐怖感を多少なりとも和らげることができる。高齢者の視力が弱いことや指の動きが鈍いことを考えると、ATMのほうにも改良が必要だ。ボタン、スクリーン、そしてスクリーン上の文字などはすべて大きくしなければならない。今後もセルフサービスによる経済効果を考えるなら、ほとんどの機械を高齢者の手や目に合わせて設計し直す必要がある。郵便局に設置された切手自動販売機や秤の取り扱い説明書やボタンも、高齢者がなんの苦もなく扱うには小さすぎる。クレジットカードの読取り機やセルフサービス式ガソリンスタンドのポンプ、電車の切符販売機、空港の自動チェックイン機にも同じことが言える。

洋服についた小さいボタンやホック、とりわけうしろ開きで着脱しづらい婦人服などは、簡単なチャックか、さもなくばベルクロのマジックテープにつけ変えたほうがよい。また、携帯電話メーカーはいまのところいかに機器を小さくするかを競っているが、（携帯電話がヤッピーのおもちゃから高齢者のライフラインになるころには）少なくともボタンや液晶画面のもっとも大きいものが歓迎されそうだ。テレビ、ケーブルテレビのチューナー、CDプレーヤーのリモコンから、ビデオカメラのスイッチやノートパソコンのキーにいたるまで、このままではすべてが小型化され、高齢者の顧客に敬遠されるのは必至だ。これまでに述べたことはすべて未来の話であるように聞こえるかもしれないが、そんなことはない。これはすでに起こりつつあるのだ。これにたいする小売業界の反応はなかなか興味深い。

確実に忍び寄る高齢化社会に向けて

いまの小売業界がエネルギーを傾け、改革をはかり、資本を注ぎこんでいるのは何にたいしてだろうか。津波のごとくに押し寄せる年老いた消費者へのサービスに決まっているって？　しかし、残念ながらそれはちがう。いまの小売業界が目指すのはアバクロンビーやアメリカン・イーグル、ロキシー、トリッドのように若者をターゲットとする店なのだ。デザイン工房が生みだす最新の対話型設備やディスプレイには目をみはるばかりだ。まるで店なのかテーマパークなのかわからないほどだが、それこそが小売業界の狙いだ。そんな演出を考案したり、店に取り入れるのはさぞかし面白いにちがいないし、それが主眼点になるのも無理はない。

しかし、このような店がターゲットにしている市場はすでに衰退しつつある。国勢調査によれば、二〇三五年には六五歳以上のアメリカ人は二倍以上増えるとされるが、言ったように、これは他の年齢層にくらべて群を抜いた増加率だ。高齢者が買い物をしやすい店をつくるにあたっての課題は山積している。われわれ自身のためにも、少しは想像力と情熱をもってその課題に取り組んでほしいものだ。

●楽しい買い物体験

事実、いまこそその課題に取り組みはじめるときだ。まずは手近なところから、もう少しましなバックミュージックを流してもらうとしよう。スーパーマーケットでは気の抜けたストリング・バージョンの「ハートに火をつけて」ではなく、ドアーズのオリジナルを聞きながら買い物をしたい。実を言えば、老人社会福祉センターのダンス会場で歩行器に身体をあずけ、ＤＪの奏でる五〇周年記念スペシャル版「サタデー・ナイト・フィーバー」にのって全員がフィーバーする日が待ち遠しいものだ。

マーケティングでは高齢者の視線を意識するようになっており、大手小売店はいくつかの分野で老人向けのヒット商品を生み出している。例えば、小型電化製品、ハードウェア、自動車関連商品、季節商品といった分野だ。その一方で、書籍、衣料、ヘルス＆ビューティ関連商品、市販薬では、それほどの成功は収めていない。これは、高齢者が、本に書いてあることを気にしないというわけでも、美しくみられたいと思わないということでもない。ましてや、痛み止めや、のどの痛みを和らげる咳止めドロップを必要としないということでも、断じてない。ということは、原因があるとすれば、製品そのものではないだろうか。衣料業界は、高齢者がスタイリッシュで、身体にあう服を着たいと思っている事実をわかっていないようだ。

同時に、私のような男性であれば、これ以上のモノは必要ないと断言できる。五〇歳を越えると普通、子供の独立と両親の老齢化に合わせ、生活規模は小さくなる。現在、私は、ひととおりのシャツ、ネクタイ、靴、今後の人生で必要になると思われる宝飾品を持っている。現在も必要とするものは、果物、野菜、パスタ、ワイン、オリーブオイル。肉と魚は毎週、清潔な靴下と下着は毎年、買わなくてはならないが、それも。それ以外はすべて、あってもなくてもいい（長年一緒にいる妻には、一昨年のクリスマスにびっくりさせられた。彼女は、スリングボックスという新製品をプレゼントしてくれたのだが、これを自宅のケーブルテレビとインターネットに接続しておくと、シンガポールのホテルに足止めされた午前二時でも、家のテレビからひっぱったヤンキースの試合をノートパソコンで見ることができる。極楽そのものだ)。たいていの五〇代のように、スリングボックス（これを私から取り上げる人はいないだろう）は例外として、私は、いつでもモノよりも経験を大事にしている。ついでに、靴下も。

●車椅子

先に車椅子のあふれるすばらしい新世界について述べたが、この世界は私の知るかぎり誰一人として見たことのない未知の世界だ。車椅子も間違いなく進化する。エンジンはパワーアップされ、クルーズ・コントロール機能がつき、バラエティ豊かなシート地を選べるようになり（夏に黒のレザーでは暑すぎるかもしれない）、九〇年代のジープを思わせる巨大なタイヤ、携帯電話用充電器、カップホルダー、CDプレーヤー、場合によってはバンパーステッカーまで自在に装着できるようになるだろう。ライセンス契約の機会も数えきれないほど生まれ、ハーレーダビッドソン、BMW、ジョン・ディア（あるいはルイ・ヴィトン、シャネル、プラダ）などのブランド名が市場になだれこむ。こうなると車椅子というよりは草刈用トラクターや三輪オートバイといったほうがふさわしい。進化した車椅子はかならずしもハンディキャップを感じさせないばかりか、リッチな老人にはうってつけのスマートな文明の利器と化するのである。

●スポーツウェア

別の方向へ目を転じると、高齢者が子供に次ぐスニーカーの購買層となっているのは明らかだ。考えてみれば、フォーマルな靴に縁のない生活を送っている大人は老人だけだ。実際、柔らかいゴム底の靴やだぶだぶの開襟シャツ、ウエストがゴムのルーズフィットのズボンのようなスポーツウェアは、流行に敏感な高齢者の要望で特注生産されているほどだ。高齢者は子供よりも多くの資金をスニーカーに投じられるし、もっとはき心地のよいスニーカーのためなら喜んで金をだす。とはいえ、プライドの高いティーンエイジャーは自分の祖母と同じ運動靴など履きたがらない。ナイキやリーボックのコマーシャルに老人ではなくて子供が登場するのはおそらくそのためだ。高齢者が大手スポーツウェアメーカーのターゲットになる日は永遠にこないのだろうか？　私は近々その日がやってくると考えている。メーカーが高齢者市場というドル箱を逃す手はないからだ（コマーシャルでは、六五歳のマイケル・ジョーダンが身長二メートルを超える二一世紀の花形センターを相手にワン・オン・ワンでプレーするだろう）。

●ジーンズ

ベビーブーム世代のファッションの担い手が高齢化しつつあることについても同じ問題が起きている。子供が祖父好みのブランドのジーンズなどを買うだろうか？　われわれベビーブーム世代はおそらく死ぬまで（それどころかあの世でも）ブルージーンズをはきつづけるにちがいない。しかし、ジーンズが老人御用達だとすれば、他の世代はそれに手をださないのではないだろうか？　ジーンズはいつかシルクハットのようにすたれてしまうのだろうか。

●ヘルス＆ビューティ

ヘルス＆ビューティの業界はいまのところ高齢者を十分に意識していると言えない状況だが、ゆくゆくは意識せざるをえなくなる。メーカー各社は六五歳以上の人びとのニーズに応えようとしてしのぎをけずり、高齢者用に調合した髪や肌、歯のためのケア製品や、男性用化粧品、女性用化粧品を製造するようになる。高齢者用のオムツをどう販売すべきかについても研究が必要だ。いまのところ、女性用のサニタリー用品コーナーの一画で人目をはばかるようにマイナーブランドの失禁用オムツが売られているが、このままではらちがあかない。ヘインズ、カルバン・クライン、エスティローダーなどのブランド品をつくってはどうだろう。補正力の強いスポーツブラや運動用サポーターの隣に置くのも一策だ。

●寝具

寝具販売店については、このあと高齢者向けの販売を専門に手がけるほうが得策だ。高齢者はじっくりと吟味して人間工学的にすぐれたベッドを選ぶし、実際に金もだす。テンピュール・ペディックからスリープ・ナンバーズまで、マットレスは家具というよりは医療器具に近いものとなる。いまや、寝具はブームだ。ホテルでさえも、体の節々を痛めている高齢の旅行者をひきつけるマーケティング・ツールとして、ベッドを利用しているくらいなのだから。

●ファストフード

アメリカの少子化が進めば、ファストフード・チェーンは高齢者をつなぎとめる努力をこれまで以上に強いられそうだ。入口に立っていても挨拶一つされない高齢者だが、彼らはすでに購買層の大きな割合を占めている。いつの日にかバーガーキングはディズニーの最新作とのタイアップから『ランボー――怒りの老人ホーム』に乗り換えるだろう。

●子供衣料品

親が子供のために衣料品や玩具、本、ビデオなどを買う場合には、服のサイズや玩具の好み、本のレベルなどがわかっている。だが、三〇年後にいまの親たちが孫へのプレゼントを買うとなると、少しばかり手助けが必要になる。そのころには衣料品メーカーが進歩して、誰にでもわかるようにサイズを規格化してくれているだろうか？　子供服を買い慣れた人ならご存知のはずだが、いまのサイズはわけがわからない。サイズが規格化されないうちは、売場がなんとか気をきかせ、サイズ表示は大きくて読みやすいサイズ表、大きさのちがうマネキン、親切な店員、もしくはそのすべてを配置して、祖父母が気軽に孫の服を買えるように工夫したいものである。

服を買えなければ、そのかわりに玩具や本やＤＶＤを買うことになる。だが、ここでもメーカーや小売店が今の状況を改善する必要がありそうだ。すべての児童書に対象年齢を明記すること。ビデオやゲームも同じだ。かわいい五歳の孫にうっかりグランド・セフト・オートなどを買い与えては大変だし、それを防ぐためにも店員の助けが欠かせない。

もちろん、われわれベビーブーム世代はテクノロジー礼賛者だが、三〇年後、どのようなものが出現して、私たちを脅かすようになるのかわかったものではない。通常、新しいテクノロジーは、年配の客にぴったりの利点をもたらすものだ。若いころのように外出できなくなったら、インターネット・ショッピングやｅメールが便利だ。今後出てくるであろうポータブルＰＣ（今のブラックベリーやｉＰｈｏｎｅのようなもの。ただし、性能はずっといい）は、普段使っているコンピュータがダウンして、電話番号が必要な場合や、理由もわからず、なぜかスーパーの真ん中に突っ立っているような場合に備えて、十分なメモリーがあるものになるはずだ。

だが、こうした文明の利器の売りこみや販売方法ときたらどうだろう。宣伝や店頭に登場するのは三〇歳以下の若年層ばかりだ。さらに、やたらと小さいキーボード、ホームページの活字のデザイン、電源スイッチがたいていプリンタやコンピュータの背面にあるなど、製品自体が高齢者にとって使いづらいものとなっている。たしかに、老婦人にも扱えるようではハイテク機器の魅力が半減するかもしれない。だが、このままでは二、三〇年してわれわれ自身が老人になったときに相当なツケがまわってくることになりそうだ。

11　子供の領分

ジェンダー革命（少なくとも男女の役割は変化した）のおかげで、われわれの生活は一変し、男女ともどもショッピングの新境地を切り開いた。これがいまの子供たちにおよぼした影響は簡潔にして明快だ。子供があらゆる場所へ進出したのである。

それならば、かつての子供たちはどうだったのだろう？

もちろん学校へは通っていた。母親たちは子供が留守のあいだ一家の主婦として山積する家事に追われ、主に食料、雑貨、衣類を調達し、必要に応じてその他の品々を仕入れたり、さまざまなサービスを利用したりした。父親は酒類、タイヤ、葉巻、芝刈り機、雑貨（これは年に一、二回程度）、妻へのバースデイプレゼントなどを買いにいった。家計のやりくりは各家庭の家事分担にしたがって母親または父親がこなす。大きな買い物だけは一家がこぞって参加するが、車やソファなどはそうしょっちゅう買うものでもない。めったにないことだから、連れていく子供たちを納得させるのもひと苦労だ。

家族団欒の役目を果たすショッピング

いまの親は共働きが多く、昼休みに買い物がかたづかなければ家族団欒の時間を割くことになる。すなわち、買い物が一種のレジャーになっているのだ。買い物はディズニーランドにくらべればたしかに面白くないかもしれないが、行楽の要素がないわけでもない。また、離婚するカップルが多い昨今では、（父親、母親を問わず）シングル・ペアレントが子連れで映画館やレストラン、買い物にでかける姿も珍しくなくなった。土曜日の午後には離婚した夫たちが週末だけの親権を行使して子供と一緒にコールドストーンクリーマリーやゲームセンターへ繰りだす。親が子連れででかけるようになり、子供もあらゆる場所へ顔をだすようになった結果、子供の存在はさまざまなかたちでショッピングの風景をぬりかえることになった。

年をとるにつれて、何かを持っているからといって（それがなんであれ）、何かが変わるわけではないことがわかるようになる。あのドレス、この口紅、そのｉＰｏｄ ｎａｎｏを持っていても自分が変わるわけではないし、他人が自分のことをどう思っているかが変わるわけでもない。高齢化しつつある消費者でも、ウェブ上のポップアップ広告を無視するはたやすいことだし、お気に入りのテレビ番組で流れるＣＭをカットするのも朝飯前だ。こうして、うざったいコマーシャルを五分間も続けて見ずにすむ。そういうわけで、二一世紀のマーケット担当者は子供とティーンに照準を合わせている。平均的な四歳の子供が一〇〇以上のブランドを見分けることは、驚くにあたらないことなのだ。

経済の担い手である子供

さらに、子供が大人以上のマスメディアの消費者であるという実態もあり、各社は子供の獲得合戦にしのぎをけずっている。市場はのどから手がでるほど子供が欲しいし、当の子供たちは喜んで勧誘に乗ってくる。子供はかつて守護聖人を敬えと教えられたものだが、いまの子供は各社と提携するテレビのキャラクターを偶像化し、ブランド名がステータスであることを幼心にうすうす感じとるようになっている。これは資本主義が大衆化したほんの一例にすぎない。身長が一メートルだから、さしたる収入がないから、あるいは母親が付き添わなければ道路を渡れないからといってグローバルな市場に参入できないということはなくなった。いまもこれからも経済の担い手であることこそが、市場への唯一の参加資格なのである。

社会の激変にはそれなりの功罪がつきものだが、これは子供の進出についても同じだ。具体的には次の三点である。

1　子供が歓迎されない店では、親がそれを察して背を向ける。

女性客をターゲットとする店のうち、ラックや機材のあいだにベビーカーが通れる十分なスペースを設けている店がどれくらいあるかはわからないが、その余裕がないと二〇代から三〇代の女性の少なくとも半分が一定期間、そこから締めだされることになる（締めだしをくう男性客も多いはずだ）。巻尺を用いて、ある百貨店を調査したところ、子供服売場のラックや機材が他のどの売場よりも多いことがわかった。ベビーカーを押した客にとってもっとも歩きづらいのが子供服売場だったわけだから、そこが百貨店でいちばん空いていたのもうなずける。ホールマークでは毎年、テレビのコマーシャルに大金をつぎこんでクリスマス用の特別商戦を展開しているが、われわれが調査の対象としたある店ではホールマークコーナーの通路が狭くなっていた。これが災いして、ベビーカーを押した客がそこに入ると通路が完全にふさがれてしまうのである。これが災いして、クリスマス用のオーナメントを見た買い物客は全体のわずか一〇％だという結果がでた。

店内の設計や配置一つで子供を引き寄せるか締めだすかが決まってしまうのである。自動ドアや広い通路をもうけて段差をなくせば、ベビーカーを押し、あるいは幼児を連れた親が歩きやすく（あるいは子供を追いかけやすく）なる。

2　子供のニーズが配慮されていれば、子供はきっとその店の熱心なファン（あるいはファンの連れ）になる。

つまり、子供に何かを売りたければ、子供の目や手が届く場所に商品を置くことだ。これはアーサーのかたちの容器に入ったバブルバスのような子供向けの商品にかぎらず、前の章で触れた犬のおやつにも当てはまる。レバー味のクッキーの主な購買層は子供と高齢者だ。その一方で、店でも家庭と同様に子供へのガードを固めないと数々の思わぬハプニングに見舞われる。

3　親が長時間にわたって何かに縛られるとき（車のセールスマンや銀行ローン担当者との話しあいなど）は、退屈してそわそわと落ち着かない子供の気をまぎらわす手だてを真っ先に考えなくてはならない。

そもそも子供とはどういうものか

私が「大人」の世界におよぼす子供の影響を初めて意識したのは店舗にいたときではなく、文化の殿堂であるフィラデルフィアのロダン美術館でのことだった。美しさに酔いしれながらロダンの巨大なブロンズ像をぬって散策していたとき、子供がこう叫んだ。「ママ見て、お尻だよ！」見ると天使のように愛らしいわんぱく坊主が小さい両手でバルザックのお尻をつかんでいた。

その部屋をつぶさに観察すると、像という像の、ちょうどあのかわいい坊やが哀れな小説家のお尻をつかんでいた高さのあたりに手の跡がついていた。芸術作品に「触れる」のが好きな小さいアーチストがわが国にたくさんいたわけだ。

子供がどういうものかについて教えられたのはこのときだ。第一に、子供はモノにたいして積極的だ。それが手の届く場所にあり、ほんの少しでも興味があればさわらずにいられないのである。子供の創造性豊かな衝動は、身近なものから高尚なものにいたるまで、あらゆるものに遊びの要素を見出そうとする姿勢となって現われる。アイロン台がおもちゃならバルザックのお尻もおもちゃなのだ。子供にさわらせたいものがあれば、それを彼らの手の届く場所に置けば子供は目をつける。実際、一定の高さよりも低い位置にあれば、それにさわるのは子供だけにかぎられる。

スーパーマーケットは子供の買い物について実地調査をするのに最高の環境だ。食料雑貨店で子供の様子をとらえた映像は数えきれないほど手元にある。パパやママに向かっておねだりをしたり、おだてたり、べそをかいたり、懇願したりして何かを買ってもらおうとする姿をとらえたものだ（そして、買ってもらえないと、黙って商品をつかんで買い物カゴに投げこむ姿も映っている）。商品が子供の手の届く範囲にあれば子供がそれにさわり、ママやパパ（とくにパパ）が妥協してそれを買う可能性もでてくる。だが、ここでも注意が必要だ。われわれが調査したあるスーパーでは子供が好きそうな商品を最下段に置いていたが、なかにはショッピングカートに乗った子供もいる。中段より一つ下あたりが理想的である。

スーパーの子供向け商戦があまりにも巧妙なため、親たちはささやかな抗議運動を展開している。レジの横のキャンディやガムにたいして苦情がでたため、一部のスーパーではレジ付近にキャンディのラックを置かなくなった（すると今度は製菓業界から苦情がでた）。数年前に実施した調査からは、ショッキングな傾向が浮かび上がった。子供が泣き叫ぶのを未然に防ぐため、お菓子の売場を避けて通る親が増えていたのだ。われわれの顧客であった某製菓会社ではこれに対抗しようと戦略的な配置作戦をとった。同じ列に並べる商品を工夫したうえで（通路をはさんで菓子の向かい側にベビーフードを置くなど）、あの手この手で買い物客がお菓子を目にしないわけにはいかなくなるようにしたのである。

食品メーカーのゼネラル・ミルズは、一九八〇年代に幼児をターゲットとした電子レンジでつくるカラフルなポップコーンを開発した。同社は子供向けのテレビ番組の合間に放映されるコマーシャルでさかんにポップコーンを宣伝したが、販売戦略を知らない商品開発の例にもれず、子供の手の届く位置にそれを陳列しそこねた。それどころか、実質的な購買層である親に焦点を合わせたゼネラル・ミルズの典型的な棚割り計画にしたがって商品が高い位置に配置された。売れゆき不振の原因がお粗末なセールスにあることは明らかだった。六歳前後の男の子がポップコーンの置かれた棚に向かって何度も飛び跳ね、それを落として母親に見せようとするシーンが映ったビデオを、われわれはいまでもクライアントに見せている。男の子はようやくそれを落とすことに成功するが、母親はそれをカートに入れようとはしない。しょんぼりした男の子はそれを棚に戻すのだが、元の場所ではなく、自分の目の高さに戻す。次にそこを通りかかった子供が案の定、それを見つけ、ポップコーンを取って父親の押すカートに入れるが、今度は棚には戻されなかった。買い物客の観察から知恵を学んだ決定的瞬間である。

　もし子連れで食事できるレストランが登場しなかったら、一家揃って買い物にでかけるなどほとんど不可能だったにちがいない。これこそまさにマクドナルドが未曾有の急成長をとげた理由だ。外食は手間いらずであると同時に、午前中いっぱいおとなしく買い物につきあった子供へのごほうびにもなる。メニューの内容をはじめ、玩具やキャラクターつきのカップや遊び場で子供たちを引きつければ、その結果として親も呼びこめることに、マクドナルドは早くから気づいていた。アメリカ最大手のファストフード・チェーンが子供受けしているのにはそれなりの理由があったのだ。

　だが、そのマクドナルドでさえ、すべてにおいて完璧というわけにはいかない。大失敗の一例が、子供には高すぎるカウンターだ。七、八歳になればテーブルを離れて一人でカウンターへ行き、ポテトや炭酸飲料を追加注文する程度のことはできるはずだ。しかし、店の設計がそれを許さない。メニューの表示の位置も高すぎて、楽に読めるのは大人だけだ。子供の目線に合わせて、大きな写真を使った、できるだけ文字の少ないメニューを表示すべきだ。

子供とレストランについては、個人的にこういう経験をしたことがある。すでに書いたが、私はニューヨークのダウンタウンで、イアー・インというバー兼レストランを共同所有していた。この店を買ったころは、年配の印刷工や港湾労働者——荒くれたブルーカラー労働者——が常連客だった。新しくオーナーになった私としては、不動産の所有者やアーチスト、ハドソン川から一・五ブロックほど離れたこの地域に越してきた若い世帯を、常連として取り込みたかった。それに、価格を上げる必要もあった。そのためにも、客層を——そっと、気づかれないように——変える必要があったのだ。そこで、各テーブルに紙とクレヨンを用意して、ハッピーアワーには好ましい客を迎えて、店内で子供を自由に遊ばせてもらうことにした。こうすれば、ママは家で静かに夕飯を作ることができるし、パパはビールを一杯やりながら子供の面倒を見ることができる。こうして、午後五時から八時すぎまで、イアー・インは幼児から小さな子供までが足元にうじゃうじゃいる店に変貌した。ハッピーアワーはハッピーに過ごすための時間となり、ウイスキーサワーを飲めるだけガブ飲みする時間ではなくなった。こうして港湾労働者も印刷工も姿を消していった。不愉快にさせたかったわけではないが、彼らはびっくりしたか、足が遠のいたか、あるいはその両方だったのだろう。

　予想外だったのは、子供がいたことで、私たちは別の意味でも守られていたことだ。新しくオープンしたバーのほぼすべてが、地元のギャングとのもめごとを報告していた。警備費用、ゴミ処理代、仕組まれたけんか、電話ボックスを占拠して賭け金をメモする賭け屋など。イアー・インはある意味、こうした問題とは縁がなかった。なぜだかはわからない。

　その後の数年間で知りあったなかには横柄なやつもいた。そのうちの二人は現在、刑務所に入って大変な思いをしている。そのほかには街中で会う知りあいもいるし、鉢合わせすることも楽しんでいる。今でも冗談でこう言うことがある。誰かを追い払う必要があったら、どうすればいいのかわかっているよ、と。一〇年ほど前のある晩、夜道で偶然トニー（としておこうか）に出くわした。さっそく地元のひっそりしたバーに入り、数杯の酒と積もる昔話に興じた。そこで私は、なぜ店に来なくなったのかと聞いてみた。

「パコ、あの店にはいまいましいほどガキがいた。きみらと話をすることになっていて、三度ほど立ち寄ったんだが、おばちゃんやらガキやらでいっぱいじゃないか。途方にくれたよ。まったく」

　紙とクレヨンがどれほどのものをもたらしてくれたことか。

これは夢物語ではない。昨今の書店には、かつてないほどたくさんの子供がいる。これまで児童書は、辞書コーナーの裏の奥まったところにいくつかの棚を置いていただけだった。が、最近では、店内で一番見栄えがよく、一番人をひきつけるコーナーになっているではないか。

書店の賢いレイアウトはこうだ。たくましい商魂が見え隠れするキャラクターに首をかしげるパパやママの妨害抜きで、子供がブラッツ、スポンジ・ボブ、フェアリー・オッド・ペアレンツを読めるように、テレビの人気キャラクターが登場する本を下段に置く。一方、児童書の古典である『グリム童話』や『星の王子さま』など、字数の多い昔話は大人の目が届きやすい高い場所に置く。なぜなら、こういう不朽の名作を選ぶのはきまって大人だからだ。そして、中段には広い世代に読まれる本、たとえば『ぞうのババール』や『おさるのジョージ』、『ドクター＝スース』シリーズなどを置く（DVDショップのレイアウトについても同じだ。親が選びそうな『黄色い老犬』や『オズの魔法使』を上段に並べ、『ハイスクール・ミュージカル』や『シークレット・アイドル　ハンナ・モンタナ』など、最近の人気作品を低い場所に置き、子供がそれを手にとって騒々しいがまだかわいげのあるおねだりをできるようにしておこう）。

われわれはクライアントである書店に、セクションを性別にしたがって分類し、男性がスポーツやビジネス、DIY、コンピュータ志向なのにたいして、女性が心理学、セルフヘルプ、健康、食事、ダイエット、家庭、ガーデニング派であることを頭に入れておくようつねに助言している。さらに、女性向けのセクションから見える場所に児童書コーナーをもうけ、その一画の棚を低くして、母親が自分の本を探しながら子供の様子をときどきうかがえるようにするアドバイスをしている。

私のオフィスに近いバーンズ&ノーブル書店では児童書コーナーに小型の椅子をたくさん置いている。これはいいアイデアだが、ほとんどの子供が親の膝のうえで本を読んでもらっていることを考慮していない。私は毎度のように、どこからか大きい椅子を一つか二つ引っぱってきてバーンズ&ノーブルの児童書コーナーに置きたい気分になってしまう。

児童書の出版社は、その主な買い手である大人への売りこみがかなり下手だ。親が好みや読書力を知りつくしているわが子に本を買うのなら、わざわざ他人の手をかりるまでもない。だが、祖父母や叔父、叔母、一家の友人がわが子でもない子供に本を買ってやる場合はどうだろうか？　本（あるいは本棚や売場）になんらかのかたちで対象となる読者、特に対象学年や対象年齢が明記されていなければ選びようがない。ところが、この重要な情報を表示した本も売場もほとんど見あたらないのである。これは商品の企画者と販売者が消費者のニーズを把握できないでいる典型的な例だ。子供の本を探している客が内容をチェックしようとしてページをめくるが、結局はどれを選んでよいかわからず、本をあきらめて別のものに切りかえる光景はよく見かける。また、その本が贈りものとして適切であるかどうかを知るためにも、本のテーマ、たとえば人間関係について教える、あるいは想像力を育むなどを、なんらかのかたちで買い手に示すことも大切だ。

本を贈りものとして購入する場合に、出版社が客を失う例はほかにもある。児童書は比較的値段が安いため、二冊以上まとめて買うことも考えられる。だが、四、五冊もあれば立派なプレゼントになるにもかかわらず、『グースバンプス』や『レモニー・スニケット』シリーズのようなベストセラーでさえ箱入りのセットで販売されてはいない。

おもちゃを買う場合、それを選んで買うのは大人だが、事実上の決定権は子供が握っている。子供がまだしゃべれなくても、親は陳列棚からおもちゃを取って考えをめぐらせ、それを子供の前に差しだして反応をうかがう。子供がそれにかぶりつけば、親はそのおもちゃを買うのである。いまのおもちゃのほとんどがパッケージを開けずにボタンを押したり紐を引っ張れるようになっているのはこのためだ。

つまりは、こういうことだ。**大人が商品にさわりたがるなら、子供はそれ以上にさわりたがるのである。**バルザックのお尻でわかるように、子供は何にでも手をだす。子供の行動をじっくり観察したうえで対策をねることが肝心だ。

しかし、これには少なくとも二つの厄介な面があり、販売店の良識が試されるところだ。第一に、子供におもちゃを見せ、それを手に取らせ、欲しがらせることが、一方で子供を店に連れてきてくれた親を失望させ、困らせることでもあるということを肝に銘じなければならない。お菓子売場やキャンディやガムであふれるレジや、最新のニッケルオデオンのおもちゃを避けて通ろうとするあの心理である。自分が買い物の主役になったつもりでいる子供のあとを追いかけるとなると、買い物は非常に骨の折れる作業となる。子供への誘惑があまりに多いと、そのうちに親が店を避けるようになるのだ。相手を納得させるだけのバランスが大切だ。

第二に、子供をターゲットとした店では子供の安全に十分配慮しなければならない。つまり、子供にたいする家庭での安全策を店でも実施するのである。床から一メートルほどの高さの視線で店中を歩きまわり、やんちゃな四歳児がどんないたずらをしでかすかをチェックしてほしい。電気のコンセントや角張った棚など、明らかに危険なものはすぐ目につくはずだ。だが、重い商品を簡単に引っ張ったり倒したりできるようでは危ない。われわれは腰の高さのプランター兼手すりをめぐらせてカウンターの前の客を整理しているバーガーキングで一日を過ごした。すると、八時間のあいだに五二人の子供がその危なっかしい棚によじ登ったり、伝い歩いたり、ジャングルジムのようにして遊んでいたのである。そこから落ちて怪我をした子供もきっといるだろう。

携帯電話がこれほど普及する前、開業当初に請けた仕事の一つにこういうのがあった。国内の三カ所でＡＴ＆Ｔの電話機販売店を調査した。各店ともすばらしいデザインで、従業員数はほぼ同数、さばいている顧客の数も似たりよったりだった。だが一つだけ、販売員が客に声をかける呼びとめ率がいちじるしく低く、平均接客時間も非常に短い店があった。その他のデータは同じだったのだが、この店だけがちがっていたのはなんだったのだろうか？　しばらくたってからやっと、この店だけが「滝型」ディスプレイを採用していたことに気がついた。徐々に低くなっていく階段状の陳列台に商品が並んでいたのである。売場をさまざまな角度からとらえたビデオを見ているうちに、あるパターンが浮かび上がった。売れゆきが不振な店では親に連れられた子供たちの手の届く場所に電話やファクス機が置かれているため、店員がその対応に大わらわなのである。店員はたとえ接客中であっても、子供たちが滝型ディスプレイから何をつかもうとしているかにいつも目を光らせていなければならない。問題は手際の悪さばかりではなかった。その店では各機種の在庫を一、二台しか置いておらず、高価なファクス機が落ちてこわれれば販売用の在庫がなくなるありさまだった。気の毒な店員たちは、接客よりも高価な通信機器を守るのにてんてこまいのようだった。興味津々の客が電話機に触れられるように工夫したのはいいが、子供から攻撃されてしまっては元も子もない。

ある日の午後、さる高名な双方向ビデオの設計者と会い、ファストフード店の遊び場に設置された最新作のビデオゲームのお披露目に立ちあった。最初にやってきた二人の子供はちゃんと座っておとなしくゲームに興じていた。三人目の子供は靴を脱いでシートに深くもたれ、爪先でタッチスクリーンを操作した。その次にやってきた子供はファストフードのおまけにもらったプラスチック製のおもちゃで画面を強く叩きはじめた。設計者は驚いて息をのんだ。

「おいおい、あいつは何をやってるんだ！」

「何って、遊んでいるのさ」

そう指摘した。重要なのはそこだろう？　ごく基本的な知恵じゃないか？　どんな技術であれ、店の床に置くか、子供の手が届く位置に置くのであれば、標準規格を上回るように作るべきだ──カプールやバグダッド向けの物のように。

子供の気をまぎらわせるには

子供のご機嫌をとるためにウィグルを演じる必要はない。だが、客がある場所にとどまって神経を集中しなければならないような場合には、子供の気をまぎらわせる必要がある。これは親にしてみれば当然しごくのことだ。ところが、業界側にそうした意識がほとんどないのには愕然とさせられる。

最近、母親が買い物をしているあいだに、二歳の子供が店内を駆けまわっているのを目撃したが、これは買い物客に子供がいることを真っ先に察してしかるべきマタニティ用品店でのことだ。子供の気をそらすには、フランスのハイパーマーケットのように、すこし引っこんだ場所でテレビを見せたりディズニーのアニメを放映したりするという手もある（よりによってビデオショップでさえ親がもう少しゆっくりと商品を選べるように子供向けのプログラムを流すという配慮をしていないのだからあきれてしまう）。小さい店ならば、一・五メートルほどのスペースにビニール製のおもちゃを置いて親がときどき様子をうかがえるようにすれば十分だ。

スウェーデンの家具メーカー、イケアはカラフルなゴムボールのあふれる遊び場で有名だが、いまではそれが店のトレードマークになっている。スウェーデンのチェーン店が進歩的でも驚くにはあたらない。ヨーロッパ、とくに北欧では子供の安全にたいする意識がおおらかで、親が買い物をするあいだ子供を店員にあずけるのである。

何年か前、ニューヨークでこんな騒動があった。デンマーク人の若い母親がレストランの窓の前に眠った赤ん坊の乗っているベビーカーを停め、自分は店に入って窓ぎわの席に座って昼食をとったのだ。これには警察や児童福祉事務所の職員が駆けつけ、その女性は危うく逮捕されるところだった。

理由はどうであれ、アメリカの親は子供のこととなると異常に神経をとがらせる。イケアの場合、遊び場に子供を引き取りにきた人びとにたいして厳重に身元の確認をしなければならなかった。また、たとえ店内であるとはいえ、つねに目が届くとはかぎらない遊び場に子供をあずけようとしない親も多かった。

何年か前、ブロックバスターが創意に富んだ子供用ドライブイン・シアターをつくり、大型スクリーンや、子供が座って映画を見るための小型自動車を設置した。だが、それが出口のすぐ手前にあったために不安を感じる親もいた。これは、いずれにせよ保育に不慣れな人びとのすることである。店や銀行で子供がうろつくことになっても仕方がないのである。

数年前、ウェルズ・ファーゴ銀行の依頼で調査を実施したが、この銀行の支店の一五％は開設して七年たらずだった。

われわれは貸付け担当に質問した。「成功のいちばんの秘訣は？」すると彼女は机の引出しから棒つきキャンディを取りだした。そのキャンディがあれば、たいてい二分間は邪魔されずに親と向きあっていられるし、それだけの時間がかせげれば十分だという。ウェルズ・ファーゴ銀行では、銀行のマスコットである子犬の塗り絵も用意している。あとはクレヨンさえあれば新規の住宅ローン契約も楽勝というわけだ。ニューヨークのシティバンク銀行では子供に工作ブックを用意している。いずれの銀行も、さしあたって必要な静けさを獲得すると同時に、えてして美化されがちな子供時代の楽しい思い出を提供して未来の顧客をも確保しているのだ。

理想的なキッズコーナーのための４つの条件

監獄とちがって、理想的なキッズコーナーの条件はいくつもない。

1 いつでも親の目が届くように、壁や障害物のない見通しのよい場所につくること。
2 安全であること。
3 十分な広さがあること。
4 できれば子供を年齢別に分けること。年齢別にしないと年上の子供が遊び場を仕切ってしまい、小さい子供が邪魔だてしようものなら痛い目にあわされる。

車のディーラーは一般に子供の気をそらすのが下手だ。ただでさえ車は子供のお気に入りなのだから（少なくともおもちゃの車は大好きだ）、これは考えるだけでもうんざりさせられることだ。解決法はいくらでもあるが、自動車産業の景気はすこぶる悪い。このため、家族が車を買うのは必要以上に難しくなる。各店が足並みそろえて手をこまぬいているかぎりこの業界は安泰だが、フォードやクライスラーが販売店での子供の言動に目をつけようものなら、他社もこれに追随せざるをえなくなるだろう。日本のある自動車販売店では、各店舗をブルーステージとレッドステージに分け、それぞれが別の車種を扱っている。どちらの販売店でも、店の前面にきれいなおもちゃの車を置き、その販売店で扱っているモデルや、カラーを紹介している。販売店の多くは小規模で、アメリカのように広大な駐車場を備えていないので、こうしたおもちゃは購入前のいい検討材料になるはずだ。この販売店はこのおもちゃをたくさん用意しておくほうがいいと伝えておいた。そうすれば、販売店はこれを棒つきキャンディのように配ることができるからだ。これは、費用をかけず、その場でできる優れた宣伝である。なんといっても、二一世紀は六歳の子供でさえ、自家用車を買う際には意見を言える時代なのだから。

調剤薬局の待合室も子供のご機嫌をとらなければならない場所だ。健康を損ねて薬の処方を待つ大人にとって、元気いっぱいの子供は目ざわりだ。おそらく当の子供たちも大半は病気なのだろうが、そうかといっておとなしくしているわけでもない。だが、調剤室のあるドラッグストアならば、玩具や塗り絵やクレヨンを待合室の近くで売るのは簡単なはずで、そうなれば一石二鳥というものだ。親が買い物をしているすぐそばで子供に買い物をさせるという手も、子供のご機嫌をとるには最高の戦略だ。子供に何かを買い与えて静かにしてもらおうとする親が多いことを考えれば、これはどの店にも応用できる。いままでも買い物のほとんどは女性がしているのだから、母親が買い物をする場所の近くに子供向けの商品を置けば相乗効果が期待できる。いったい子供を手玉にとるのか、母親の手助けをすることになるのかはわからないが、おそらくその両方に役立つはずだ。

ティーンエイジャーへの対応

何年か前、夜になるとティーンエイジャーが駐車場にたむろして困るというコンビニエンスストアの記事を読んだ。警備員を雇ってにらみをきかせるのも高くつく。その店がとった対策はこうだ。スピーカーを使ってマントバーニの落ち着いたムード音楽を流したのである。以後、ティーンエイジャーはそこにたむろするのをやめた。

ティーンエイジャーははなはだしくイメージに左右されるため、宣伝、アイデンティティ戦略、マスコミ、流行、うたい文句などの誘惑に弱い。彼らにとって、ブランド名はステータス・シンボルである。それは小粋であり、カリスマ性や知性を与えてくれるものなのだ。ティーンエイジャーは何を買うかでアイデンティティを確立する。彼らは大人にくらべてメディアの選択肢がせまいが、それだけにメッセージが強く焼きつけられる。また、ヒーローを求め、商品や店が自分たち向けであることを嗅ぎつけようとしてやっきになる。

こうしたわけでティーンエイジャーはマーケティングの的にされやすいが、そこにも限度はある。ジーンズの販売状況に関する調査を通して、われわれは若者の買い方に独特なパターンがあることを発見した。ティーンエイジャー同士のグループは、親と同伴のティーンエイジャーにくらべて、ジーンズ売場で過ごす時間が長いのである（それぞれ平均三分五二秒と二分三二秒)。さらに、ティーンエイジャー同士では吟味する商品が三割ほど多かった。ただし実際に購入した人びととの割合はティーンエイジャー同士が一三%であるのにたいし、親子連れではほぼ倍の二五%だった。

そこではたと気づいた。ティーンエイジャーは友達と連れ立って一種の下見をしているのである。買うものを決め、仲間内の賛同を得たうえでスポンサーとなる両親とともにふたたび店を訪ね、いい年をして親と一緒に買い物をしている姿を見られないよう、そそくさと買い物をすませるのである。

これは商業一般、とくに銀行が若者にたいするサービスを改善する余地があるということではないだろうか。こづかいを口座振込にして、キャッシュカードやデビットカードで引きだせるようにしたらどうだろう。いまどき商品の取り置きを提供する店は少ないだろうが、若者向けであればまた流行るかもしれない。私はフランスの金融機関クレディ・アグリコルのために調査を行なったが、同社は一〇代後半から二〇代前半のジェネレーションY世代を専門に扱う支店を設計していた。

その支店は従来の銀行とは似ても似つかないものになるはずだ。デザイン、レイアウト、営業時間、スタッフ、音楽など、すべてがジェネレーションYをターゲットにしたものとなる。さらに、初めてアパートを借りる人の手引きやバイク購入の資金計画などに関するセミナーも実施される予定だ。

これはうまい戦略だ。数ある支店のうちの一つだけだが、商品やサービスが若者向けであることを打ちだせば、他の年齢層をシャットアウトできるからだ。

いまはもうなくなったが、P&Gのコスメブランドだったクラリオンは一時さかんに販売活動を展開し、双方向型コンピュータの採用では草分け的な存在だった。顧客が肌色や肌の質のデータを打ちこむと、その肌に合った化粧品をコンピュータがはじきだすのである。ところがどういうわけか、このコンピュータは下段へと移動し、ローティーン向けの棚を占領するようになった。彼女たちはコンピュータを喜んで利用した。だが、これを見た大人たちはクラリオンが子供向けだと思いこんで背を向けたのである。こうしてクラリオンの権威は失墜し、まもなく市場から撤退した。

第四部　ショッピングの力学

これまで快適な店づくりの基本的条件について考えてきた。買い物をしてもらうためには顧客の解剖学的な特徴に配慮する必要がある。また、性別や年齢によって行動のパターンがちがうことを理解していないと、店やレストランや銀行のターゲットが性別や年齢の定まらない不可思議な生き物ということになってしまう。

だが、以上の点がクリアできたとしても、その先は厄介だ。

ショッピングの科学の第三段階にはさまざまな妥協や堂々巡りがあったり、場合によっては誘惑さえもがからんでくる。買い物はミステリーだ。ヒューレット・パッカードのコンピュータを買うつもりで店に入った人がキヤノンを抱えてでてきたり、逆にキヤノンをやめてヒューレット・パッカードにしてしまうのはなぜだろうか。ほんのちょっとブティックで時間をつぶすつもりが一〇〇〇ドルも使ってしまい、いままでになくファッショナブルで美しくなったような気になるのはどうしてだろう。煎じつめれば欲しいものが見つかったからだが、なぜ、どのようにしてそうなったのかをひと言で説明するのは難しい。

よい店の接客は柔道に似ている。買い物客自身の勢いを逆手にとり、暗黙のうちに相手の好みや欲求を利用して客を思いがけない方向へと導いてしまうのだ。つまるところ、ただ商品を提供するだけでは不十分であり、手に取ってみたいと思わせなければならない。手に取らせたら、今度は買う気にさせなければ、それまでの努力が水の泡だ。さまざまな知識を総合すると、買い物の世界を左右するのは好みであることがわかる。買い物客は何を好むのだろうか?

●商品に触ること

直接何かに触れる機会の少ない世の中で、ショッピングは物質的な世界と直接、自由に接触できるめったにない機会だ。衝動買いのほとんどが、店内で触れたり、聞いたり、においを嗅いだり、味見をしたりした結果、引き起こされる。だからこそ、売りこみよりも商品開発が重要なのであり、インターネットやカタログ、テレビによる通信販売が選択肢を広げても店舗をしのぐことはまずないのだ。

●鏡

どこか姿が映る場所で立ち止まって観察してみよう。男も女もポーズをとっている。自己本位は、ヒトの根底にあるものだ。買い物から美容整形にいたるまで、自分がどう見られているかは気になるところである。鏡の前で客の歩調が鈍るのは先に述べたとおりで、これは近くの売場にとって大きなメリットだ。しかし、人びとが身につけるはずの洋服、アクセサリー、化粧品売場にさえ鏡が適切な場所に設置されていることはめったにないのが実情だ。

●発見

店内に足を踏み入れ、お目当ての品物を嗅ぎつけてそれを見つけられさえすれば、お客にとっては十分だ。表示や宣伝があふれていては買い物の意外性まで奪ってしまうことになりかねない。客をわざと混乱させて首をかしげさせるのは禁物だが、買い物客を誘導するには商品を暗示したりヒントを与えたりする程度で十分だ。焼き立てのパンのいいにおいがただよっていれば買い物客の足がおのずとパンの売場へ向かう。でかでかと〈フォーマルウェア売場〉と表示するよりも、クリーム色のジャケットを着たジェームズ・ボンドばりの二枚目のポスターが伝えるメッセージのほうが強烈だ。

●会話

カップルや友人同士やグループに人気の店は、たいてい繁盛している。グループのおしゃべりや電話を歓迎する店づくりをすれば、おのずと売れゆきも伸びる。

●お得意様扱い

客は誰もが自分の名前を覚えていてくれる店へ行きたがる。地元の小さい商店が全国的なチェーン店に戦いを挑むなら、ここが勝負どころだ。気が利く店ならこれを逃す手はない。店を選ぶ権利があれば、お客は自分が歓迎されているほうを選ぶし、そこで使う金額も増えるのがふつうだ。お客が買ったものを覚えておいて、タイミングよく値下げすれば、どんなに小さい店でも贔屓にしてもらえるのである。調査によれば、なんらかのかたちで店員のほうからコンタクトをした場合、その客が買い物をする確率は高まるという結果がでている。いらっしゃいませの一言でいいのだ。商品をすすめたり情報を提供したりすれば、その確率はさらに高くなる。とはいえ、押しつけがましい態度は禁物で、引きぎわを知ることが肝心だ。

●バーゲン

買い物客がバーゲン好きなのは当然のように思われるかもしれないが、バーゲンはたんなる値引き以上の効果を発揮する。たとえば、下着メーカーのビクトリアズ・シークレットでは下着を台に積み上げて五組二〇ドルで売ることがよくあるが、こうすると一組四ドルで売るよりもずっと安いような印象を客に与える。超一流の店でさえ、バーゲン品は飛ぶように売れている。だが、バーゲン品売場が混んでいるのは当たり前だとはいえ、あまりに混雑が激しすぎると客にそっぽを向かれてしまう。ぎゅうづめのラックからバーゲン品を取りだして戻せなくなり、定価の商品と同じように入念なチェックをしはじめてしまうと、その商品は売れないのだ。

一方、買い物客が嫌うのは次のようなものだ。

●鏡が多すぎる売場

店が遊園地のミラーハウスのようになってしまうのは考えものだ。あまりに鏡が多いとまるで迷路のようになる。

●行列

買い物客は待たされるのが嫌いなうえ、待ち時間に不快な思いをさせられるのが苦手だ。手ぎわの悪さにいらいらしたり、自分の列がいちばん早いかどうか不安を覚えたり、読むものも見るものもなく買い物すらできない状態で退屈をもてあましたりしたくもないのだ。それまでの買い物がどんなに楽しかったとしても、レジで不愉快な思いをすれば、一巻の終わりだ。

●つまらないことを聞く

新製品はショーケースなどに入れず、ぜひとも買い物客が見やすい場所に置くべきだ。表示を駆使し、パンフレットや使用法のビデオ、新聞の掲載広告、音声による案内など、必要なものをなんでも揃えて、買い物客が質問する前に予備知識を与えてしまおう。新製品や、扱いがややこしい製品をわかりやすく提供すれば、売上はかならずや伸びていく。

●しゃがむ

あるいはかがむ。どちらにせよ、とくに両手がふさがっている場合。手を伸ばして商品を手に取るのが難しければ、買い物客はまたの機会にするだろう。別の店のほうが取りやすいかもと思いながら。

●品切れ

これについては説明するまでもないだろう。

●数字のかすれた値札

論外。

ほかにも、失礼な態度、ぐずぐずした対応、説明不足、下手な接客、一貫性のなさ、手抜き、無愛想なども禁物だ。「あの店はとても親切だ」というのは店への最高の賛辞である。いくら商品や価格、場所がよくても、サービスが悪ければすべては水の泡で、客はほかの店へと流れていく。いくら買い物が生活の手段にすぎないとはいえ、先行するのは感情であり、何ごとも悪いよりはいいほうがよい。

●押し売り

次の章からは買い物をするにあたって何が最大の誘因となるのかを探る。手に取ったり、試着したり、試食したり、においを嗅いだりできれば、欲しい商品を探す手がかりになるし、商品の巧みな陳列がときにはまったくちがった結果を生むこともある。買い物客の目を引きつけるものと引きつけないものとのちがいはどこにあるのか、商品ばかりでなく陳列についても考えてみたい。買い物のイメージアップをはかろうとして、時間の感覚すら麻痺させてしまう販売店の戦略についても取り上げる。また、感覚的な買い物とは対照的だと思われる今後のネット・ショッピングについても考えてみよう。

12　意思決定をつかさどる感覚的な要素

これは、いつ誰がたずねてもおかしな質問だが、ショッピングについての研究も半ばをすぎたいまになってたずねるのは、なおさらおかしな話かもしれない。だが、あえてこう聞いてみよう。

ショッピングとはいったい何なのか？

ここで聞きたいのは、買うという行為が何かではない。換金を待つ商品が用意された公共の場所へ行くことが何を意味するかでもない。いわんや、小売や商取引が何を意味するかということでは決してない。

ショッピングとは何か？　誰がどのようにするのか？　どうやってショッピングにとりかかるのか？

これを探るにあたって、ショッピングが生活必需品を獲得するための義務的な手続き以上のものであると考えてみよう。ショッピングはたんなる持ち逃げとはちがう。たとえばコーンフレークが必要だからコーンフレークを買いにいき、コーンフレークを手に取り、コーンフレークの代金を支払い、お買い上げありがとうございましたと感謝される。

ここでいうショッピングとは、販売を目的とする小さな世界を体験し、視覚や触覚、嗅覚、味覚、聴覚を駆使して何を買い、何を買わないかを判断することだ（両方買うかもしれないし、両方とも買わないかもしれない）。意思決定の過程でとりわけ興味深いのが感覚的な部分だ。なぜなら、体験とは感覚を通してするものだからだ。しかし、ここで特に感覚が重要なのは、衝動買いや計画的なショッピングの大半が、見たり、さわったり、においを嗅いだり、味見をしたりして、完全とは言わないまでもほぼそれに満足した結果だからだ。

ショッピングの鍵――感触と試用

ここでショッピングの鍵となるポイントについて、再確認しておこう。いまの人びとはかつてないほど試用や感触でモノを買っているのである。

それならば、人はなぜ何かを買うにあたって、さわりたいと思うのだろうか？　これには具体的な理由がいろいろありそうだが、その最たるものは商品の手ざわりを実際にたしかめたいということだ。たとえば、タオルは買う前にぜひとも触れてみたい商品だ。調査によれば、タオルは売れるまでに平均六人の買い物客がさわっているという結果がでた（使用前に洗ったほうがよいのはこのためだ）。同様に、寝具のリネン類の決め手となるのはなんといっても感触だ。衣類の場合には、とりわけセーターやシャツをなでたりさすったり抱きしめたりするが、考えてみれば衣類の大半はセーターやシャツである。男性用下着メーカーが商品をビニール入りで売るのは感心できない。女性の下着は袋に入っていないが、これには正当な理由がある。女性は肌につけるものであればなんでも試着したがるからだ。いまの男性たちも、できることなら試着したいにちがいない。

身につけるものは繊維製品以外にもたくさんあり、そうした製品も十分にさわってみる価値がある。化粧品売場をざっと見渡しただけでも、ローションや保湿クリーム、口紅、メイク用品、デオドラント、パウダーなどがある。持ったり、移動してみたり、使ったりできそうなら、とにかく手に取ってみることが肝心だ。たとえば、金槌が使いやすいかどうかは実際にもってみないとわからない。ハンドバッグ、ブリーフケース、スーツケース、傘、ナイフ、フライ返し、トングも同じだ。財布など、一日中持ち歩かなければならないモノも手に取ってみよう。目で見ただけでもそれがどんな感触なのかはおよそ想像がつくと思うが、やはり自分の手でたしかめてみるのがいちばんだ。

では、さわる必要がないのはどんな場合だろうか？

たとえば電球。電球の感触をたしかめようとする人はまずいない。とはいえ、電球も大いに試す価値はある。電球についてはスーパーで箱入りのものを買えるし、金物屋でラックに下がっているものも買える。だが、大型のホームセンターへ行けば、電球がランプシェードの内側からやわらかい光を放っているのを実際に目で見ることができる。どちらがよく売れるだろうか？　特に値の張る電球の場合には？

以上のことから言えるのは、消費者にとって「気になる」商品、つまり便利そうだったり、他の商品とくらべてみたりしたいものであれば、消費者はそれをじっくりと吟味するということだ。

たとえば、スーパーで買い物をする場合、新しいブランドのケチャップやチーズ、あるいは高価なリンゴやモモは試食してから買いたいと考えるだろう。どういうわけか、サルサだけはしょっちゅう新製品の試食を実施しているようだ。バドワイザーについてはわざわざ試飲するまでもないが、これがランビック・エールやアルメリア産ビールの新製品だったら少しばかり試飲してから買いたいと考えるだろう。砂糖は？　時間の無駄。いくら味見をしようが砂糖は砂糖だ。サラダオイルも同じ。だが、オリーブオイルの場合にはみなビンテージもののワインのように味見している。二〇年もののバルサミコ酢は高級食材の代名詞だが、少し味見をさせれば案外とびつく客がいないともかぎらない。すると牛乳は？　ちゃんと冷蔵されていて、賞味期限が切れていなければ問題なし。

食料品の新製品では九割近くが売れゆき不振だが、これは製品が消費者に嫌われたからではなく、食べたことがないからだ。私に言わせれば、（販売戦略や広告を含めて）大金をつぎこんで新製品を全面的にバックアップし、消費者に試食させないかぎり、売りこみに全力をつくしているとは言えない。タバコはたしかに身体に悪いかもしれないが、街角に美男美女を配して試供品を配るタバコ会社の戦略はなかなかのものだ。ノンスモーカーでも巧みな攻勢に乗せられて、つい試供品を受け取ってしまう。彼らを再教育してスーパーマーケットのフロアで何か配ってもらうのはどうだろう。

販売と試用を組みあわせる場合にも、きちんとターゲットを設定しなければならないのはもちろんだ。電子レンジでつくるポップコーンが発売された当初、われわれはゼネラル・ミルズの依頼でポップコーンの販路拡大にかりだされた。製品の客層についてたずねると、六四％が女性だという。これは当時、電子レンジの手軽さが男性のあいだに浸透していなかったことや、コマーシャルや写真広告などが女性向けの番組や雑誌に登場していたせいだった。

「試食キャンペーンのターゲットは？」という問いにたいして、ゼネラル・ミルズはこう答えた。「もちろん、女性です」。だが、これは見当ちがいだ。なぜなら、女性客はすでに獲得していたからだ。考えてみれば、電子レンジ用ポップコーンは男性にぴったりの商品である。つくるのはいたって簡単で、塩味だし、男性は暗示にかかりやすくて行動的だから説得しだいでどんなものでも試してくれる。そのポップコーンは六パック四ドルで販売されていたが、男性客にアピールするために量を減らして二パックで一ドルにし、バス釣りやホッケーなどのテレビ番組の合間にコマーシャルを入れるよう助言した。

食料品以外の雑貨となると、消費者の心をつかむのがなかなか難しくなる。だが、高品質のトイレットペーパーが市場に割りこむ余地はかならずあるはずだ。スーパーマーケットのフロアで質のちがいをアピールできれば売上は伸びるだろうが、これが一筋縄ではいかない。ラップやアルミホイル、ゴミ袋のメーカーにとっても、これは相当に頭の痛い問題だ。消費者のほとんどがいちばん安いものを買い、高くてよいものにどんな利点があるかを納得させるのがきわめて難しいからである。ゴミにしかわからないようなちがいのために、わざわざお金をかけたくないというわけだ。

スーパーマーケットはあの手この手で買い物客の感覚に訴えようとしている。売りこみが上手な店のフロアにはパン屋があり、香ばしいにおいがただよっている。ビタミン剤売場でそのにおいを嗅いだ客は、パンのにおいに誘われていつのまにかパン屋のカウンターへやってきて、ふとこんなことを思う。「そうだ、パンを買わなくては！」ここで重要なのは、いいにおいは唾液腺を活性化させ、それが売上につながるということだ。

スターバックスにならい、売れゆきの鈍い高級コーヒー豆でコーヒーをいれ、カップで提供する店も増えたが、これも商品の持ち味を生かして感覚に訴えるやりかただ。

香りは最先端のマーケティング分野だ。マーチン・リンストロームは執筆活動の傍らコンサルタントも行なっている有名人だが、企業にブランドの香りをアドバイスしている。彼の著作『五感刺激のブランド戦略』では、記憶に残る匂いが連想させる特別な場所について書いている。プレイ・ドーでも、ジョンソンのベビーシャンプーでも、かすかなバニラの香りでも、なんでもいい。動物の赤ん坊が母親の匂いをかぎ分けるのと同じだ。ヒトも匂いに結びつけられているのである。

二〇〇七年四月、ノバスコシア州酒類委員会がハリファックスで運営している試験店に出かけた。店内は、年齢ごとの好みを想定して売場を分けており、換気口からそれぞれの年齢層が好きそうな香りを送りこんでいた。強いカクテルやテキーラ、フレーバーウォッカを集めた三〇代以下の酒好きを対象にした売場には、甘くフルーティな香りがただよっていた。渋好みをねらったウイスキー売場（ここにただよっていた香りはスモーキーで、ずっと洗練されたものだった）や、特定の年齢層向けに幅広くそろえたワイン売場もあった。この売場では商品やヴィンテージによっても香りを変えていたほどだ。視力が衰えるように、ヒトの嗅覚や味覚も衰える。私のお気に入りは、以前、ニューヨークのバス停留所で見かけた有名なスコッチウイスキーの広告だ。「女の子なんてキライだと思っていたことがあっただろ」。子供がお菓子や甘い匂いが好きなのは偶然ではないし、成長するにつれて風味豊かな苦味を好むようにもなるものである。

二〇〇七年の秋、コロンバス・サークルからすぐのところに、家電製品のベスト・バイが新しく店をオープンさせた。そこの電気製品売場には、アイロンをかけたばかりのシャツの匂いがしていた。最近では、匂いをまきちらすのは機械がやってくれる。ところで、これ以上は勘弁してくれ、と思うタイミングはあるだろうか？　スーパーの食肉コーナーでステーキの匂いや、グリルでこんがり焼いたベーコンの匂いを嗅ぐ日は来るのだろうか？　いいアイデアだ。肉はもっと売れるようになるはずだ。さらに、匂いはショッピング体験に別の側面も付け加えるようになるだろう。つまり、ショッピングは、単にスーパーへのお買い物ではなく、官能的なおでかけになるということだ。問題は、ある人にとっては香水でも、別の人にとっては悪臭になることである。イタリア人の友人はオレンジの匂いがとにかく嫌いで、オフィスをオレンジ持込禁止にしたほどだった。肉をあぶる匂いに食欲をそそられる人は多いかもしれないが、ベジタリアンは気分を悪くするだろう。

イギリスでは一部の子供服メーカーが通気口からベビーパウダーを店内へと送って赤ん坊の甘酸っぱいにおいを思い出させているが、これ以上に効果的な香りはない。アメリカのベビーパウダーメーカーに香りつきのパッケージを使ってはどうかと提案したが、気乗りしないようだった。清潔で何のにおいもないスーパーのイメージを損なってしまうと店長が許可しないのでは、と恐れたのだ。言われてみれば、ここのスーパーマーケットには生鮮食料品をのぞいて感覚に訴える伝統がなく、他の製品についてはにおい、味、感触、そして外見でさえ満足にたしかめられない。冷凍食品や缶詰、加工食品、粉末食品、パック入り食品が幅をきかせ、まぶしいほどの白さがかもしだす清潔感がもてはやされた六〇年代初めの風潮から、スーパーマーケットはいまだに抜けだせないでいる。できれば、テレビの料理番組で見るような大型の開放型キッチンを導入して手早くスナックをつくり、レシピをつけて買い物客に配ってほしいものだ。店長がスピーカーでこう叫ぶのはどうだろう。「お客様にお知らせします！　ただいまより一五分間にかぎり、冷凍食品コーナーにてパッション・フルーツのシャーベットを無料で提供いたします！」。生鮮食料品売場にDJとダンスフロア、シリアル売場に人形劇、レジにジャズのトリオや高校のグリークラブの演奏を配するのはどうだろう。堅苦しい買い物の代名詞であるスーパーマーケットを多少なりとも活気づけることができそうだ。

感触や試用が重要になった背景

店の役割の変化

買い物のときに触れたり試したりするのがこれまでになく重要になったのは、店の役割が変化したからでもある。かつては店長や店員が商品の案内役をつとめていた。知識の豊富な店員が大勢揃っていて、買い物客と品物の橋渡しをしてくれたのだ。店員の言うことは十中八九間違いがなく、十分に信頼のおけるものだった。当然ながら、これは前面がガラス張りの大きな木製キャビネットに商品が並んでいたころの話であり、金物屋や紳士用服飾店や雑貨屋が繁盛し、買い物客と店員のスペースが厳密に区別されていたころのことだ。

しかし「開架式」の陳列が主流になったいまでは、さわったり、においを嗅いだり、試したりできる場所に商品が置かれ、店員が仲介の労をとることもなくなった。一九六〇年当時、シアーズの一般的な店舗では在庫置場がフロア面積の三五％を占めていた。しかし、現在ではそれが一五％足らずだ。いまでは自分の欲しいものが在庫置場にあるかどうかをたずねることすら無意味になっている。在庫置場がない店さえあるほどだ。店にあるものはすべて棚にだしてあるか、下に設置した猫の額ほどの戸棚にあるかのどちらかである。これは画期的な進歩だ。店の奥にしまいこんだ商品などないのも同然だからだ。店員がいなければ買えないし、その店員が足りず、しかも知識不足で、熱心に接客してくれないようではお手上げになる。できるだけ目につくように、客の買いたい気持ちを刺激するように、また見やすいように商品を並べたら、あとは買い物客と彼らの抜群のセンスにまかせればオーケーだ。

ブランドネームの価値の低下

触れたり試したりするのが重要な意味をもつようになったもう一つの背景には、ブランドネームの価値の低下がある。消費者が有名ブランドを信奉していたころには、ブランドネームが売上を大きく左右した。いまはそういう時代ではない。

スキンケアとヘアケア用品を扱う大手メーカーについて調査したところ、少数民族でもっとも積極的にパッケージを開けてローションや石鹸やシャンプーにさわりたがるのはアジア系アメリカ人であることがわかった。実際、アジア系アメリカ人の二三％が荒っぽく箱を開いたり瓶のフタをとったりして粘りやにおいをたしかめていたのである。この調査結果は、たとえメーカーが宣伝広告に何百万ドルという大金を注ぎこんだとしても、国内で重要な位置を占めるとともに拡大しつつある少数民族の支持が一朝一夕には得られないことを如実に物語っていた。

この点、いまの消費者はもはや消費者保護運動家に影響されず、自分自身で見たり、においを嗅いだり、さわったり、聞いたり、味わったり、試したりして納得する。商品や値段しだいではかすかな疑問を抱く（あるいは疑心暗鬼になる）が、すっきりした気分で買い物をしたければその疑念を振り払う必要がある。それには、テレビのコマーシャルや口コミを通してではなく、自分の感覚でたしかめたうえで商品とその価値をある程度まで納得しなければならない。これほど当たり前のことをほとんどの店が理解していないのにはびっくりさせられる。これまでコンピュータ販売に関する調査を数多く実施してきたが、この手の問題に出会うことはしょっちゅうだった。広々とした一画にプリンタがずらりと展示されていても、実際に電源が入っていて印刷用紙が補給されているのは、ほとんどのプリンタが簡単にテストできるにもかかわらず、ごく一部だった。

確信をもって買うべきなのは車やステレオのスピーカー、デザイナーズ・ブランドのスーツなど、高価なものばかりとはかぎらない。われわれは清涼飲料水用の冷蔵ケースを組みこむ予定のニューススタンドの設計について調査した。一つは冷蔵ケースをカウンターの下の見えない場所に設置し、見本として空の缶を置いておくという案だった。だが、これにはまったく説得力がないことがまもなくわかった。缶の表面が白く曇っていないと飲み物が冷えていないように見えるのだ。（いずこも同じだが）人びとは無意識に証拠を求めていたのである。冷蔵ケースに入った飲み物が見えるようにすると、今度はよく冷えた清涼飲料水が飛ぶように売れた。この点、コンビニエンスストアは進んでいて、たとえその場で飲まなくても、買い物客が冷たい清涼飲料やビールを買うことを、はっきりとスーパーマーケットに教えた。生ぬるいビールはとにかく不自然なのだ。

買い物を通して世の中を実体験（！）する機会は多い。何かをじっくりと観察しにいく場所といったら、ほかにどこがあるだろう？　博物館もモノを観察する場所だが、そこで手を触れることが許されている場所があるとすれば、一種の小売店であるギフトショップのなかだけだ。店舗だけにかぎっても、手ざわりや感じをたしかめるチャンスは数多い。とくに買うものがなくても、たまには店へ行ってさわったり味見をしたりすることが大切だ。

ありとあらゆるものにさわる子供の様子は、私の知るかぎり買い物という行為をもっとも純粋なかたちであらわしている。子供は情報や理解、知識、経験、そして感覚を自分のものにしている。とりわけ感覚への欲求は強く、さわったり、においを嗅いだり、味わったり、聞いたりすることを繰り返す。観察をつづけよう。犬に目を向ける。今度は鳥だ。そして虫。その蟻は何か適当なエサを探しているのかもしれない。だが、私はそれをショッピングと呼ぶ。

まだ信じてもらえないようなら、においや感触などにはほとんど無縁な商品を扱う書店へ行ってみよう。書店では買い物客が本をなでたりさすったりしながら手応えをたしかめているが、本の形状は読書という娯楽とは無関係だ（関係があるとすれば、活字の大きさくらいだろう）。それでも人びとは本に触れてしまう。たとえ想像力、概念、合理性、思考、視覚化などの能力が備わっていても、人間が動物であり肉体をもつ以上、五感を通して世界を知る以外に道はない。世の中のすべてがわれわれに働きかけて五感を刺激し、われわれはそれに反応する。感じるという能力やその必要性はあまりにも当たり前のものだから、たとえ感覚でとらえられないようなものに出会っても、あたかも感覚でとらえられるように錯覚してしまうのだ。

意味がおわかりだろうか？　こうした考え方は正しいだろうか？　理にかなっているだろうか？　それとも屁理屈に聞こえる？

感触が重大な意味をもつ最後の理由はこうだ。買い物客が何かを自分のものにするのはいつの時点なのだろう？　法的にはレジで品物の代金を払ったときだ。だが、店内でレジほど憂鬱な場所はなく、そこで所有の喜びを嚙みしめている人はいない。実際、レジで味わうのは金銭的な喪失感と、列に並んだり、クレジットカードの照会を待ったり、店員が品物を袋に入れたりするのを待つことの苦痛だけだ。では、所有するのはいつの時点なのだろうか？　所有は明らかに感情的あるいは精神的なプロセスであり、法的な手続きとはちがう。**所有は、買い物客の感覚が対象をとらえようとしはじめたときに始まる。**まずは目で、つづいて感触でとらえようとする。ひとたびそれを手に取ったり、背負ったり、口に入れたりすれば、今度は入手へのプロセスが始まっているのだ。精算は事務的な手続きにすぎないのだから、買い物客が早い時期に商品を手に取るほど、また買い物客が試したり、味見をしたり、試乗したりしやすいほど、その商品の持ち主が販売者から消費者へと移行しやすくなる。

それがショッピングなのだ。

消費者のあらゆる感覚的欲求に答える

　だとすれば、ショッピングの原理はごく単純だ。買い物客は商品を買う前にそれを試したいのである。したがって、買い物客を商品に触れさせることが販売店の主な役割となる。店は消費者が商品にさわったり試したりするようしむけなければならないが、店側がそれを非常に難しくしてしまっている場面も多々ある。コンピュータのキーボードだろうと、マッサージ器だろうと、新製品のデザートだろうと同じだ。ある機能をもった商品ならば店内で実演し、食品であれば試食させ、香りがあればそれを嗅いでもらうのである。さらに言えば、たとえその商品のにおいが使いみちとはまったく関係がないとしても、においを嗅げるようにしたほうがいい。なぜなら、消費者が本来の用途とはまったく無関係な部分を試す場合もあるからだ。

各種販売店での失敗例

●家電製品

　たとえば、クーラーの本来の目的は室温を下げることだ。だが、本当に室温は下がるのだろうか？　友達に聞いたり、『コンシューマー・レポート』を読んだり、店員に意見を求めたりすることはできる。だが、見かけだけでは判断できないし、クーラーのきいた店内でスイッチを入れても室温が下がったかどうかはわからない。実際にたしかめられなければ有名ブランドを買うか特価品を買うかのどちらかだ。しかし、ここで別の問題が生じる。クーラーをつけたときの音だ。どれも冷風がでるとすれば、次に問題になるのは音である。最終段階で、音がクーラーのちがいを決める一つの目安となったわけだ。これから以後、何年間もクーラーのブーンというなり（場合によってはガタゴトとうるさい騒音）を聞いて過ごさなければならないからである。私自身も、夏になれば三、四回はクーラーの騒音についてあれこれ取り沙汰する。クーラーで気になることといえば騒音くらいだが、購入の段階ではそれがわからない。そしてメーカーや販売店はせっかくの機会を生かしていない。店員がクーラーのスイッチを入れて、客に音を聞いてもらえば、たとえばこれはプロペラ機の音、あっちはこわれたミキサーの音、値段が高いのは子猫が寝息をたてているくらいの小さい音などと、買い物客に新たな選択基準を提供できるのである。

これは他の大型家電、たとえば冷蔵庫や皿洗い機、掃除機、洗濯機など、また小型家電ならばコーヒーの豆挽き機やフード・プロセッサ、缶詰のオープナーなどにもほぼ当てはまる。それが自分の探しているものかどうかは箱を見ればわかる。機能については説明書を読めばおおむね理解できる。だが、そこまでわかれば、音を聞くことくらいはできるはずだ。

●寝具

寝具のリネン類の包装を見れば、繊維の目のつみ方をあらわす業界用語のスレッドカウントを基準として選べばよいという印象をもつはずだ。ところで、これはいったい何なのか？　誰もが知っていたところで、さして役に立たないのだが、シーツや枕カバーにはかならずと言ってもいいほどこの言葉が記載されている。寝具の専門家ならその意味もわかるのかもしれない。

だが、一般の人びとがシーツを選ぶ基準はただ一つ、それがどんな肌ざわりかということだ。問題はシーツがビニールで包装されていて、目で見ることはできても感触がわからないことなのだ。そこで爪をたててビニールを破り、こっそりと感触をたしかめることになる。だが、たとえそれを買うにしても、自分で破いたとはいえ、やはり傷ものはいやだから別のパッケージを選ぶことになる。

しかし、シーツ本来の感触は、結局のところたしかめようがない。シーツが糊づけされているからだ。糊づけとは厳密にどういうことなのだろうか？　これも知っていたところでどうということもないのだが、とにかく新品のシーツから糊を洗い落とさないかぎりシーツはゴワゴワのバリバリだ。いったいなぜ買い物客は最悪の状態でシーツにさわらなければならないのだろうか。私のオフィスの近くに寝具と洗面用品の大型展示販売場があるが、そこでは買い物客がシーツを自宅で使うときにどんな感触かをたしかめられるように、一度洗って柔らかくしたシーツをフックに吊るしている。買い物客が知りたいのはまさにこの感触なのだ。

●衣料品

感触と試着がとりわけ大きくものを言うのは、衣料品販売の世界だ。買い物客が心ゆくまで商品をさわることが許されない店など、いまではほとんど見かけなくなり、三ドルの靴下から一五〇〇ドルのデザイナースーツまで手に取って吟味できるようになった。ニューヨーク近代美術館でピカソの作品にさわることはいまでもできないが、マディソン・アベニューにあるカルバン・クラインやアルマーニのブティックでスーツを好きなだけさわることはできるのである。衣料品店の設計者は買い物客が全商品に手をのばせるよう、あの手この手を使って心を砕いている。だが、試着室を設計するとなると、それが何をするところか店はすっかり忘れてしまうようだ。

いったい何がまずいのだろう？　設計者は試着室をまるで配管設備のないトイレのように考えている。彼らにとって試着室は買い物客が服を脱ぎ、試着したい服を身につけ、鏡に映った姿をそそくさとチェックし、ふたたび元の服に着がえる場所にすぎない。せいぜい公営プールの更衣室を思い浮かべながら試着室を設計しているのだ。これは店舗の建設や設計を手がける側の大きな誤解であり、少なくとも販売員や買い物客の要望をあまり反映していないことはたしかだ。おそらく、設計者はスペースを節約するために試着室を狭くするのだろう。彼らに言わせればしゃれた建築専門雑誌が取り上げないような場所に予算を割くのはもったいないというわけだ。

しかし実際には、フロアよりも試着室のほうが重要なのではないだろうか。試着室を改善すれば、売上が確実に伸びるのである。試着室は便利なばかりか、ディスプレイやウィンドウや宣伝と同じように、れっきとした商売道具だ。使い道さえ誤らなければ他の商売道具を総動員する以上に効果をあげるのである。私は試着室にぶつかるとそこへ入らずにはいられない。近くにそれがあれば、かならずと言ってもいいほど検分してしまう。あたりに人影がなければ女性用の試着室に入ってもかまわないかどうかたずねることさえある。実を言えば、試着室をテーマに本が一冊書けるくらいなのだ。書くべきことはそれほど多い。数多くの衣料品店を調査した結果、次のような法則が浮かび上がった。店員が客に声をかけると、その客が商品を買う確率が一・五倍になり、店員がお客に声をかけ、さらにその客が試着室を使用した場合にはそれが二倍になるのである。裏を返せば、店員が話しかけた客が試着した商品を買う確率は、店員と口を聞かず、試着もしない客の倍ということだ。

さらに大手の国内アパレルチェーンを調査したところ、大きな収穫があった。そのメーカーの試着室は、殺風景な安っぽい更衣室が通路に沿ってずらりと並び、突きあたりの暗がりにたった一つだけ鏡が据えつけてあるお粗末きわまりないものだった。時間を計ると、この店で服を買った客は店内で過ごす四分の一から三分の一の時間を試着室で過ごしていた。言い換えれば、自分が美しく見える服を手に入れたい一心で狭い部屋に閉じこめられていたのである。他の業界なら、こうした時間は商魂たくましく「いただき」、すなわちあと一歩で買い手が心を決めるきわどい瞬間と見なされるところだ。車のディーラーは決して売りこみに秀でているわけではないが、このきわどい状況を導くためだけの部屋をもうけている。だが、先のアパレルチェーンは、試着室を少しでも快適なスペースにしようとせず、できるだけ明るい場所で服を見てもらおうとする努力などしていない。さらに、試着室で過ごす時間がセールスの総力をあげてきわどい状況をつくりだすチャンスだと考える人などは一人もいなかったのだ。たとえば客を試着室に案内したり、試着中のズボンやシャツ、ベストに合いそうなベルトを用意するなど、ちょっとした心づかいでもいい。服を引き立てる小物を添えると服が売れるというのはよくあることだ。試着室にいる客はすでにその服を買う気になっている。にもかかわらず、ほとんどの店はそのチャンスをみすみす逃しているのだ。

実際、ニューヨークの某有名百貨店の婦人服売場を訪れたとき、見たこともないようなひどい試着室にぶつかった。汚れてよれよれになっている破れた敷物。やたらにまばゆい照明。場末のディスカウントストアで見るような洋服掛けとストゥール。歪んだ鏡に映る姿は実物よりもずっと見劣りがする。これを指摘すると、店員はきっぱりと言い放った。「ヒップは大きく映ったほうがお客は喜ぶわ」

試着室の内装は理想の寝室をイメージしたものにすべきだ。照明は誰もがリッチに見えるように。また、日中の光、蛍光灯、キャンドルの光などで服の色や素材がどうちがって見えるかがわかるように、できれば何種類かの異なる照明を用意するとよい。鏡は大きくて歪みのない良質なものをたくさん設置すること。石膏ボードに金具でとめたただのガラス板ではなく、出来栄えのいい肖像画をおさめる額縁のようなものを。試着室の外に小さい控え室があれば最高だ。お客が連れと一緒に服を吟味できるからだ。控え室では服を着たまま座ってみることもできるが、たとえば特別なディナーの席で着る予定があれば座り心地は大切だ。さらに、生花を飾ること。生花を飾れば、その部屋が前日ではなくその日に掃除されたことが客にはっきりと伝わるからだ。

衣料品店が鏡ひとつ満足に扱えないのは試着室ばかりではない。鏡が少なかったり位置が悪かったりする例はどこでも目につく。商品を身につけたり、身体にあててみたりすることができる場所にはかならず鏡を置くべきだ。商品を選び、それがどう見えるかをその場でチェックできれば、客はそれを買うかもしれないのである。だが、鏡を探さなければならないと、わざわざ探す必要もないと考えてやめてしまうことが一度や二度はあるはずだ。帽子用の鏡は帽子売場に設置すること。離れた場所では意味がない。足もとを映す鏡のないセルフサービスの靴屋も何軒かあった。なかには椅子一つない靴屋さえあるのだ！　これがなぜ不都合かは説明するまでもないだろう。

試着室は数を多くし、たとえ遠くからでもはっきりとわかるように表示しておくことだ。試着室が衣類から遠ければ遠いほど、わざわざ試着をしにそこへいく客も少なくなる。絶対に服が欲しい客は何がなんでも試着室を探そうとするが、そこまで決心の固い客だけを相手にしていては商売が成り立つまい。これまで試着するために店中を歩きまわり、あげくのはてに階段を昇り降りしなければならないような店について取り上げてきたが、これは致命的だ。

●事務用品

話を進めよう。とある大手チェーンの事務用品店に一人の男性客がいる。鉛筆削りをさがしている。鉛筆削りがいまだに存在することが驚きだ。レコードプレーヤーはすたれてしまったが、数独のおかげで鉛筆や鉛筆削りはいまだに健在だ。とにかく、棚には手動式、電池式、そして大型の電動式鉛筆削りが並んでいる。彼は手動式のハンドルをまわして手応えをたしかめる。次に、電池式を手にとって電池入れを開けてみると……電池が入っていない。試せないじゃないか！　今度は電動式を持ち上げ、コンセントがあるかどうかかあたりを見まわす。コンセントはない。だが、たとえ電池やコンセントがあったとしても、鉛筆が見当たらない。おそらく鉛筆削りをつかんで踵を返し、通路を抜け、コンセントや鉛筆を探しまわるはめになるだろう。

これでは最善をつくして鉛筆削りを売っていると言えるだろうか？　さまざまな種類の鉛筆削りがある以上、それぞれに特徴があるはずだ。だが、この不運な男性客は実際に削りもしないでどうやって鉛筆削りを選ぶのだろうか。そもそも選ぶことすらできないはずだ。買い物客がどこで何をしたいかぐらいは誰にでもわかりそうなものだ。ここでは鉛筆削り売場に担当者がいないようなので、私なりの考えを披露させてもらった。しかし、だめな店は何をやらせてもだめであり、たとえ大型で洗練された羽振りのいい全国チェーン店だろうとそれは変わらない。先の事務用品店では壁際に高さ三メートルの棚が設置され、包装紙で梱包された紙が五〇〇枚単位で売られていた。紙の値段はさまざまだが、実際にそれを見たりさわったりすることはできない。五、六個に一個の割合で包装が破れていたが、これはおそらく業を煮やした客がこっそりと中身をたしかめたからだろう。売りものにならない商品をつくらない（紙を一枚たりとも買い物客にさわらせない）つもりが、結局は高くつく（多くの包装紙が破れて使いものにならなくなった）好例だ。

●宝飾品

商品が手に取れないと不都合な点はほかにもある。われわれはある宝飾店を調査したが、その店のオーナーは最近博物館の展示を得意とするデザイナーを雇い、宝飾品のショーケースを設計させて話題を呼んだ。ショーケースの出来栄えは上々だったが、お客にとっては近寄りがたいものだった。そのデザイナーの設計は人に見せるという点で申し分のないものだったが、商品と客のあいだに距離をつくってしまい、商品をもちかえってもらうことを目的とする店舗としては不向きだったのである。これにくらべれば庶民的にディスプレイされた品物のほうがまだ売れゆきがよかった。

各種販売店の成功例

●電話機

今度は成功例を紹介しよう。われわれは全国的な電話機販売に乗りだしたレディオシャックの依頼で調査を実施した。すると、数多くの客が電話機の展示された壁面に近づき、全面を見渡し、値段をチェックして、その次はほぼ例外なく受話器を手にとって耳にあてたのである。耳にあてて何をするつもりだったのだろう？　おそらくは何も考えず、ただ反射的にそうしたのだろう。電話機を前にしてできることといえばそれくらいだ。電話機をくらべるには、握ったり耳にあてたりして感触をたしかめたりするほかはないようだ。できるだけ実生活に即した状態であることが何かを試す場合の鉄則だとすれば、電話機から声が聞こえるようにしたほうがよい。われわれは、受話器を取ったときにそこから録音メッセージを流すようレディオシャックにアドバイスした。

レディオシャックがこれを実施したところ、受話器を取った客がしばらくのあいだ耳を傾け、その受話器を連れに差しだしてメッセージを聞かせるようになり、店内は活況を呈した。これが購入についての話しあうきっかけとなり、電話機の売れる確率が高まるという相乗効果も得られたのである（店内にいる人びとは自分が買おうとしている商品について、あれこれ取り沙汰するのが好きなのだ）。さらに、このメッセージはレディオシャックの宣伝にも一役買った。

われわれが調査したスプリントの携帯電話機販売店ではカウンターに電話機が陳列され、さまざまな電話機を見たり、受話器を手に取れるようになっていたりしたばかりか、回線がつながっていて実際に通話できるようになっていたのだ。客は受話器を取ってそのまま夫や妻や友人に電話をかけ、電話機の購入について話しあうことができる。電話機そのものがセールスに貢献する究極の販売法である。

このほか、ブルックストーンやフランスの化粧品メーカーのセフォラなども、損失を覚悟で商品を試してもらうことの価値を十分に認めている会社だ。ブルックストーンがマッサージチェアを客に試してもらい、数カ月たって布地が擦り切れても気にすることはない。その損失を十分に埋めあわせるだけの売上がきっとあったはずだ。

商品パッケージを再検討する

買い物客が商品に触れたり試したりできるように店内のディスプレイを変えるのは可能だ。だが、商品のパッケージもついでに変えないと、その後も数々のチャンスを逃すことになる。

たとえば、ヘルス&ビューティ用品の決め手は香りと手触りだ。スキンローションはつけたときに爽快感が味わえるかどうかが大切だ。デオドラントの生命は芳香だ。シャンプーでは主体となる髪の洗浄力を店内で試すわけにはいかないが、晴れた日に多雨林の香りを残すという第二の役割についてはメーカーの配慮しだいで試すことができるはずだ。あいにく、いまの厳重なパッケージではどれほど細心の注意を払って商品を試そうとしても絶対に無理だろうが。

ジレットは男性用デオドラント化粧品で画期的な戦略を試みた。想像力を刺激する（しかも男性的な）名前のついたさまざまな香りのジェル状デオドラントを売りだしたのである。ライトガードのメンソールをはじめ、ありきたりの香り以外にも選択肢を広げようとしたまではよかった。ところが、パッケージ担当者がせっかくのアイデアに水を差してしまった。

店に香りだけがちがう何種類かのデオドラントがあれば、それを嗅いでみたいと思うのは当然だ。だが、蓋を開けると、中蓋の部分が頑丈なアルミテープでしっかりとふさがれている（わきの下を狙ったテロ対策だろうか？）。人目がなければ、そのテープを少しばかりはがしてにおいを嗅ぐことも考えられるが、これは良心が痛む。買い物客はいったいどんな反応を示すだろうか？　あまり欲しいと思わなければ、商品を棚に戻して立ち去るだろう。どうしても欲しければ、デオドラントを横目で見ながら通路を行ったり来たりして、誰もいなければシールを破ってにおいを嗅ぐだろう。だが、その「アルプスの夜明け」の香りを買わなかった——きっとその客は「アリゾナの夕暮れ」タイプなのだろう——場合、はがせないはずのシールがはがされているのを見た次の買い物客はどう思うだろうか。パッケージ担当者が買い物客の心理を理解しないと、欠陥商品でもない多くのデオドラントが次々と商品価値を失うことになる。

この手のダメージを避けるにはドラッグストアに試供品専用のカウンターを設置して、そこで自由に新製品を試してもらうことだ。化粧品類は感触が大切だから、感触さえ知ってもらえればかならず売上が伸びる。

売る側と買う側の利益の不一致

最大の問題点は、化粧品をどのようにして販売したらよいかということだ。メーカーや小売店は化粧品類をできるだけ清潔に、きちんと並べて売りたいと考えている。この点については女性たちも異論がなさそうだが、その一方で買う前に使ってみたい気持ちもあり、こちらの願望は清潔にきちんと並べての販売とかならずしも一致しない。

処方薬や炭酸飲料が薬剤師にきっちりと管理されていたかつての時代には、化粧品のほとんどをこの薬剤師が扱っていた。ファンデーションを頼むと、薬剤師がカウンターの裏へまわり、引き出しを開けて頼まれたものが見つかるまで次々と箱を取りだすといったぐあいだ。商品と客のあいだに距離をおくこうした販売法はすでに歓迎されなくなったが、効率的で整然としていたことはたしかだ。このような化粧品販売の世界を消費者に開放したのは、カバーガールだ。カバーガールはフック付の壁を大いに活用して、買い物客が自分で化粧品を取れるようにしたのである。これを機に化粧品業界はセルフサービス型販売への道を歩みはじめた。セルフサービス型の販売は化粧品業界の恒例行事だった百貨店での特売にも大きな打撃を与えた。以来、買い物客はカウンターの前の椅子に腰掛け、歌舞伎役者も顔負けの厚化粧をしたメイク係にたっぷりと化粧をほどこしてもらうようになった。売場を立ち去る人びとが手にした小さいが高価な化粧品入りの買い物袋は、そんなサービスへのささやかな返礼である。

しかし、女性たちが飽きたせいか、そんな化粧品販売もすたれはじめ、いまや開放的な化粧品販売が主流になりつつある。化粧品会社はそれぞれ独自のディスプレイで商品を紹介し、一定の範囲内でそれを使ってもらう。だが、思う存分に使うわけにはいかない。なかには制約されずに好きなだけ商品を試してみたいと思う客もいる。売る側と買う側の利益の不一致はできるだけ避けたいが、現実の問題としてなかなかそうもいかない。

また、化粧品売場の設計に問題があったりする。買い物客が、ティッシュのようなちょっとしたものを買う場合を想定せずにディスプレイを決めてしまうが、これを改めれば化粧品売場全体がすっきりする。また、鏡が少ないとメイクを試す女性が店中を探しまわらなければならなくなる。化粧品売場を設計した人びとは土曜日の夕方の五時ごろにそこを訪れたことがないにちがいない。もし訪れたことがあれば、もっと多くの女性たちが使えるように配慮したはずだ。また、化粧品が使われないようにパッケージを開けづらくするのは感心しない。買う気をそぐと同時に、商品へのダメージが大きくなるからだ。どんな商品であれ、パッケージをこわさずに試せるよう工夫するのが破損を防ぐ最善の方法だ。

画期的な商品パッケージ――ブロックバスター・ミュージックの事例

収縮フィルムの登場により、直接試すことができなくなった商品は数多い。過剰包装を感じさせる商品が実に多く、実感第一の買い物客にとっては不都合きわまりない。レコード店がかつて簡素な試聴ブースを設置したころにくらべると、世の中は格段に進歩した。停滞気味の音楽業界では、いまでは買い物客に音楽のサンプルを提供する機材もかなり複雑になっている。一般的には、ボード盤にヘッドフォンが差しこまれ、メニューからダイヤルで聴きたいCDを選ぶ試聴ステーションがよく見うけられる。問題はこの手の機材を使い慣れない人がいることだ。聴きたいCDを選んでボタンを押してみる。ところが何も聞こえない。これは、曲の頭出しに多少の時間がかかるためだが、そんなことはどこにも記されていない。しばらくして肩をすくめてあきらめるか、使われていない番号を誤って押したと勘ちがいして次々にボタンを押しつづけ、しまいに機材をこわすかのどちらかだ。

理想のシステムはいつの世でも単純明快なものだ。客が聴きたいCDを棚から選んでそれを試聴カウンターへもっていき、店員がパッケージを開けてそのCDをかける。たったそれだけだ。機材やボタンやメニュー、待ち時間などにはいっさい縁がないのである。この店では複雑で頼りにならない試聴用機材に大枚をはたくかわりに、収縮フィルムの包装用機材を導入して売れなかったCDを再包装するのである。このシステムのポイントは買い物客が自然体で音楽を聴けるように配慮しなければならないことだ。誰も直立したり、床を睨みすえたりして音楽を聴いたりはしない。われわれがアラバマで調査した店では、試聴コーナーのヘッドフォンに六メートルのコードがついていて、音楽ファンが曲を聴きながら歩きまわって近くの棚を物色できるようになっていた。このシステムを導入した店は、レコードを買うだけの場所から試聴できる場所になり、商品のラインナップや新曲、また誰が何を演奏しているかを知るための情報発信基地になったのである。双方向型のラジオ局と化した店は買い物客を楽しませるところとなった。店にとっての何よりの収穫は、レコード会社にさほど依存しなくても商品を売りこめるようになったことだ。商品を試してもらうことが、実は立派な売りこみ戦略なのである。興味をもった消費者の要望にその場で応え、一対一の攻勢をかけているのだ。

商品に指一本触れさせないことへのしわ寄せ

買い物客が自分の欲しい情報を得られないと、そのしわ寄せがパッケージに行くことなどしょっちゅうだ。これは電化製品にもあてはまる。たとえば、ヘッドフォンを探す客が山と積まれた箱入りのヘッドフォンを見つけたとする。しかし、見本が見あたらない。ヘッドフォンの鮮明な写真が外箱に印刷され、そこに特徴や仕様が読みやすく記されていれば、わざわざ実物を見るまでもない。だが、中身を想像するしかないようなパッケージだと、箱を開けてヘッドフォンを取りだし、自分の目でたしかめたほうが手っ取り早いということになる。破れた箱に入った商品など誰も欲しくはないだろう。

だが、パッケージを使ってじかにさわられるのを徹底的に防ぐ必要はかならずしもないのだ。おもちゃのメーカーは、大人たちが購入前にそれを動かして試したいと考えていることに気づいた。これはおそらくおもちゃの宣伝に誇張が多く、子供たちがまんまとそれにのせられて、安っぽいプラスチックの飛行機がミニチュアの爆撃機のように台所を飛びながら攻撃すると思いこんでしまうからだろう。いずれにせよ、いまでは箱やフィルムを傷めずになかのおもちゃが試せるようなパッケージが主流になりつつある。ボタンを押したり、紐を引いたりすると、クッキーモンスターが箱のなかで歌いだすのだ。おかげで、自分の買おうとしているおもちゃがどんなものかがしごくわかりやすくなり、ここでも買い物客の安心感が売上の増加につながった。最近、これまでに類がないほど画期的なおもちゃのパッケージに出会った。それはサドル、ペダル、ハンドル、タイヤが露出した三輪車のパッケージで、箱をつけたまま子供が試乗できるようになっていたのである。これがすべての商品に適用されれば、ショッピングはいまよりもずっと楽しめる機会になりそうだ。

商品にさわらせない理由がセキュリティがらみの場合もある。ＭＰ３プレーヤーはそんな商品の一つだ。若者に受ける高価な商品はしょっちゅう万引きされるからだろう。こうした商品は鍵のついたショーケースに入れておけば十分なのだが、実際には大ぶりの透明なプラスチック製の容器におさめられ、購入するにあたって試聴できないようになっている。いくつかの機種をくらべることさえできれば、高価な機種にグレードアップする人もいるはずだ。アップルストアが繁盛している様子を見てほしい。店頭では、ｉＰｏｄやｉＰｈｏｎｅといった流行の機器を試すことも、いじってみることもできるのだ。

イミテーションのジュエリーも同じような過ちをおかしやすい製品だ。せいぜい二、三〇ドルのアクセサリーが施錠したショーケースに入っているため、首や腕につけるとどう見えるか、それがどんな感触なのかをチェックできないのである。店内を見渡せば、ほぼ同額かもっと高価な商品がむきだしのまま並んでいる。またしても意味のない対策だ。コンピュータ化の進むアメリカで急成長したプリンタ用インクジェット・カートリッジ市場にも同じミスが見られる。つい最近まで、事務用品の量販店（ステープルズ、オフィスマックス、オフィス・デポなど）のほぼすべてで、このカートリッジは小型で高価なため、鍵つきのショーケースに入れて陳列されていた。しかし、すでに見たとおり、多くの買い物客が鍵を持った店員を探しながらむなしく通路をさまよっていることを考えると、厳重なセキュリティがかえって災いしているのではないかと首をかしげたくなる。プリンタ用インクジェット・カートリッジは事務用品店の利益の大半を占めている。この一〇年、大手チェーン店のほとんどは店舗を改装し、インクジェット・カートリッジ売場の周辺を作り変えた。

衣料品店は、商品に指一本触れさせないような陳列のしかたに落とし穴があることを学んだ。マンハッタンのマディソン・アベニュー沿いの高級ブティック、アルマーニの例を思い出してみよう。

買い物客は何にさわったのかわからない手でイタリア製の高級服をまるで自分のもので

あるかのようにさわりまくっている。自分のスーツに何人もの人が手を通していると知ったら、心穏やかではいられないはずだ。なかにはこんな解決策もある。スーツが色違いで何色かある場合、暗い色のものを手の届きやすい場所に置き、ベージュやライトグレーやオフホワイトをよく見えるが手の届かない、高い場所に置く。テーブルに陳列されたセーターが色違いで何色かあれば、上に乗った商品がもみくちゃにされることを考えて、かならず明るい色が下、暗い色が上になっているようだが、はたしてそうだろうか。

買い物客に比較検討する機会を与える

客ができるだけ商品を買いやすいように心を砕くのは、主としてそれを売りたいからだが、同時に在庫を処分するためでもある。商品をくらべる基準がわからないと、客は一般に安いほうを買おうとする。だが、店がほんの少しでも知識を与えるようにすれば、一部の買い物客は必要以上の金額を支払うようになる。三つのブランド、三つの選択肢があり、それぞれをくらべる機会があれば、客は少なくともよりよいものを選ぼうとするはずだ。

●マットレス販売店の事例

この問題はすでに取り上げたどの商品、たとえば男性の下着、コーヒー、ステレオのへッドフォン、セーター、スキンクリームなどにも当てはまる。

マットレス販売店も同じで、たいていはむきだしのベッドが店内にずらりと並び、客がすみずみまでチェックしてくれるのを待ちかまえている。マットレスの値段は千差万別だが、一五〇〇ドルのマットレスでも四〇〇〇ドルのマットレスでも、在庫管理には同じ費用がかかる。五人に一人の割合で客をつかまえて最初は安いマットレスを試してもらい、徐々にグレードアップさせていければ上出来だ。

グレードアップさせるには商品を試してもらうのが唯一の方法だ。ベッドはずらりと並んでいつでも横になれるようになっている。ここまではよいが、気兼ねせずに試せることが肝心だ。赤の他人を前にして公共の場所を利用することには多少のためらいがある。間近でおおいかぶさるようにして立っている販売員の前で横になるのはなんとか避けたいとさえ思うだろう（逆に販売員のほうは、客のすぐ脇に立って「いますぐにこのマットレスを買え！」というテレパシーを送りつづけないかぎり何も買ってもらえないのではないかと、気が気ではない）。横たわったマットレスはわざわざ店の正面に据えられ、前面のウィンドウからは背骨のかたちまで丸見えだし、ワンピースやスカートを身につけた女性は徹底的にはじらいの感情を試されることになる。いったいこの悪夢はどこまでエスカレートするのだろうか。そもそも、シーツのないベッドでは家にもちかえったときの感触がわからないし、枕がなければ寝心地すらわからない。

品質のいいマットレスを人目につかない場所に置いたり、部分的に目隠しするなどして試着室のようにすれば、あるいはマットレスをグレードアップさせやすくなるかもしれない。試した結果がものをいうのは、四〇〇〇ドルのマットレスよりも、むしろ四〇ドルのジーンズのほうだ。われわれはマットレス販売店を調査し、マットレスを試すときに洗いたてのカバーがついたさまざまな厚さや硬さの枕を置くようにできるかどうか聞いてみた。

これにたいして、店長からは「当店では枕を扱いませんので」というそっけない答えが返ってきた。枕のほうがずっと値段あたりの利ざやが大きいことや、ただでさえ面白みのないマットレスに関連商品ができることなどまったく眼中にないようだ。

●電話機販売店の事例

ＡＴ＆Ｔも主力商品の販売ばかりに力を入れ、あとからとってつけたようにソフトトーク電話ホルダーなどというわけのわからない小物を売りだした。このホルダーは柔らかいプラスチック製の受け台で、首と肩のあいだに受話器をはさみやすくするためのものだった。これまで見たこともないようなかたちだったが、実際に使ってみるとじつに画期的だし、便利なのである。ところが、見かけがあまりぱっとせず、ディスプレイされてもいないので試すことができず、しかも販売員も信じられないほど売りこみに無関心だ。わずか五ドル程度の商品ではあるが、付属品の例にもれず売上マージンは腹が立つほど高く、収益性は店内随一の商品である。お客の三人に一人がこれを買えば、店の賃貸料の一カ月分は稼げる計算だ。

もう一つのいい例は、ワイヤレスサービスだ。客は電話本体の価格と、受けるサービスにかかる費用をネットで比べてみることができる。競争が激しい業界なのでマージンは低く、着信音やキャリングケースなどの付属品を売って利益を上げるしかない。たとえば、ベスト・バイはリズ・クレイボーンと提携して、携帯電話とパソコンケースを開発した。そして、ある店舗のオープニングで、ファッションショーをひらき、電話、コンピュータ、デジタルカメラ用のキャリングケースをお披露目したのだが、そのどれ一つとして手ごろな価格ではなかった。アイデアはすばらしい。だが、高価なパソコンケースを売り込みたかったのなら、ショーでは鏡も置いておく必要があったことに気がつくくらい、気が利けばよかったのだが。日本では、携帯電話やiＰｏｄにタトゥーを入れることができる。まず、パネルを選ぶ。それから約四〇ドルかかるが、それに丁寧にステッカーを貼ってもらうことができる。加えて、予備のバッテリー、車内用の充電器、ハンズフリーセット。このお買い上げで、収益はぐんと大きくなる。

「商品をさわって！」

感覚や手触りがものをいう買い物にまつわるきわめつきの問題点はこうだ。妙な話だが、買い物では商品に「さわってもかまわない」ことを相手に伝えなければならない。ホールマークの調査では、クリスマス用オーナメントの売場の最前列が芸術的にデザインされ、商品があまりにも美しくレイアウトされていたため、そこから商品を取ってよいのか、それともたんなるディスプレイにすぎないのか、判断がつきかねたという結果がでた。書店も同様で、台の上のディスプレイに少々凝りすぎるとやはり買い物客の手がでなくなる。モノを美しく見せることがいかに大変かを知っているからこそ、それを台なしにするのは気が引けるのだ。アインシュタイン・ベーグルがよりによってユタ州に試験的なレストランを出店したときも同じだ。ベーグル文化がさほど浸透していない地域でベーグルの新たな販売法を試みるとは突飛な思いつきだが、もしそこで成功すれば、ほかのどこへ行っても成功するにちがいない。この店では壁ぎわのラックにさまざまな味のベーグルをつめた袋を置いて、会計に並ぶ客が急にそれを欲しくなったときに手が伸ばせるようにした。問題は、ベーグルがあまりに整然と一糸乱れずに並んでいたため、買い物客がそこから取ってよいのかどうかわからなかったことだ。そこで店員がこまめにラックを見まわり、そこからベーグルの袋をいくつか引き抜いてそれとわかるような隙間をつくっておくことにした。そうしてからやっと買い物客が手を伸ばすようになった（ユタ州の人びとはとても礼儀正しいのだ）。実を言えば、店員が袋を取ってそれを開け、並んで待っている人びとに試食してもらうという全面的な感覚作戦に訴えて全粒粉のハラペーニョ・チェダー味のベーグルの味を地域の人びとに売りこんだのだ。まるで嘘のような話だが、一度試してみれば、笑っていられなくなるはずだ。

13　三つの要素

いいことを考えた。経費を切りつめよう！　あるチェーンストアで、マーチャンダイジングと商品ディスプレイを手がけることになった。思いきって値の張る木製の棚を取り払い、もっと安いワイヤー製の棚一式を導入しよう。コストの差額は、そのまま純益として計上される。さあ、実行だ。完了。さて、結果は？

あれ？　ややっ。こりゃひどい。参った。ワイヤーの棚はこのうえなく美しく、機能的に思えた。実際に商品を並べてみるまでは。このとき（あるいはその数分後と言うべきだろうか）、ワイヤーの棚の大きな欠点が明らかになった。客が手を触れるたびに倒れそうになるのだ。実を言えば、誰もさわっていないのにそうなることもある。あのいまいましい箱ども、たがいに押しあいへしあいしているというのか。並んでいるワイヤーの棚を一歩引いたところから眺めると、商品が四、五個おきにかしいでいて、なんともひどいありさまなのは、私もいのいちばんに認めるところだから、誰かにきちんと直させる必要がある。男の従業員たちが、まぬけなチンパンジーよろしく金切り声をあげている。いまでは、箱を並べなおす係を時給八ドルで雇い入れている始末だ。忙しい土曜日の夜、客の列が長くなるのを尻目に、一店あたりの業務の無駄について、われわれは一時間以上も話しあう。店舗はいくつ、勤務時間はどれほど、それでいくらの節約になるのか。やれやれだ。

しかもこれは、かりに考えだしたシナリオではない。わがエンバイロセル社が記録したリサーチ資料のファイルに載っている例で、一字一句そのままである。この実例によって、買い物におけるもっとも大事な原則の一つがよくわかる。つまり、**店には三つの要素があるということだ。つまり、設計（店舗の）、品揃え（仕入れる商品がなんであれ）、運営（従業員の業務がなんであれ）**。

これらの三大要素は、一見まったくつながりがないように思えるが、実はたがいにがっちりとからみあい、関連しあい、依存しあっていて、このなかの一つについてなんらかの決断がなされると、同様に他の二つにも決断がなされたことになるほどだ。先のような失敗は、発生する危険がつねにある。ディスプレイのデザイナーは、担当した店舗に出向いて自分の作品が実際に機能しているかどうかを見たりはしない。つまり、現実の世の中で何が起こっているのか、しっかり把握していないわけだ。

だが、もっと重要な教訓がある。この三大要素のうち一つを強めると、他の二つにかかるプレッシャーが軽くなるのである。逆に、一つを弱めると他の二つに余計な負荷がかかる。これは、良し悪しの問題ではない。とにかく、そうなるということだ。ショッピングの世界を支配しているのは幾何学の原理なのだ。

三大要素の相互関係

●衣料品店

例をあげてみよう。GAPが売りものにしているのは、客が売場の商品をなんでも手に取り、なでまわし、広げて、仔細に間近で検討してもいいということだ。販売員が商品を絶えず並べなおす手間は増えたが、あえて下したこの決断のおかげで、セーターやシャツが飛ぶように売れている。この販売方針に合わせて、ディスプレイが決まってくる（棚よりも買い物の楽な、面積の広い平棚が導入される）。それから、従業員が立つ位置と動きも。客がしょっちゅう手を触れるというのは、誰かがつねにセーターやシャツをたたみなおし、きちんとまっすぐに並べなおさなければならないことを意味する。言い換えれば、カウンターのうしろに立ってレジを打つ店員よりも、売場を歩きまわる店員がたくさん必要になるのだ。経費はかかるが、GAPにとっては堅実な投資、つまり商売上のコストである。ここで重要なのは、これが意図的な決断だということだ。

●化粧品を扱う店舗

そういう決断を下しても、ときには実際に即した結果につながらないこともある。レブロンの製品は、量販店、化粧品専門店、ドラッグストアなどさまざまな種類の店に置かれているはずである。後者はたいてい通路が狭く、商品があふれかえっている。そういう設計上の現実のために、客に嫌われるお尻がぶつかりあう状態――女性は買い物しているうしろから押されるのを嫌がる――がどうしても出現してしまう。ドラッグストアで売られるレブロン製品は、女性客がすぐさまブランド名に目をとめ、欲しいアイテムを見つけてできるだけすばやく立ち去れるよう、置き場がわかりやすくて間違いなしによく目立つ必要がある。店頭の看板やディスプレイがあいまいでわかりにくいと、女性客同士がお尻をぶつけあって通路から押しだされ、一個の商品も選びだせなくなるだろう。こういうことはしょっちゅう起こる。というのも、商品のパッケージや販促用品のデザイナーは、近所の店に出向いて自分の作品をじっくりと見はしないからだ。たとえば、大学出の買い物客はパッケージに印刷された文字をきちんと読む傾向がある。何を買うかを決める前に、情報を仕入れたがるのだ。だから、たとえばハーブ薬を売る会社は、パッケージ・デザイナーに言ってボトルに多くの文字を入れさせる。デザイナーは注文にしたがう。だが、小さい活字は年配の買い物客には読みづらい。ところが、ビタミン剤、ハーブ薬などサプリメント食品の主な購買客は彼らなのだ。そういった商品はドラッグストアでよく売れるが、ドラッグストアは概して通路が狭いので、客はパッケージの文字をおちおち読んでいられない。よい決断（パッケージに文字情報を多く入れる）を下しても、芳しくない結果（誰もそれをじっくり読めない）になることもあるという好例である。

先の先を読む

ここで問題になるのは、決断を下すときにはかならず、結果としてどういう事態が考えられるかと、先の先までよく読んでおくべきだということだ。だが、現実には、そういうことがなかなか実行されない。二、三人が走りまわってあらゆる決断を下さなければならないような小企業なら、まずそんなことはしないだろう。また、大企業でも行なわれないはずである。われわれが調査結果を報告するためにどこかの企業の会議室におもむくと、しばしば店舗の設計、品揃え、運営をそれぞれ担当する役員たちも同席することがある。そのとき、彼らがおたがいのことをほとんど知らないと、はっきり見てとれる場合がある。極端な例になると、これらの部署がそれぞれ別の都市に拠点をおいていたりする。疑心、敵意、縄張り意識があからさまに見てとれることもある。管理職は他の管理職が何をしているかを知らないし、知りたいとも思わない。そして、近視眼的な決断が数多く下されることになるのだ。

●百貨店の事例

そのいい例がある。ある大きな有名百貨店で、婦人靴売場の主任が商品の陳列スペースをもっと広くしたいと考えて、その分レジ周辺を狭くすることにした。その結果、それまでカウンターの上で袋づめしていた販売員は、袋を床に置き、かがんで靴を差し入れなければならなくなった。そのため手順に余計な動作が加わり、レジを打つのが以前よりも面倒になった。販売員たち自身、ほとんどが凝ったデザインの美しい靴をはいていたのだ。一日が終わるころ、女性の販売員たちはみじめに疲れきっていた。そして見るからに恨しげなようすだった。

調査の一環として、われわれはビデオカメラをレジに向けて設置した。テープをオフィスにもち帰り、映像を見ながらストップウォッチで一連の処理にかかる時間を、時間帯ごとに比較してみた。午後四時三〇分、一人の客をさばくのにかかった時間は午前一一時の約二倍だった。また、狭くなったカウンターの上がなんとなく散らかり、そのせいで以前のようなてきぱきした動きが失われていた。

全体の結論としては、品揃えを少し改善しようとすると売場の設計を変更しなければならず、それによって販売活動がいちじるしく阻害される。もう少し多くの靴（一二足ほどだろうか）を売場に並べたいがために、レジの処理時間が長くなり、客の忍耐力が低下し、従業員の活力も意欲も減退するのである。靴が売れるのは、ディスプレイよりも従業員の労力によるところが大きいことを考えれば、この決断は非常によくなかった。

すべての責任は、一つを変えればすべてが変わるという事実を当然知っていていいはずの誰かが、それを忘れていたことにある。

●ビデオ店の事例

もう一つの例をあげると、ビデオを扱うチェーン店で、店の外観にまつわる興味深い決断が下された。色調は、深みのあるワインレッドを基本とする。そして照明は、かつての映画館のエントランスのひさしのように、白色電球をずらりと並べるというのだ。図面の段階ではすばらしいものと思えたのかもしれないが、やがて現実の壁にぶちあたることになった。ワインレッドにしたことでしょっちゅう擦り傷や、へこみ、欠け、くぼみが目立つようになった。ほどなく店がみすぼらしく見えはじめ、塗装工は建物の塗りなおしに莫大な時間を費やすはめになった。これは、おおむね深く濃い色の塗装をほどこした場合には、避けられない運命である。つまり、ありとあらゆる傷がはっきりと目についてしまうのだ。それに、壁やディスプレイの棚が濃い色だと、オフホワイトの場合よりも多くの照明が必要になる。電気代だけを考えてもかなりの出費だが、さらに、電球はやがて切れるという事実がある。つまり、すぐに取り替えないと、まるで昔のタイムズ・スクエアのごとき風情になってしまうのだ。結局、設計で失敗した結果、このチェーン店では間接費や維持費が増え、利益を直撃した。

労働力削減がもたらす危険性

小売業における三大要素の相互関係は、たいへんな緊張にさらされている。その大きな理由の一つに、たいていのアメリカ企業はつねに労働力の節約に目を向けているということがある。経営者側からすれば、これは人員削減にあたる。一方、買い物客から見れば、サービスの質の低下ということになる。小売店ではサービスの質を落とさずに労働力を削減しようとするが、そんなことはたいてい不可能である。昔どおりに店員が適度に配置されていて、従業員はこの先もずっと働き、それぞれの持ち場について学ぶよう奨励されている店なら、設計や品揃えで凝ったことをする必要はなく、シンプルにしていればいい。店員がつねに待機していて何がどこにあるかをすべて教えてくれれば、店内は商品でごったがえしていてもかまわないのだ。

現在の小売業者は従業員を過小評価して賃金を低くおさえようとしているが、実はその逆こそ正しい。設計と品揃えに重点をおくと、それに見合った成果があがることはあっても、いつもそうなるわけではない。たとえば、小売業者は従業員の数を減らすかわりに、コンピュータ内蔵の装置を導入したり、案内ブースを設けたりして客の問いあわせに対応しようとする。問題は、そういった装置の多くは使いにくいということだ。操作がややこしいうえ、質問にたいする答えが不適切だったり、動作があまりにも遅く、フリーズしたのではと思えるほどだったりする。そんなときに、買い物客はどうするだろう。あきらめてぶつぶつ文句をいいながら店をでる客を、われわれは何度も目にしてきた。店員をつかまえ、装置の使い方を説明してもらう人びともいた。労働力削減の強い味方となるはずだったものなのに。

われわれが調査したある百貨店では、苦肉の策として商品の在庫を過剰にした。販売員が余裕をもって扱えないほど大量の衣料品を棚にぎっしりと詰めこんだのである。買い物客のなかには、商品をうず高い山のなかからわざわざ引っ張りだそうとしない人もいた。そうするのは、かなりの苦労をともなうことなのだ。苦心してやっとハンガーを取りだしても、かならず隣接した服を引っ掛けてしまい、床に落としてしまう。それを拾い上げ、埃を払って掛けなおすのは誰の仕事だろうか。過剰在庫で節約したはずの時間は、メンテナンスに費やされてしまうのだ。下着売場をのぞいてほしい。床に落ちている下着を買いたいなどと思えるだろうか。

とはいえ、設計や品揃えによってある種の労働力を節約することはできる。

アメリカ郵政公社は、いくつもの郵便局で実験的なサービスを実施している。そういう「局」の一つでは、切手や封筒の自動販売機があって、自分で郵便物の重さを計り、料金分の切手を貼ることができるセルフサービスのカウンターが、局員の常駐している従来のカウンターよりも奥に設置された。もう一つの郵便局では、セルフサービス・カウンターが入口の近くに設置され、局員のいるカウンターのほうが奥になった。前者の場合、セルフサービスを利用する客の割合がかなり低かった。局員に対応してもらうことに慣れている人びとはすぐ列に並んでしまい、奥にある機械には目もくれなかったのだ。後者では、セルフサービスを利用する客の割合がかなり高くなった。客が窓口に並ぶつもりで入ってくると、自分でさっさと郵便物の処理をしている人の姿が目に入るというわけだ。

もう一つ、ある大型ドラッグストア・チェーンの例を紹介しよう。ドラッグストアはこの二〇年でがらりと様相を変えたが、一つだけ変わっていないところがある。それは、通路ごとにずらりと並んだ棚に小さな瓶、壺、箱の数々を補充してきれいに並べておかなければならない従業員の苦労である。客が何かを手に取ってラベルの文字を読むたびに、その商品をまっすぐにしたり、正面が見えるよう向きを変えたりする必要が生じるのだ。これはかなりの労働である。それほど遠くない以前、ウォルマートはある実験を試みた。従来の棚をやめ、そのかわりに蓋のついた箱型容器を導入したのだ。たとえば、商品名を見せて棚に並べる。アスピリンの瓶ではなく、買い物客はアスピリンのラベルを拡大したポップを目にすることになった。ポップの下には箱型容器が置かれ、そのなかにアスピリンの瓶が山と積まれたのである。

効果は絶大だった。まず、補充の問題が解決した。店員は商品を積んだワゴンを押して通路を歩き、容器の蓋を上げて商品をどさっと入れ、そのまま立ち去ればよかった。もうまっすぐに並べなおす必要はなくなったのだ。また、買い物客も喜んだ。小さい文字の書かれた瓶の列を眺めるかわりに、大きく引き伸ばされた読みやすいラベルを見ることができる。おわかりのように、とくにドラッグストアに多大な影響力を持つ年配の客にはずっと見やすくなった。この変更でウォルマートがもっとも心配したのは、棚とくらべて箱型容器が安っぽく見え、質が落ちたと思われるのでは、ということだった。だが、実際は逆だった。インタビューに答えた客は、箱型容器を以前とくらべて質の高い陳列法だとほめそやした。実にエレガントな解決法である。次の問題は、その陳列法の費用を負担するのは誰かということだった――ドラッグストアか、それともメーカーか？　激しい押しつけあいの結果、このシステムは導入されなかった。その調査の二年後、実によく似た陳列法がフランスのハイパーマーケットチェーンであるオーシャンで使われていた。いかにも大成功だったと言っておこう。

14　買い物客の評価の物差し——待ち時間

店のなかでは、人生と同様よいときと悪いときがある。よいとき、つまり客が買っているときには、大きく胸を張りたくなる。悪いときには、背中を丸めてちぢこまりたい気分になる。

悪いときというのは、客が待たされているときだ。客は見るからにむっとしているが、理性をはたらかせて仕方なく待つ。しばらくのあいだは。だが、ある程度の時間を過ぎるとトラブルが起こる。

われわれが調査に調査を重ねた結果、買い物客がサービス面について評価を下す材料はただ一つ、待ち時間である。待っている時間がそれほど長くなければ、客はよい扱いを受けた気分になる。あまり長く待たされると、サービスが不十分で、手ぎわが悪いという印象をもつ。簡単にいえば、ショッピングという行為自体、待ち時間が短ければ価値が上がり、長ければだいなしになるのだ。

だが、待ち時間を「ちぢめる」ことはできる。客が待っていると感じる時間を変化させるのだ。そうすれば、悪いときをよいときにすることさえできる。

待ち時間短縮法

まず、時間と知覚の問題について一言。あなたがしている腕時計はおそらく正確に時を刻んでいるだろうが、それよりも重要な時計はあなたの頭のなかにある。頭のなかの時計は外部の要素に影響されやすいが、ロレックスなどよりもずっと大事なものである。われわれはこの点について多くの買い物客にインタビューし、面白い結果を得た。待たされた時間が一分三〇秒までなら、その人の時間の感覚はかなり正確である。だが、九〇秒を過ぎるとその感覚がゆがんでくる。どれくらい待ちましたかと質問されたときの答えが、ひどく大げさになる場合が多いのだ。二分待たされれば、三分あるいは四分という答えになる。客の頭のなかで、もっと大切な仕事（商品購入）への移行期だった待ち時間が、それ自体独立した活動に変貌してしまうのだ。すると、悪いときが訪れる。時間とは、ショッピングの世界に君臨する残酷な支配者である。客の処理に二分かかれば勝者に、三分なら敗者になってしまうのだ。

ドライブスルー方式の商店（あるいは銀行やレストラン）の魅力は、もちろんその利便性、効率性である。わざわざ駐車場を探して車を停め、車の外にでて店に入り、それからその逆の道筋をたどらなくてもいいのだ（われわれのお気に入りのビデオに、カリフォルニア州ホイッティアのある銀行のドライブスルーを撮影したものがある。行内で待ちくたびれた一人の男性が、車の列に徒歩で加わったのだ）。ともあれ、ドライブスルーでは列がなかなか短くならなくても、ヒーターやエアコンを装備した自分の車のなかで快適なシートに身を沈め、ＣＤの音楽に耳を傾ける快適さによって、体感する待ち時間がちぢまるのは間違いないだろう。

こういった待ち時間の問題は、レジの周辺だけに集中して発生する。つまり、買ったものの代金を支払ったり、窓口の係と話したり、食事を注文したりするために客が列をつくったときのことだ。そして、その同じ場所に待ち時間をちぢめる仕掛けをすることもできる。たとえば、こうするのだ。

●人あるいはその他との交流

従業員が対応を開始したあとの待ち時間は、それ以前の待ち時間よりも短く感じることが、われわれの調査で判明している。単純に、待っていることを従業員に気づいてもらえれば、そして場合によってはなんとか言いつくろってもらえれば、時間にまつわる不安はおのずと解消する。待ちはじめてすぐのころなら、なおさらだ。

かつて私が訪れたある大手ドラッグストア・チェーンでのことだが、そこの店長は客の相手をするのがいかにも好きらしかった。レジの前の列が少し長くなると、彼はオフィスをあとにして客の前にでていき、レジの補助をしながら一人漫才のようなことをしはじめた。彼の出現によってレジ係の動きが少し速まったし、見ている人びとは楽しむことができた。

忙しい時間帯のためにレジ係を三人雇うか、レジ係を二人とライン・マネジャー（客の列を扱う係）を一人雇うかの選択をせまられたとしたら、私なら後者を選ぶ。ライン・マネジャーは前もってレジ係の仕事を助ける。注文の決まった客を親切に誘導したり、客の質問に答えてやったりして、客の体感時間も、実際の時間も短縮させるのである。またこのことは、客がもっと効率よく買い物をするためのトレーニングになる可能性もあるのだ。

これと関連したことだが、もう一つの時間短縮法として、客にこう伝えるということがある。待ち時間は運命や偶然に左右されるもので、かぎりなくつづくわけではなく、いずれ終わるし、きちんと管理されている、と。

一部の銀行はこのやりかたを取り入れ、窓口に呼びだされるまでの待ち時間を電子掲示板で表示している。表示時間はかならずしも正確ではないが、それでかまわない。あと二分だけ我慢すればいいと知らされるだけで、実際に待つ四分がよりすみやかに過ぎ去るのだ。先日のことだが、私はあるコンピュータメーカーのテレホンセンターに電話をかけた。するとテープの音声が、係員が電話口にでるまで「およそ一分から五分」かかると告げた。よく考えれば、これでは幅が大きすぎるが、このメーカーは危険をおかすことなく、私の時間にまつわる不安をやわらげた。うまいやりかたである。

●行列が整然としていること

ヨーロッパ人は大勢の人間がひしめいている乱雑な長い列に並ぶのをいとわないようだが、アメリカ人は、きちんと一列になって整然とした美しい行列に並びたがる。どこに並べばいいのか悩むのはいらだちのもとだ。混沌に身をまかせれば不安が生じる。先着順に対応してもらえることが確認できれば、客は安心し、待ち時間も短く感じるはずだ。これこそ時間短縮の秘訣である。不確実性を取り除けば、体感時間を短くすることができるのだ。

レジ前にできる列の秩序の問題は、買い物の世界ではきわめて厄介なものの一つである。言うまでもなく、もっともすみやかで美しいやりかたは、レジにやってくる客を一本の列に並ばせることだ。これなら客は間違いなく先着順に対応してもらえるし、別の列のほうが速かったのではないかと気をもむこともない。

ただし、一つだけ問題がある。その一本の列が、ひどく長くなる場合があることだ。急いでいる客にとって、その光景は不安の種になる。どういうわけか、一五人が一列に並んでいるよりも五人ずつ三列のほうがましだと思えるのである。不合理なようだが、これは本当で、体感時間と実時間のあいだのちがいはそういった部分にあるのだ。

これと同じくらい重要なことは、入口近くにレジがあり、その前に一本の長い列ができていると、入ってくるお客を追い払ってしまうことだ。調査をしていてよく見かけたのは、店に入ってきた（あるいは窓からちょっとのぞいてみた）客が、レジ前の長い列を目にすると、店全体が混み合っていると思いこみ、まわれ右して出て行ってしまう姿だった。並んでいる客の向こう側には誰もいないかもしれないのに。だが、それを最初からわかっている人はいなかろう？　（他でも書いたが、外から見える位置にレジを置かないほうがいい理由はこれだ。）

アメリカの二大小売業者は列の並び方を変えて、効率よく処理できるようにし、客の買う気を削がないようなものにしようと試みた。二大小売業者とは、家電販売のベスト・バイと、食品チェーンのホールフーズだ。ベスト・バイは、客を迷路に案内するというシステムにした。そこの壁は高さがあるので、自分の前には何人の客が並んでいるのか、まったくわからない。また、壁には電池や手ごろな値段のビデオゲーム、事務用品、コンピュータ用品などが並べられている。これは非常にうまいやり方である。ホールフーズも新しい並び方を実践している。何本かの短い列を作るように並んでもらうのだ。列の頭上にはテレビが備えつけられていて、先頭に並んでいる客が向かうべき会計／包装の番号が映し出されるというわけだ。このシステムの優れているところは、いらいらした客が作る長蛇の列を解消できる点にある。また、システムが全てを管理していることも明らかだ。つまり、店全体に気配りがなされている、目も行き届いていると思えば、客の不安はおさまるのである。これはすばらしいやり方だろうか？　必ずしもそうではないのだが、これも一つのやり方ではある。それに、これまでの混乱が大幅に改善したのはたしかだ。

●話し相手

話し相手がいれば待ち時間が短く感じられるのは、当たり前の話である。それについて店のほうでできることはあまりないが、従業員との接触をもっとも必要とするのは一人できている客だということは心得ておくべきだろう。

●気晴らし

これは、ほぼなんでもいいだろう。

われわれが調査したある銀行では、列に並んだ顧客を楽しませるために、テレビでメロドラマを見せていた。これはよいアイデアとは言えなかった。メロドラマなんて三〇分をそっくり見つづけないと面白くないものだ。もっともよい気晴らしを用意していたのが、カリフォルニア州のある銀行だ。顧客のほとんどが引退した年配者になる午後の時間、古い短編コメディ映画『キーストン・コップス』シリーズを、大画面のテレビでずっと流していたのだ。このごろでは誰もがビデオデッキの導入を考えるが、ローテクの娯楽にも同様に効果のあがるものがある。

食料品店の多くは試食品を提供しているが、これが新製品の宣伝になるばかりでなく、客のいい暇つぶしにもなるのである。レジに並ぶ人の手の届く位置に棚を据え、つい衝動買いしたくなるような商品を並べることは、マーチャンダイジングの戦略としても賢い方法だが、待ち時間を短く感じさせるためにも効果的だ。留意すべき点としては、列の先頭の客はあまり気晴らしを必要としないことだ。ネクスト・バッターズ・サークルに立って、相手バッテリーのウォーミングアップが完了するのを待っているのだから。販促の看板や店頭の表示、商品の陳列棚などは、列の二人目、三人目に向けてあればいい。

スーパーマーケットではレジの前に安っぽいタブロイド紙のスタンドが置いてあるが、これは退屈をまぎらわせるのにもってこいだ。ジェリー・スプリンガーの番組など見なくても、くだらないゴシップをたっぷり吸収することができる。

もう一つ、店内によく見かける気晴らしがある。信じられないかもしれないが、それは店頭の表示である。文字を読んでいると待ち時間が短く感じられることは、われわれの調査ですでに明らかだ。事実、賢い小売業者は待ち時間を目に見えない財産だと考える。客がある一カ所に立って一定の方向を向き、手持ちぶさたにしているのだから、これを利用しない手はないだろう。この場所で、悪い時間をよい時間に変えることができる。つまり、待つことはいわば必要悪だが、それを利用して客にメッセージを送れるし、同時に客の体感時間を短縮することもできるのだ。

レジ以外の場所でも、待ち時間は今日の店舗がかかえている問題である。たいていの小売業者は労働力の面で経費削減をはかるが、これはつまるところ買い物客がわからないことをたずねようとして店員をつかまえようとすれば、ひどく時間がかかるということだ。そんな待ち時間は、店にとってとりわけ致命的である。われわれは、店員を探して店内をうろうろする買い物客を数多く見てきた。空しく一、二分ほど歩きまわると、憤慨した客はむかっ腹をたてて耳から蒸気を噴きださんばかりになる。とくに男性客はこういう状況に弱い。ただちに答えが得られなければ、あきらめて家に帰ってしまう（あるいは、他店へ行ってしまう）。われわれが調査したある百貨店では、ちょうど店員の配置を変えたばかりだった。それぞれの売場にレジ係をばらばらに置くのをやめ、レジのコーナーを一カ所に統合してフロアの前面に設けたのである（当然ながら、係員は少なくした）。その結果、レジに並ぶ客の待ち時間が前よりもずっと長くなった。さらに、売場で店員を見つけるのがにわかに難しくなった。そのうえ、フロアの前面の入口付近でいらいらしながら順番を待つ人びとの列がふくれあがり、外から入ってくる客に店が非常に混みあっている印象を与えるようになったのだ。結論としては、少々の人件費を削ったがために次々と新たな不都合が生じ、多くの不都合が生じ、なんとか手を打たなければならないはめにおちいったのである。

今日の小売業界では、こういった状況がしょっちゅう生まれている。労働力の節約が客のいらだちを解消するための出費に化けるのはいったいどういうわけだろう。とくに銀行はこのパターンにおちいりやすい。銀行は、窓口係として最低賃金でパートタイマーを雇う傾向があり、したがって従業員に数学的な処理を教えたり、接客法を訓練したりすることがない。その結果、待ち時間が長くなる。やがて、顧客の不安感が銀行に損失をもたらすのである。

われわれが調査した二つの店舗——銀行と電子機器店——では、主にセキュリティの関係でATMやレジの機械を一つだけにしていた。銀行のほうでは、係員は簡単な問題を処理するときでさえ窓口とATMのあいだの距離を往復しなければならなかった。電子機器店では、店員同士がわれ先にレジにたどりつこうとして押しあいへしあいする光景が客の目の前で繰り広げられた。どちらの状況も客の信用を得るという点ではまったくプラスにならず、客の待ち時間によってもたらされた結果はまさに想像したとおりのものだった。

●万引き対策

われわれの調査のなかで、多くの店が時間をかけて万引き対策を講じていた。だが、結局は販売不振におちいってしまったことがはっきりと見てとれた。どのケースにおいても、狙われる商品はサイズが小さくて値段の高いものだった。一件はブランドものの香水、もう一件はコンピュータ用プリンタのインクジェット・カートリッジ、あと一件はビデオゲームのプレーヤー。これら三件の店は商品を施錠できるガラスケースに陳列することにし、買い物客は欲しいものを選ぶのに手を触れたり近くでじっくり見たりすることができなくなった。それだけでも、確実に購買意欲がそがれる。そして、商品を選ぶと、客は従業員をつかまえなければならなかった。願わくばこれがケースの鍵の携帯を許可されている店員でありますように、と祈りながら。われわれはこの三つの店のすべてにおいて、客が店員を見つけられずに買い物をあきらめる場面を見かけた。万引きが減った分で売上の低下を補えるだろうか。おそらく、そうはいかないだろう。

シュリンケージ（計上されない商品の問題）が深刻であることは論をまたない。だが、この問題は全店舗で起きるというよりは、特定の店舗に集中する傾向がある。ステープルズのようなチェーン店の場合、シュリンケージが問題になる店舗はほとんどない。これが大きく問題になるような店舗はごくわずかで、多少問題になる店舗がいくつかあって、その他ほとんどの店舗ではまったく問題にならないだろう。シュリンケージには三つある。裏口から持ち出される商品（つまり、盗むのは従業員）。その日の朝、盗みを働くことに決めたプロによって盗まれる商品。最後は、素人による窃盗。勝手に値引き計画を書いてしまうような連中だ。ウォルマートは、シュリンケージ率は一％に満たないとしているが、店の規模を考えれば、ちりも積もれば山になる。

だから、店内のあちらこちらに警備が備えつけられているのだ。一つに、小柄な年配の女性店員を入口に配置して、客に声をかけさせる店がある。他方で、ほかの店舗が取り入れている対策としては、「警備員は六番通路に急行せよ！」というような警告を、店内中に配置した拡声器でがなりたてるというものがある。実際、その店に警備員はいないとしても。シュリンケージが多くずっと続いているような店は、専門家の力を借りる必要があるだろう。

以前、南カロライナにあるドラッグストア・チェーンのために仕事をしたことがある。そのチェーン店は、寛大としか言いようのない返品サービスを行なっていた。つまり、その店では、理由を問わずすべての返品を受けつけ、代金を返却していたのだ。その店舗に出向いたとき、店長は女性用のヘアケア製品コーナーに私を案内した。彼はしゃれたマルチボルテージのドライヤーを指差して、「これはうちの店で一番高い商品です」と言った。「先月はこのドライヤーの返品が四回もありました」。ここでもったいつけるように一呼吸おき、「でも、先月、このドライヤーは一台も売れてないんですよ」。

明らかに、腹黒い人間が同じタイプのドライヤーを何度も何度も盗み、返品しては、現金を手に入れていたにちがいない。残念なことに、この店長は「返品はすべて受けつけます。理由は問いません」という会社方針に手を縛られてしまっていたわけだ。

まったく。

時間に話を戻そう。会社方針に縛られて、この店長は返品報告を書き、返金する必要のない代金を返し、不具合の有無を確認し、在庫に戻す。これが痛ましいのは一つに、このために費やされた時間は明らかに騙し取られたといえるからだ。その返品方針はレジの貴重な時間を無駄にし、信頼を培うことなく、実際には従業員の士気を下げる結果になっている。時間をかけることに価値があるわけではないことを示す一つの例だ。

15　会計／包装にまつわる憂鬱

悲しいかな、ほとんどのショッピングには支払いがつき物だ。

これは必要悪である。おそらく、あるいは将来には存在しなくなっているかもしれない。あらゆる商店はガソリンスタンドのようにセルフサービス制を導入し、銀行と同じように、代金を徴収する自動装置を設置することになるだろう。客が買いたいものをコンピュータ内蔵の機械に入れれば、スキャナーが製品コードを読み取り、合計代金と消費税を加えた金額が表示される。クレジットカードかデビットカードを差しこめば、認証とレシートが発行され、適当なサイズの袋がでてきて、金属的な音声が流れる。「パコの店でお買い上げいただきありがとうございます……ビーッ……サービス券をどうぞ。次回のご来店時に紳士用小物を一〇％値引きいたします……ビーッ……どうぞよい一日を……ビーッ……パコの店で……」

こういった技術の一部はすでに実用化されている。たとえば、宅配便のフェデックスやUPSの配送車のドライバーが使っている携帯用スキャナーだ。いまやスーパーマーケットのなかには、買い物客がデビットカードを読取り機に差しこむ「儀式」に依存しているところも数多い。ヨーロッパのレストランには、伝票のかわりに携帯用スキャナーを食事客に渡すところもある。テーブルでクレジットカードの処理ができるようにとの配慮である。革新的な例は他にもある。スウェーデンのスーパーマーケットチェーン、イーカだ。客は、入口でカートと携帯用スキャナーを受け取る。オリーブオイルやアイスクリームをスキャンして、カートに放り込む。持参したショッピングバッグに入れるのでも構わない。そして、出口でクレジットカードを機械に通し、そこに控えている店員がカートの重量を測って、代金とスキャンした商品の総重量が一致するかどうかを確認する。その後、客は夜道を帰っていく。そのほかのスキャンシステムと比べれば、とてもスマートだ。

小売業者が抱える最大の難問

現実を直視してみよう。二〇世紀のショッピングはすばらしい進歩をとげてますます魅力的になっているし、商才のある人びとによってさまざまなテクニックが考えだされているというのに、客に愛される会計／包装のシステムを考えついた人はまだいないのだ。

小売店はレジまわりを活用し、利益率の高い、衝動買いをうながす商品を陳列する。気晴らしになるものを置いて、金を支払うという権利を行使しようとしてそこに並んでいる現実を、客に忘れさせてしまおうというのだ。これこそ、会計／包装コーナーに関して究極の不満を感じざるをえないところである。理論の上では、客はそこで自分の金を手放すのだから、めくるめく感動を味わえる場所でなければならない。ところが、実際はショッピングのプロセスでもっとも味気ない思いをする場所になっているのだ。

また、ここで大部分の客が不安にかられる。「どこに並べばいいんだ？　時間はどれくらいかかるのだろう？」。店内は設計がゆきとどいていて、使い勝手もいいように思える。だが、会計／包装の段階にいたると幻想はどこかへ消え去り、店というものの本質的な役割、つまり商品を金と交換するマシンであることが表面化する。このマシンの段取りが悪かったり仕組みがお粗末だったりすれば、あるいは係の者が操作の手順をよく知らなかったりすれば、ここですべてが露見してしまうのだ。

会計／包装コーナーをどこに設置するか

すでに述べたとおり、会計／包装コーナーについての最大の難関はどこに設置するかということである。正面の入口付近は妥当な選択だろう。客は入店して売場を歩きまわり、いくつかの商品を選んでから正面に戻り、支払いをすませてでていくのだ。人員配置の面から見ても、これは理にかなっている。小さい店の場合、レジを入口付近に設置すれば、暇な時間帯には従業員が一人いれば大丈夫だ。それ以外の場所だと、従業員を二人にするか、少なくとも店員一人にガードマン一人を配置する必要がある。われわれが調査したある靴店では、心得ちがいな建築業者が会計／包装コーナーを店の奥に設け、レジを壁ぎわに据えつけていた。そのために、レジ係は処理のたびにかならず客のいる店内に背を向けることになった。事実上、盗難の発生をうながすような構造になっていたのだ。

しかし、入店する客の目がまず会計／包装コーナーに行くようでは、これも失敗だ。それは、厨房からレストランに入るようなものである。これでは、店にたいする客の期待をふくらませるわけにいかない。レジ処理がもたついていれば客の列がふくれあがり、入ってくる客の目にはさながら死へのいざないのようにうつるだろう。客が店内をのぞいてレジの前にできた列に気づき、そのまま立ち去ってしまった例は何度も見てきた。会計／包装コーナーとは、まさに苦難の約束された場所なのだ。欲しいものを見つけたとしても、それを手に入れるためには多少の苦しみを味わわなければならない、というわけだ。

会計／包装コーナーの位置を決めるとき、それが店内の他の場所におよぼす影響も考慮しなければならない。新しい店の青写真や完成見取図や縮小模型を眺めたとき、店内はきれいにととのってすっきりと見えるにちがいない。設計者は、好んでそういうつくりかたをする。つまり、人のいる雑然とした状況を考えに入れたがらない。建築物を扱う雑誌でも、店舗はそういう状態——空っぽ——で掲載されるのがつねである。だが、開店すれば客が現われ、レジの前にはすぐに行列ができる。店内はその行列によって分断されることになる。理想に燃える設計者の頭脳が考えもおよばなかった方向に（買い物は妻君まかせなのにちがいない）、会計の順番を待つ客の列がうねうねと伸びていく。そこでやっとわかるのだ。客のつくる壁によって店の半分の見とおしが悪くなり、通り抜けもできなくなることが。並んでいる客がカートを押していれば、まさしく障害物となる。外から入ってくるほとんどの客には列の向こう側が見えず、欲しいものが奥にあれば、売場に気づきもしない可能性さえある。われわれはいくつかの方法で買い物客の行動パターンを測定したが、そのなかに売場の混みぐあい別に測定したデータがある。一定の時間ごとに、フロアじゅうをまわって各売場にいる客の数を数えたのだ。会計／包装コーナーがまずい位置に設置された店では、忙しい時間帯には奥の売場にいる客が少なかった。そして、レジの前にできる列は人間バリケードと化するのである。

皮肉なことに、会計／包装コーナーが混んでいても、売場のほうが混雑しているわけではない。二、三の処理に時間がかかってしまうだけで、客に店が混んでいるという誤った印象を与えてしまうのだ。したがって、店の前面に人が群がっていても、その向こう側へ一歩足を踏み入れれば、そこはもう買い物客のパラダイスである。ただし、そこへ行って楽しもうという客がいるとすればの話だが。

包装／会計コーナーでトラブルになる原因は何だろうか？　主に、レジのシステムが効率的に機能すれば、ショッピングという行為全体にもよい影響があるという事実を小売店がしっかり認識していないことがあげられる。これは、経営者にとって危険なことだ。レジの処理の不手際にじりじりさせられ、この店には二度とくるまいと誓ったことがある人ならわかるはずだ。

小売業者と建築業者は、会計／包装コーナーを設計するとき、買い物客を満足させようなどという了見はもたない。スペースを十分にとらず、面積をできるだけ小さくしようとする。配置する店員の数もたいていは少なすぎる。経営者が会計／包装コーナーをほんのつけたし程度にしか考えていなかったせいで致命的なダメージを受けた店の例を二つ紹介しよう。

●事例1――ホールマーク

まず、グリーティングカードなどギフト用品を売るホールマークである。驚かれるかもしれないが、ここはクリスマスにたいへん繁盛する。売れ筋は、高価な美しいクリスマスツリーと、飾りつけ用のオーナメントである。これらは贈りものにされることが多い。したがって、ギフト用ラッピングを頼む客はかなりの数になる。包装は、会計を処理した店員がそのまま会計／包装コーナーで行なう場合が多い。あなたは祝祭日のシーズン中にカード店を訪れたことがあるだろうか。きれいに包んでリボンをかけるため、店員が会計処理を二分間中断すれば、何が起こるかを想像してみてほしい。

ギフト用ラッピングのために専用コーナーを設けるべきなのだが、そういう昔ながらの理にかなったやりかたをする店は、年々少なくなりつつある。経営者が店員一人分の賃金を浮かせようとするために、レジまわりが渋滞してしまうのだ。ギフト用ラッピングに関して真に効率的といえる唯一の方法は、セルフサービス・コーナーを設け、店員は置かなくてもいいから、包装紙、リボン、薄紙、鋏、テープを揃えておくことである。

●事例2――レディオシャック

第二は、家電製品チェーンのレディオシャックである。ここでは、会計／包装コーナーと修理／返品コーナーが同じカウンターにあった。当然、買い物とは無関係な処理のせいで、さっさと会計をすませて帰りたい客の順番がなかなかまわってこないことがしばしばだった。また、たとえば期待に胸をおどらせてカメラやコンピュータ用モニターを買いにきた客が、すでに買ったカメラやコンピュータ用モニターについて苦情を言いにきた客と隣りあわせるかもしれない。それらがまったく同じメーカーの製品ということさえあるだろう。こんなことでは、消費者が多大な信頼を寄せるわけにはいかない。われわれはこうアドバイスした。修理／返品コーナーを別に設けること。場所は店の奥の、客のあまりこないところにしたらいい、と。

会計／包装コーナーという場所には、私も個人的に利害関係をもっている。それは、ホテルのフロントだ。近ごろはそういう人が多いが、私も一年の約半分はホテル暮らしをしている。今日、ビジネスマンが全国各地を飛びまわるおかげで、宿泊産業は飛躍的な発展をとげている。だが、ホテルに宿泊するときにもっとも厄介な問題は、昔と少しも変わっていない。いつも同じパターンだ。夜遅くに到着し、疲れきり、時差ぼけしていて、できるだけ早く手続きをすませて部屋に直行することを心待ちにしてやってくる。ゆったりとくつろいで、eメールを読んだり、読書をしたり、手紙を書いたり、電話をかけたり、あるいはたんにルームサービスを頼んで映画を見たりするのを楽しみにして。ところが、ここで永遠につづくのではないかと思うほど行列のなかで待たされることになるのだ。前もって電話をし、あるいはインターネットで、あるいは旅行代理店に依頼して手続きをすませていて、あとはルームキーを受け取るだけだというのに。

その点、かつて私が泊まったあるホテルは進んでいた。ロビーに小さい円形のチェックインカウンターが点在していて、宿泊客とフロント係は隣りあわせに座りコンピュータの画面に向かうのである。これはまだほんの第一歩というところだが、もっと先へ進んで、さらなるビジネス旅行者を獲得しようとするホテルもある。ロビーに設けたチェックインコーナーに、座り心地のよい椅子を置くのだ。宿泊客が腰をおろすと、フロント係がやってきて手のひらサイズの小型コンピュータ、クレジットカード読取り機、ルームキー、客の好きな飲み物を運んできてくれる。書類上の処理が、このように洗練された方法で行なわれることもあるのだ。

16　マーチャンダイジングとは何か

ショッピングの科学に魔術とか奇術などというものが存在するとしたら、その大部分はわれわれがマーチャンダイジングと呼ぶもののなかにある。ここからは、人間工学（エルゴノミックス）、分析学、動力学、統計学といった、実際に即した話題を論じることにする。この章では、商品がぽんと飛びだし、客の目のなかに飛びこむようにする手段を紹介しよう。

二つの解釈

マーチャンダイジングの世界は、つまるところ二つのまったく異なった解釈に分けられる。

一つは、**商品を陳列棚とは別のところに置くということである**。陳列棚では、さまざまな会社の同じような製品が隣りあわせに並んで競いあっている。そんな状況に甘んじようなどと誰が思うだろう。だからこそ、商品を目立たせるために多大な努力と資金が投入される。棚というものは、図書館にうってつけであることは誰もが認めるだろうが、それ以外の場所ではできるだけ使用しないようにしたほうがいい。実際、七〇年代後半、ボルティモアでは図書館のシステムを大幅に変更し、一部の本を表紙を見せて並べるようにしたところ、本の貸しだし件数が劇的に増加した。これは、今や書店や図書館の常識となっている。ここに書店が参考にすべき教訓がある。書店では、少なくともタイトルの大部分に関して、陳列の方法になんの創造性も発揮されていない。とはいえ、表紙を見せて陳列する場合、店に在庫できる本の冊数が大幅に減少してしまうというマイナスがあり、そうなれば作家や出版社が悲鳴をあげるのは間違いない。

マーチャンダイジングのもう一つの解釈は、**もっと微妙な技術と「隣りあわせの法則」を利用するものだ**。あるアイテムともう一つのアイテムを隣りあわせに陳列し、相乗効果によって両者の売上を伸ばすのである。

隣りあわせに置くことで得られるもっとも大きな効果は、「あともう一つ」に客の手が伸びることだ。この現象は、たとえば、アルトイドのタンジェリン・キャンディや乾電池を最後の瞬間に買い物カゴに投げこむレジの直前の衝動買いというかたちをとることもある。だが、客が「あともう一つ」を手に取るのは、店内のどの売場でも起こりうることだ。私に言わせれば、小売店はこの点にもっと注目すべきなのだ。さもないと、商売が行きづまることになる。たいてい「あともう一つ」は利ざやの大きい商品なので、店がまずまずやっていける程度か、大はやりするかの分かれ目になるのだ。つぶれる寸前の店が救われることさえある。私がかつて共同経営していたニューヨークのあるバーでは、ジューク・ボックス、タバコの自動販売機、ビデオゲーム機の売上だけで家賃をまかなうことができた。小売業者は、新規の客はこないという事実を受け入れるべきである。人口が爆発的に増えるわけでもなく、店なら必要を上まわる数がすでに揃っているのだ。たいていの店が、売上の八〇％を常連客の二〇％から得ていると思われる。だから、店の規模を拡大したいと思ったら、いつもくる客にもっと金を使わせればいい。客がもっと足しげく店を訪れ、長い時間店内にとどまり、より大きい、より高い商品を買うように仕向けるのである。

これは衣料品に限った話ではない。新しいコンピュータマウスをお求めですか？　このマウスパッドを一緒にいかが。新車なら、このスタイリッシュなフロアマットをオススメします。だからこそ、GAPはフレグランスやキャンドルを置くようになったのだ。ビクトリアズ・シークレットは化粧品を販売している。女性はどこであれメイク用品の売場があればのぞいてみるものだし、とりわけ自分の容貌をさらによく見せる設計がなされている店にいるときはなおさらだという（賢明な）理由づけによるものだ。モール・オブ・アメリカ内にある郵便局では、USPSの輸送トラックのおもちゃ、革のジャケット、郵便配達の制服を着たテディベアといった関連商品を販売している。配達で利益が出なくても、販売物には十分な利潤がある。いつの日か、これが郵便システム全体を支える屋台骨になるかもしれない。

もう一つのいい例は、私のお気に入りの書店、テキサス州オースティンにあるブックピープルだ。この店はホールフーズ旗艦店の対面にある。ブックピープルはいろいろな特徴を盛り込んだ、楽しい作りの店になっている。さらに、費用をかけることなく、思いもよらないうまい視覚効果を生み出してもいる。たとえば、料理本コーナーには昔のストーブが据えつけられている。店内のあちらこちらに、売場を象徴する椅子が置かれている。スポーツコーナーとテクノロジーコーナーには昔の理髪店の椅子があり、バーカラウンジャー製のアンティーク高級ソファが何気なく使われていたりする。さらにオーナーは、コーナーにあわせた商品も並べるようにした。たとえば、児童書コーナーには人形の帽子やお面。スピリチュアル・コーナーにはそれ系の衣装、宝石、キャンドルなど。そうした陳列は階段にまで及び、ラッピングペーパーや、ジョークで贈るギフト商品が並んでいる。レジまわりには、この町のスローガンである「オースティンをヘンなままに」Tシャツや、あまり売られていないお菓子、ブックピープルオリジナルのチョコレートバーなどがある。この店は単に本を売っているのではない――本が好きな人に商品を売る店なのだ。本質的にはまじめな店で、チープな小物や派手なユーモア商品も扱っているが、書籍のカテゴリー分けやサブコーナーの構成を一新してもいる。たとえば、暴動・謀略モノを扱うコーナーはジャーナリズムの棚の隣に置かれているし、農家・農場関連コーナーにはおんどりのぬいぐるみが一対飾られている。いいセンスではないか。

感服もののもう一つの例は、アップルストアだ。ここの会計／包装コーナーには衝動買いしてしまう商品が並んでいるが、その価格は一〇〇ドルを超えるものばかりだ。流行のゲーム、アップルブランドのバックアップ用ハードドライブ、しゃれたUSBハブ。こうした必ずしも必須ではない商品は店のあちこちに展示してあり、飛ぶように売れている。新車用のアクセサリーを売るのに似ている。お客は数千ドルを払うのだし、財布の口はすでに開いているのだから、あと二〇〇ドルくらいはたいしたことはないはず、と会社は踏んでいるのだ。

●衣料品店

たとえば一軒の衣料品店があって、主に売れる商品が三〇ドルのシャツだとする。このシャツを買う客にたいして、六ドルの靴下も一緒に買う気を起こさせたとすれば、売上は二〇％増加することになる。悪くないではないか。その客が二〇ドルのベルトを買うことにした場合、売上は六六％増。天才的だ。さあ、そこで、どうやって買う気を起こさせるかを考えなければならない。一つのよい方法は、ほかにも買うものがあるのではないかと、それとなく客にほのめかすことだ。マウスを買う客なら、それに合うマウスパッドも欲しいのでは？　もう一つの方法は、マウスの隣にマウスパッドを置いて、隣りあわせの法則が効果をあらわすのを待つことである。多くの場合、これは実に単純なことだ。ベルトはどこに？　ズボンの隣。靴下は？　靴の隣。トマトソースは？　パスタの隣。百貨店のネクタイ売場は一階のフロアにあり、主に女性客が購入する。それも結構だが、ネクタイはスーツやジャケットの売場でも販売されるべきなのに、驚いたことにそういう店はあまりない。これは大きなミスというほかない。たとえば、あそこのやけに派手なネクタイとあの地味なグレーのスーツを組みあわせたら、などと思って、客が実際に見たりさわったりしながら考えてみたいときもあるからだ。それに、スーツだけを身につける人なんていない。シャツ、ネクタイ、靴下、靴、カフス、ベルトも着用して、やっと家をでられるのである。では、これら一式のうちでもっとも高価なアイテムを不自然にも切り離して売るのはなぜだろう。その点、コンピュータ店はもっと大きな失敗をおかしている。たいていはコンピュータだけを陳列した売場があって、プリンタは別の売場、パソコンラックなどはまた別の売場、ケーブルやリストレストなどのアクセサリーはさらにまた別の売場に置かれているのだ。これほど気の利かない、買う気を起こさせないディスプレイの方法があるだろうか。商品を種類ごとにきっちりと分けるやりかたは、倉庫ならいいだろうが、売場には向かない。売場では、客が使用するときと同じように見せる必要があるのだ。コンピュータ、モニター、プリンタ、アクセサリーをすべて接続し、プラグを差しこんで電源を入れ、ラックに設置して、客が座って試用できるようにしなければならない。

●スーパーマーケット

スーパーマーケットにも同じような問題があって、さしあたりこんな疑問が生じる。タコス用の皮はどこに置けばいいだろう？　メキシカンフードのコーナー？　たいていの店はそうしている。牛ひき肉の隣ではどうだろうか？　夕食のメニューに迷う客の頭にフィエスタのイメージを吹きこむには、タコスと肉を組みあわせて陳列するといいかもしれない。両方のコーナーにタコスの皮を置いたらどうだろう？　考えてみれば、食肉コーリーにパン粉、ステーキソース、肉たたき用ハンマー、コショウの実、海塩、新鮮なハーブを並べるのもいいアイデアだ。われわれが調査を行なったイタリアのあるスーパーマーケットでは、食事ごとの食材をまとめてディスプレイしていた。朝食用の食材はここ、ランチの材料はあそこ、夕食はあそことといったぐあいに。このアイデアは、二つの進歩があって実現したものだ。小型冷蔵装置のエネルギー効率が向上したこと、店中に電源を配置するように店舗を再設計したこと。世界中のほとんどの都市では、金持ちでも貧しい人でも毎食分の食材は一度に買うのだから。

どうとも判断のつきにくい商品、たとえば一切れずつパッケージされたケーキの場合はどうすればいいのか。ケーキコーナーに置くのもいいが、まるごとのケーキが欲しくてやってくる客がたった一切れを購入すること――あるいはその逆――があるだろうか。冷たいデザート、たとえばプリンなどと一緒に冷蔵ケースに並べるのもいい。だが、一切れずつのケーキをサラダバーの隣に陳列して、健康のために禁欲的な食品を選んだご褒美にするのはどうだろう。そうするだけでも、ケーキは冷蔵ケースに並ぶお子様向けのおやつ以上のものになるはずだ。

12章で私は、有名ブランドのアルミホイルのメーカーが頭を悩ませている問題について述べた。客が少し余分に金を払って品質のより高い製品を購入するよう仕向けるにはどうすればいいかということだ。効果的な方法の一つは、売り方をもっと考えることである。たとえば夏なら、スーパーマーケットは炭とバーベキューソースとおかしなデザインのエプロンとアルミホイルをまとめて同じケースに陳列し、食肉カウンターの近くに設置すればいい。とくに男性は、通路から通路へと歩きまわって一つずつ揃えていくよりも、まとめて一気につかみとるほうを好むものだ。そんなとき、すぐれた品質を誇る有名ブランドのホイルは手に取られやすいのではないだろうか。

●ドラッグストア

ドラッグストアでビタミン剤などのサプリメント食品について書かれた本の陳列場所は、書籍コーナーにするべきだろうか、それとも栄養補助食品コーナーにするべきだろうか。両方と口で言うのは簡単だが、それではいつかスペースが足りなくなってしまうだろう。それに、複数の場所に陳列しても、売上が増えるのでなければ意味がない。それから、複数の場所に陳列するといえば、同じくドラッグストアで、お試しサイズのシャンプーやコンディショナーといった商品はどこへ置くべきだろうか。たいていはそれのみが独立してディスプレイされている。だが、こういうものは同製品の正規サイズのボトルと並べて置くべきである。そうすれば、客が新製品を試そうという気を起こすかもしれない。気に入るかどうかわからないのに大きなサイズのボトルあるいは広口容器を買わなければならないなら、客は買うのを躊躇するだろう。常識的に考えれば、先にシャンプーコーナーへ行っていつもの製品をカゴに入れたら、お試しサイズのコーナーを通りかかっても新製品を手に取ることはまずないはずだ。

隣りあわせの極意

合理的な組みあわせ

隣りあわせの法則は、並び順の法則ということでもある。分別を働かせ、適切な順番に商品を並べるのである。以前、さまざまな企業のカフェテリアでポテトチップスがどう売られているかの調査を依頼されたことがあった。ある企業では、チップスやプレッツェルの陳列棚はカウンターのいちばん手前のトレーを取る場所に設置されていた。もう一つの企業では、カウンターのいちばん奥のレジの手前に置かれていた。はたして、売れ方に大きな差がでただろうか。チップスは、奥に置いたほうが手前にした場合よりもずっと売れゆきがよかった。まだサンドイッチも買っていないときに、食べたいチップスの種類などわかりっこないではないか。白パンにピメントローフとスイスチーズのサンドイッチに合うのは、コーンチップスか、あるいはバーベキュー味のポテトチップスか?

似たような例だが、ある年の一二月にわれわれが調査した百貨店で、クリスマス用のラッピングペーパー類が入口を入ってすぐのところに陳列されていたが、贈りものを購入する前にラッピングペーパーを選ぶ客はいなかったので、売れゆきはあまりよくなかった。売場を移動し、客が買い物の最後に立ち寄りそうな場所に変えると、売上は伸びた。

スーパーマーケットの棚割計画は、ほとんど隣りあわせの法則を利用している。それは、たとえばかつてのコーンフレークのような人気商品を正しい場所、つまり中央に置けば、それをとりかこむように配置した他のケロッグ製品も売れゆきが伸びるという考え方である。買い物客の大半は右利きだから、すばやくつかみ取るのがもっとも容易な中央のすぐ右隣は最高のポジションとなる。

不合理な組みあわせ

しかし、不合理な組みあわせによってパワーが生まれ、注目を集めるケースもある。

たとえば、高価なチェストが家具店で販売されている場合と、近ごろはやりのインテリア雑貨店で販売されている場合を比較してみよう。前者では、何十というチェストが整然と並んでいる。行けども行けどもチェストばかり、チェスト、チェスト、チェストといったぐあいだが、これぞ大型店の売り方といった魅力はある。一方、レストレーション・ハードウェアは、チェストを家具のひとつとして扱い、椅子の横に置いたり、壁際の角に寄せて設置したりして、上面にレースのドイリーや写真立てや鏡を乗せている。あるチェストなどは上面に古めかしい大きなガラス瓶が鎮座していて、そのなかにはこともあろうにクロムめっきの丸頭ハンマーが何本も入っていた。おそらく、客はガラス瓶あるいは丸頭ハンマーに目を引かれ、なかの一本を手に取ったときにふとチェストの存在に気づき、改めて見なおすことになるのだろう。そして、引き出しの取っ手に値札が控え目についているのを見て、チェストがハンマー入りの瓶の台としてあるのではなく、実際の売りものであることを知るのだ。

店に似たような家具がずらりと四〇も並んでいても、そう感銘は受けないのではなかろうか。ショールームとはまったくちがい、家のなかに実際に置いたときのように商品を陳列する店もある。そして、客はまずハンマーに目をとめ、やがて家具に行きついたということで、人の心の発見好きな部分が満たされる。つまり、この店はつねに客の気をそらすことがない。家具を欲しい人に家具を売ることは誰にでもできる。欲しいと思っていない人に売るためには、少し工夫がいるのだ。賭けてもいいが、ドイリーを買いにきて真新しいメープル材のドレッサーをもちかえった客が一人ならずいたはずである。

相乗り販売を狙え

ある商品のそばに立ってそれ以外に何が頭に浮かぶかを考えれば、隣りあわせの法則が明らかになる。ペンキ売場には電動工具も置いて、相乗り販売を狙うべきだ。あるいはポスターや書籍、チェーンソーを台に置いておくのでもいい。誰もが思わず手に取るはずだ。すでに述べたが、書店なら主な対象読者の性別で各売場を配置するといい。つまり、コンピュータとスポーツとビジネスで一つ、セルフヘルプとダイエットおよび栄養と健康と家庭で一つというぐあいである。コンピュータ用プリンタの販売方法について相談を受けたとき、われわれはその小売業者にたいし、メーカー別に陳列してはどうかとアドバイスした。ヒューレット・パッカードはここ、エプソンはあそこというぐあいである。だが、われわれはその後、客がそういう買い方をしないことに気づいた。客はメーカーごとにどういう商品があるかではなく、三〇〇ドルの価格帯にどういう商品があるかに注目していたのである。そこで、われわれはすぐに前のアドバイスを撤回した。児童書の出版社ゴールデン・ブックスは、出版物の価格帯によって売場を分けていたが、われわれはあまり高価ではない商品の場合は価格の差がそれほど問題にならないことを発見し、キャラクター別にまとめたほうがいいと気づいた。ポニーはここ、テディベアはあそこといったように。

変貌するPOPビジネス

気の利いたマーチャンダイジングのアイデアとして、こんなのはどうだろう。パンティストッキングをプラスチック製の卵に入れて売るのだ！　たしかに少し奇妙ではある。しかし店頭ですぐ見分けられるこのパッケージによって、ストッキングメーカーのレッグスは国内で業界ナンバーワンのブランドに成長したのである。よく知られている例だが、ブランド名をふせて実施されたモニターテストで、もっとも多くの女性が選んだ商品は、ノーナンセンスというブランドのものだった。このブランドは、たいていレッグスのすぐ隣に陳列されている。それでもレッグスのほうが上位に座っていて、これはマーチャンダイジングの真の勝利である。というのも、理論上は、もっとも品質のいいブランドならそれこそサルでも売ることができるのだ。

小売業にかかわりのない人なら、店頭に置く販促用のマテリアル、すなわち店頭の看板、商品陳列ケース、衝動買いを誘う商品を置く設備などを提供する業界がどれほどの規模か、おそらくわからないだろう。スーパーマーケットやドラッグストアからホームセンターや自動車のショールームまで、現在、店頭購買に付随するビジネス——ポイント・オブ・パーチェス・ビジネス、略してPOPビジネス——と呼ばれる商売は、短期間に大きく変貌した。もちろん、POPの宣材はかなり昔から存在していて、初期のタバコ店の店先に置かれたインディアン像や、理髪店の赤白ストライプのポールもその一例だ。だが、八〇年代の初頭以降、POPは非常に大きな役割をになうようになり、いまや販売の世界でマーケティングと肩を並べるほどの存在になっている。

しかし、それ以前のマーチャンダイジングはマーケティングの継子的な存在だった。マーケティングを担当するエリートは商品の見せ方について全面的に責任をもち、マーチャンダイジングを担当する下っ端には、上が決めたことを小売店のレベルで応用する細かい仕事が残された。店頭の看板やディスプレイである。やがて、両者の立場が入れかわった。買い物客が店にきてから商品を選ぶケースがますます増えていることに、小売業者がにわかに気づいたのだ。別のところでも述べたが、調査によれば、スーパーマーケットで売れる商品の半数以上は計画的に購入されるものではない。こういった状況が進むにつれ、非常に大きかったマーケティングの影響力は徐々にしぼんでいった。いわば同じジャンルの番組だけを放送するテレビネットワークがさまざまな番組を選択できるものに道をゆずり、ブランドに固執していた消費者はもっと用心深くなって、明らかな目的意識をもって買い物をするようになった。そのために、やがてマーチャンダイジングへの依存度が高くなり、この業界はほぼ一夜にして年間五〇億ドルを動かす手押し車から、年間三五〇億ドルを運ぶジェットコースターへと変貌したのである。この商売は昔から、小規模な（現在はそうでもないところもある）家族経営の企業で行なわれてきた。つまり、洗練されてはいないが、根性、活気、エネルギーはたっぷりあるのだ。もっともうまくいった場合でも、これはむちゃな商売である。誕生して日が浅いため、進歩の余地はまだたくさんあり、業者はつねに試行錯誤しながら前進している。事実、過去二〇年のあいだにわれわれが手がけた仕事のほとんどは、店頭看板の効果をテストして評価することや、ディスプレイの決定、何をどうすれば効果的かを見きわめることだった。

マーチャンダイジングという魔術

賢明なマーチャンダイジングによってもたらされる驚くべき魔術のまたとない例がある。私は以前、全国にチェーン店を展開しているある若い女性向け衣料品店の、マーチャンダイジング部門の幹部に話を聞いたことがある。そのなかで、彼女はTシャツをディスプレイする方法について語った。

「単価三ドルで、スリランカから仕入れます」というふうに話ははじまった。

それから国内に輸入し、洗濯の方法について指示するタグを縫いつけます。英語とフランス語で書かれたものを。言っておきますが、シャツがフランス製だというわけではありませんよ。でも、そう思いたい人にはそう思っていただいても結構ですが。それから、マーチャンダイズ作戦にとりかかります。きれいにたたみ、おしゃれな感じをだして平棚の上にディスプレイし、すぐそばの壁には同じTシャツを着た美しいモデルがどこか外国を背景にたたずんでいる写真を使ったゴージャスなポスターを飾るのです。撮影に工夫をこらして、シャツが一〇〇万ドルに見えるようにして。これをエクスペディションTシャツと名づけ、定価三七ドルで販売します。よく売れますよ。

これくらい気の滅入る教訓は、ほかにはちょっとないだろう。

マーチャンダイジングへの理解不足がまねく問題点

自動車のディーラーは、マーチャンダイジングというようなことをまったく考えていないので、逆に何をしないほうがいいかを学ぶことのできるよい手本となる。われわれが調査したある外国車の販売代理店は、まさにそういった学習の総仕上げの場といってもよかった。営業マンはチラシはどっさりくれるが、フォルダーをくれないので、客はちらしの束を手にショールームをうろうろすることになる。カタログ用のスタンドは豊富にあってもカタログ自体は品切れで、これは問題だった。それは、客はカタログが好きだからではなく、この店は隅々にまで目がとどいていないという（間違っていない）印象を客に与えていたからだ。片面刷りのポスターがウィンドウの外側にも内側にも貼ってあるので、何も書かれていない白い長方形がいつも客の目に飛びこんでくる。先に述べたが、ある販売代理店で、新型車の販売開始の告知が掲示されていた。だが、これは前年の新型車のものである。掲示物で目立っていたのは、その販売代理店がメーカーから授与された「賞状」の数かずで、客にはあくびがでるほど退屈なしろもの。選択できる色のディスプレイに関しては、本当にひどかった。らせん綴じのポートフォリオが、ダクトテープで修繕されていたのである。さらに、それぞれの色に塗装された車の写真ではなく、カーテンを選ぶのにいいような、色見本のはぎれを寄せ集めたカタログしかないのだ。車の頭上に吊り下げるようにつくられた店頭の案内カードは、テーブルの上に載せてあった。扱っている車種をほめた新聞記事の切り抜きもあったが、きちんとレイアウトされていず、ただ壁にテープで貼ってあるだけ。そのなかには、黄ばんで反り返っているものもあった。こんな状態で、二万ドル以上を支払う顧客をサポートするというのだから、まさに驚きだ。

●販促マテリアル

販促マテリアルのデザインや配備をしくじってしまうのは、何も小売店だけではない。販促マテリアルのデザインと製作を手がける（そのあとで哀れな小売店に売りつける）企業が、そういったものを店舗のフロアに送りこむ前の段階でだいなしにしてしまうことも多い。それも、たとえば上塗りをしていないボール紙を素材に使ったなどという単純な原因によってである。そういう素材を使用した日焼けローション用の販促マテリアルが金曜日の夜、ある大型ドラッグストアに届いた。これはすぐフロアにだされ、商品はよく売れた。やがて清掃業者が入ってきて、たいていの清掃業者はそうするものだが、売場の設備やディスプレイを片づけないままモップをかけた。日焼けローション用のディスプレイは、下部が少し濡れてしまった。土曜日の午後、それは傾きはじめた。そして日曜日の夜、ごみ箱に捨てられることになった。

●商品ディスプレイ

また、商品の半数が売れたあとのディスプレイがどう見えるか、少しも考えられたことがなかった。残った商品は人気アイテムに見えるだろうか、あるいは補充を忘れられたわびしい存在に見えるだろうか。これと関連しているが、たとえばケチャップのボトルなどを手に取ったとき、そのあとがどう見えるかということも一考すべきである。茶色いクラフト紙がむきだしになるのか、あるいはなんらかのメッセージが読めるのか、ボトルの写真が見られるのか。この部分で、大きなちがいがでるものだ。

●活字

それから、まだ問題がある。文字は、六メートル離れたところからも読めるだろうか。ディスプレイは、客がへばりついているときにしか効果を発揮しないなら、半分しか仕事をしていないのと同じだ。裏面に何も書かれていない？　側面にも？　そのわけは、デザイナーがディスプレイを店でどう設置されるかを考慮しないため、客がまずどの面を目にするか（見ることがあるとすればだが）を確実に把握していないせいである。

ディスプレイにおける最新トレンド

エンドキャップとディスプレイ用スタンドは、アメリカの小売店の必需品である。効果的なのもそうでないのもあるが、それは店舗に設置されたあとの働きしだいで決まる。店頭の案内もそうだが、実際に使ってみないと良し悪しはわからないのだ。ディスプレイにおける最新のトレンドは、いわゆる動く設備だ。作動装置、とくに可動式のライトがついていて、それで客の注意をひこうというものだ。われわれはさまざまなタイプの設備をテストしたが、そこで思わず感心してしまうような結果がでた。清涼飲料用のクーラーの調査で、動くディスプレイの場合は買い物客の四六％が目をとめ、動かないものの六％を圧倒的に上まわった。動くエンドキャップは三七％、昔ながらの動かないものは一六％だった。だが、ディスプレイが複数あると、ある時点でたがいに効果を打ち消しあうことになる。一所懸命に呼びこみをして客の注目を集めようとするディスプレイがあまり多くなると、それらはたんに謎めいたうなり声をあげるあいまいな存在になり、雑然とした背景の一部と化してしまうのだ。商業界のプリンスといわれるジョン・ワナメーカーがかつて言ったことだが（私が簡単に言いかえると）、彼の広告活動の半分は無駄だった。だが、どれがその半分かは自分でもわからないという。現代の販促マテリアルやマーチャンダイジングの戦略に関しても、それと同じことが言えるのである。

●製薬会社の例

かつて、われわれはこんな依頼を受けた。消化不良、胸やけ、吐き気、膨満感など、胃腸の不快な症状を緩和する売薬について、あらゆる混乱を解決してくれるすばらしいアイデアを検討してほしいという。実に恥ずべきことだが、こういった症状があっても、悲しいことにどう対処していいかわからないと、そのまま放置しておく場合が多い。これは、ある製薬会社の調査で判明したことである。こうした症状に悩む客は、レジに、あるいは薬剤師にさえ近づくのを少しためらう（個人的に言わせてもらえば、それを聞いて、はたと思いあたった。私もどの製品がどの胃腸疾患に効くのかよくわからなかったし、人にたずねる気もなかった。おそらくあなたもそうだろうが、私はおならがでて困るときゲップに効く薬を飲んでいたし、下痢の薬と吐き気の薬をごっちゃにしていた)。これらの症状に効く薬については、店頭案内の一種を導入することにした。円柱を倒したかたちの装置の横にダイヤルがついている。自分の症状、たとえば胸やけにダイヤルを合わせると、小さいウィンドウに該当する売薬の商品名があらわれる。これで大丈夫、とわれわれ全員が思った。その後、試作品をいくつか設置して、客が実際に操作するようすを調査したのである。

だが、実は客が操作しないようすを調査することになってしまった。装置はほとんど使われなかったのだ。おそらく、客は調査結果が示していたほど混乱してはいなかったのだろう。しゃれたデザインが災いして、陳列棚に置かれたグレーの装置はあまり目立たなかったのかもしれない。側面のダイヤルは、手でまわすものかどうかさえわかりにくかった。大きな赤い矢印をつければもっとよかったかもしれない。ともあれ、このアイデアが不首尾に終わったため、われわれは胃腸に関する混乱ともう少しつきあうはめになった。

●スパイス製造会社の例

もう一つの例を紹介しよう。ここではアメリカでも指折りのスパイス製造会社が登場する。しかし問題は、スーパーマーケットのために金をかけて豪勢な販促用マテリアルをつくるかどうかといったことではない。その点についてはすでに決定ずみで、ある大手POPマテリアル製作会社の提案にしたがい、一〇〇万ドルという大金を投じディスプレイ用の設備をつくることになっていたのだ。試作品は美しかった。商品をスパイス、エキス、エッセンス、フレーバーのカテゴリー別に陳列するようになっていて、こういうやりかたで成功している他の例はまだなかった。スーパーマーケットはどこの売場も戦場である。スパイスの場合は二大勢力の争いなので、この設備が店頭に置かれれば、その企業は一歩先んじることができると思えた。

設備の試作品が本社に届き、（言ってみれば）実物のオリジナルに接した関係者一同は絶賛の言葉を惜しまなかった。こうして店に設置される運びになったが、売上にははっきりとしたプラス効果はあらわれなかった。

とはいえ、マイナスの効果も見られず、その点ではよかったのだ。だが、あれだけコストをかけたにもかかわらず、その前に使っていた古いディスプレイとあまり差がなかったのだ。何が悪かったのだろうか。まず考えられたのは、カテゴリー別にスパイス、エキス、エッセンス、フレーバーというふうに分けたディスプレイは、買い物客にとってあまり意味がなかった。カテゴリーなど誰が気にするだろうか。大事なのは食材にどういう効果をもたらすか、つまり味と香りだけなのだ。ターメリックの正しい使い方は？　チキン料理の場合、ローズマリーはどこで使えばいいのか？　スパイスには知っておきたい知識がたくさんあるので、そのいくつかを利用して客の購買欲をそそることができるかもしれない。サフランはどんな香りがする？　そんな疑問に答えてくれるディスプレイならまさに進歩的だが、このディスプレイはそうではなかった。それに、グレー一色（ベージュだったかもしれない）の本社ビルで見れば色とりどりで美しくても、調和とはほど遠い色の洪水でめまいのしそうなスーパーマーケットではやはり事情がちがった。このような環境では、人目をひくのもひと苦労なのだ。

そんなわけで、すてきな新ディスプレイはお払い箱。おそらく、その後にまた新しいディスプレイ・システムが採用されたかもしれない。だが、例のディスプレイのときのプロセスには、最初から不備があった。売場における製品の見せ方の主な部分は、その企業のほかに外部の三つの業者によって決定された。広告代理店、パッケージ・デザイナー、それからこれら二者の決定をおおむねまったく意に介さないPOP宣材の製作会社である。彼らにはそれぞれ自分たちの都合や優先事項があって、ディスプレイがいったん設置されてしまえば、そのあとは売場でどういう状況になるか、じかに見てその後に手を加えたりはしない。仕事の予定がたくさんあっても実地で得た教訓を取り入れないのであれば、彼らはこのあとも欠点の多いディスプレイ・システムを次々と送りだすことだろう。

●清涼飲料メーカーの例

最後の例を紹介しよう。ある有名清涼飲料メーカーが大金を投じてスーパーマーケット用ディスプレイを製作し、試作品のテストをわれわれに依頼してきた。私はクライアントとスーパーマーケットに足を運び、一緒に窓から店内をのぞきこんだ。フロアには、ソーダのケースが山と積まれていた。思わず目をみはらせる色をした炭酸飲料の巨大な山である。

「なぜ、あんなふうに雑然と置くのかしら」と、彼女が言った。「雑然として見えるではありませんか」

彼女がソーダをきちんと陳列するよう手配しにいく前に、私はこのままにして一日だけビデオ撮影させてほしいと頼んだ。人の流れを調べたところ、山のそばを通りかかった客の六〇％がソーダの存在に気づいたが、これはあちこちの企業が製作したどんな販促マテリアルもかなわないほどの数字だった。その巨大な色のかたまりこそ客の足を止めるのに必要だということは明らかだった。この例にも学ぶべき点はある。

第五部　ショッピングの文化

17　インターネット

一九九七年に執筆した前著では、ｅコマースについてはそれほど取り上げなかった。当時、チーズアンドクラッカー以来の大発明としてインターネットが爆発的に広がっていたこともあり、モーツァルトとアインシュタインとトルストイとガリレオとジャッキー・オーをあわせたようだと誉めそやされていた新生児を、私があしげにしたかのように受け取った人はたくさんいた。私が言いたかったのは、基本的に、ｅコマースが煉瓦とモルタルに取ってかわることはないし、ｅコマースが最終的な決定を下すわけではない、使いにくい上にめんどうくさい、そして――ほとんど忘れていたことだが――ｅコマースは、シリコンバレーの専門家が、仲間の専門家たちのために作ったものだということだったのだが。

やれやれ、それからというもの、嫌がらせメールが届くようになった――そのいくつかは、前著の出版当時、アマゾンに書き込まれた評価コメントで読むことができる。新しいデジタルワールドを受け入れることができないヤツだ。何もわかっちゃいない。現実を見てないだけだ、などなど。インターネットに関する会議に行けば、陰口をたたかれた。テッキーやプログラマー、この技術を心から信頼している人たちの誰一人として、目をみはるようなこの革命的発明に弱点や限界があることなんて聞きたくもなかったから。彼らは単に、私にも同意して欲しかったのだろう――インターネットやeコマースは、そう、空前の大発明だと。ネット上でビジネスができるようになった。株も売買できるようになった。クール・ギアを買いそろえることも、恋人を見つけることも。チャット・ルームでは、アンティーク家具や中世のキリスト教、デュアン・オールマンのスライドギターテクニックについて、意見を交わすことも可能だ――あらゆることが、一つにまとまったグローバル・コミュニティのなかでは可能なのだ。

二〇〇一年初めにネットバブルがはじけたときは、残念だと思った。だが、私が正しかったことが、これで証明されたなと思ったことも、また事実だ。さらに、ウェブ2・0が、不死鳥のように燃えカスから登場したときも驚きはしなかった。だが、九〇年代初めにウェブが登場したころからある大きな問題は、残ったままだ。すなわち、インターネット・ショッピングがいたるところで盛んなのは、優れているからではない。オンラインショッピングが取って代わるものの、改善させようとしているものが、はるかにずさんで、魅力がなくて、費用がかかる上に、効率も悪いからなのだ。オンライン業界が今日ほど成長できたのは、オフライン商店街、その販売方法、流通過程、配送システムなどがうまくいかなかった、そのおかげなのである。初めてインターネットに関する文章を書いてから一〇年たった二〇〇八年、インターネットとオンラインショッピングには、まだまだ足りない点がたくさんあると思っている。

ウェブが登場したころを振り返ると、これが、ビッグバンのように突如として現れたものだったことが思い浮かぶ。もともとは（今もそう言えるのだが）、膨大なデータの集まりだった。えり分けられていないとてつもない量の情報やモノ、人をふるいわけて、これまでにないほどの情報を利用できるようにしたのである。友人に勧められたサスペンスのISBNを探している？　パサデナの競馬場まではどうやって行くんだっけ？　木曜午後のアムトラックの時刻表は？　バークレー大学のバーチャルツアーに参加したいんだけど？　一九七六年にスーパーボウルで優勝したチームはどこだ？　ブロードウェイのトニー賞を一九八一年に受賞したのは、なんていうミュージカルだった？　ベスト・バイの日曜の営業時間は何時まで？　商品や店、営業時間、人物などについて、基本的で役に立つ情報（たとえば、知識ではなく）へのとっかかりを、これまでになかったほど大量に消費者に提供し、インターネットは情報を民主化したのである。もっとよいことに、どんな情報であれ、台所のテーブルからでも、郊外のキャンパスからでも、徐々にではあるがブラックベリーやiPhoneからでも、探し出すことができるようになった。

すべてを際限なくさらけだす——フィルターは一切ない。学校に通う子供には見せたくないようなサイトを、子供が偶然にでも見つけてしまわないようにするものを除いて。この長所は同時に、ワールド・ワイド・ウェブ最大の欠点でもある。検閲がないために、誰もがシオンの議定書を喜び勇んで配布できるし、懇切丁寧な爆弾の作り方をシェアできるようになっているからだ。「おい、ちょっと待て」と、大人がわってはいることもない。ものは試しに、「エリック・クラプトン」と入力してみようか。きらきらして、ドキドキした、クラプトニアの噴出とでもいうような——およそ一七五〇万のサイト——がものの一秒でリストアップされ、咄然とするはずだ。もし、四八時間ほど時間があるのだったら、オフィシャルサイト、ファンサイト、すべてのインタビュー、ギタータブ、コード、ベースのタブ譜、歌詞、ＹｏｕＴｕｂｅにアップされているビデオ、今年の夏のツアーチケットを扱う業者のサイト、本業以外に彼が関わっている活動を時系列に並べたリスト、ジョン・メイオールと組んでいた時代、クリーム時代、ヤードバーズ時代、デレク・アンド・ドミノス時代、結婚生活、麻薬、禁酒、星占い、最近発表した自叙伝の賛否両論、ｅＢａｙのサイン入りグッズの出品まで、ありとあらゆるサイトに目をとおすことができるだろう。それでも、このギターの大御所について、表面をさらったことにしかならない。エリック・クラプトンが一三歳で初めてギターを手にしたときから、単なるデータをどれほど生み出してきたことか、まったく、あきれるとしか言いようがない（一三歳だと知ったのも、一七五〇万のサイトの一つで読んだからだ)。

どういう場合に問題が発生するのかというと、ⓐどういった情報を求めているのか、ⓑ何が本当で、何がウソなのか、を見極めるときである。インターネットは結局のところ、単なるうわさ、うわさ半分のもの、四分の一ほどがうわさの域をでないもの、誤報、推測、仮定、ウソか真実かギリギリの話、の山なのだ。こうしたものが、事実(少なくとも、たしかな情報に基づいているように見えるもののことだ)にまぎれこんでいるのである。この二つをどうやって区別すればよいのだろうか? とくに、その二つが同じサイトに掲載されている場合は?

つまり、フィルターがないということは、大きな財産であると同時に、単なる欠点でもあるのだ。インターネットを使えば、消費者は膨大なデータ(とモノ)を手に入れることができるが、それに価値があるのかどうか、信頼できるものなのかどうか、いかがわしいものなのかどうかを判断する、たしかな術を得ることはできないのである。

さまざまな情報とデータがあるために、消費者の多くは、インターネットで見つけられないものは存在しないものだと考えてしまう。ネットでは、お気に入りのホテルに空きがなくても、今日の午後のシンガポール行きの便はなくても、マップクエストが提案したルートでないとヤンキースタジアムにはたどりつけないとなっていても、ホテルや航空会社やAAAに電話一本かければ、インターネットが間違っていることがわかるはずだ。九五％の確率で、探している情報はインターネットにある。残りの五％はというと、インターネットでは満室となっていたホテルには予備の部屋があったり、希望していた時間に希望していた空港から出発する便があったりするのだ。単に、トラベロシティに掲載されていないだけなのである。

インターネットにフィルタリング機能がなく、間違いもあることを考えると、ある種の専門家――無限にある可能性をふるいにかけて、適当な量にまで減らしてくれる専門家――が必要だということになる。多くの消費者が気づいていることだが、昨今の問題として、この世には選択肢がありすぎる。うず高く積まれた商品の山、山、山。どこから手をつければよいものやら。消費者が求めているのは、ごく基本的な手引き――選択肢の範囲をせばめてくれる人だ。世界のオプラ・ウィンフリーやマーサ・スチュワートはこれに目をつけ、たくさんある自分の役割の一つとして、取次人あるいは管理人を取り入れた。未来を見とおし、スクルージにへまをさせない『クリスマス・キャロル』の三番目の霊のように、本やミュージカル、寝心地のいいマット、長持ちするろうそく、高性能な薄型テレビなどをオススメするという役割だ。何がなんだかわからなくなり、思考停止におちいった消費者がこれにとびつくわけである。

実際、多くの人が、自ら決断するという責任から解放されて、ほっとしているはずだ――アマゾンの書籍ベストセラーリストにせよ、ｉＴｕｎｅｓストアの最初の画面に現れるカテゴリー別のページにせよ、インターネット上の売れ行きリストが好評なのはそのせいだ。とくに音楽ショップや書店などを調査した長年の経験から、リストは、もっとも普及していて、効果的な販促方法であることがわかっている――ビルボード紙のリスト、『ニューヨーク・タイムズ』のベストセラーリスト、VH1のトップテンリストなどだ。

1. 何が
2. 事実
3. かと言えば
4. 消費者（とくにアメリカ人）が
5. 重宝するのは
6. リストだ

たとえそれが社内の専門家チームが、細心の注意を払って作り上げたものではなくて、他の消費者に人気のある商品を並べただけのものだとしても、みんな、リストが大好きなのだ。他のアーチストや消費者が「一番人気」だと言ったものであっても、それが「ベスト」なものであるとは限らない。だが、多くの消費者は、みんなが食べているものを食べることで、心の底から安心するのである。生まれた子供にエミリーとジェイコブと名づけても、一抹の不安も感じないように。ちなみに、どちらも、今年、もっとも人気のあった女の子と男の子の名前だ。iＴｕｎｅｓでダウンロードの多かったクラシック音楽のうち、よく売れた五、六曲は、つねにクラシックのスタートページに表示されている。そのなかには、イケメンの若手バイオリニストや美人ピアニストの作品が含まれていたりする。繰り返すが、消費者がこの上なく好むのは、ほかの大勢の消費者が買うか買うまいか、入念に吟味した作品であるということなのだ。とにもかくにも、それで商品は売れるのである。

それ以上に価値があるのは、企業家精神あふれるアマゾンの客がまとめたリストだ。とてつもなく風変わりなものから、これぞというものまで多岐にわたるそうしたリストは、初めて買い物する客や、著者やテーマ、特定のジャンルに関心があるものの、どれを買えばよいのかわからなくなってしまった客に、手をさしのべるために作られているようだ。アマゾンにフォーラムとしての一面があることにも、興味をそそられる。ここでは読者は、エックハルト・トールの新書やジャネット・イヴァノヴィッチの最新作について、どこがすばらしいのか、本音でやりとりできる。五つ星のレビューのなかには、間違いなくインチキなものも、著者の友人や取り巻きが投稿したようなものもあるのだろうが、すべてがそういうわけではないはずだ。

それでも、アマゾンには決定的な弱点がある。一例をあげようか。注文に何か問題があったら、アマゾンにコンタクトしてほしい（ウェブサイト全体が、この苦境を解決するためにさかれている)。問題を抱えているときは、アマゾンの担当者が私の苦情に耳を貸すわけがないという頭の中でぐるぐるする思いを無視するのは難しい。では、メールで問い合わせてみよう。簡潔で、丁寧な返事を受け取ることだろう。自動送信の返信ではあるが。カスタマー・サービス・ナンバーでトラックしても、何もわからない。あっという間に、数日経ってしまうのはざらだ。手軽なワン・クリック・ショッピングや擬似ショッピングと引き換えに私たちが払う代償は、アマゾン側の担当がおよそ人といえる存在ではないということだ。ひっきりなしにメールを送りつけるよう調整されたメールデータベースなのだから。

若干個人的な話になるが、エンバイロセルがマイクロソフトのために調査をするようになったころのことだ。ちなみに、同社は、いまやわれわれの最大かつもっとも熱心なクライアントになっている。われわれは、ヘイロー(Xｂｏｘ用のゲームシリーズの第一作だ)第一シリーズの売上を越えることができない、世界各店舗のソフトウェアコーナーとビデオゲームコーナーを解析した(私は、全世界でXｂｏｘ３６０がどのように売れているのかを、誰よりもよく知っている。その秘密を知る権利がある人よりも)。マイクロソフトとの取引が始まったころ、ある重役が慌てふためいて電話をかけてきた。アマゾンで見たんだが、きみがＵｎｉｘとＬｉｎｕｘの新しいマニュアルを共同執筆しているというのは本当かね?　どちらも同社のライバル的ＯＳだ。もちろん、そんなことなどあるはずがない。だが確かに、私の名前がアマゾンに載っていたのだ（一体全体、パコ・アンダーヒルがこの世に何人も存在するはずがなかろう？）。彼はほっと安堵したものの、マイクロソフトの本拠地レッドモンドでは、この取引相手はスパイではないかという、ささやかならぬ波紋が起きたことを教えてくれた。

これにどう対応すればよいだろうか？　アマゾンにメールで問い合わせても、返信は自動的に送りつけられてくるだけだ。堪忍袋の緒が切れて、アマゾンの法務担当役員をなんとかつかまえたものの、彼いわく、この問題を解決するためにできることは、そんなにありませんね、責任は数多い取引先の一つにあるんですから、と言うだけだった。手を打つべきなのは御社ですよ、御社のミスのせいで、私のビジネスが被害を受けているんですから、と強く言うと、彼は、できることとしては、せいぜいが問題のページを削除することくらいですねと言った。しかも。今後も情報は更新されますから、あなたの名前がマニュアルの共著者として再び掲載されることはないと、お約束することはできませんよ、とも言うのだ。私は今でも、目を皿のようにして同社のサイトをチェックしている。

すでに書いたように、今日では、ウェブサイトや数多くの製品、選択肢、モノ、情報、ウソなどが押し寄せており、にっちもさっちもいかないような様相を呈している。だからこそ、二〇〇〇にのぼるウェブサイトを一〇程度にまで絞ってくれる「専門家におまかせ」サービスが必要になるのだ。買い物客にとっては、非常にありがたいサービスのはずだ。この筆頭は、ヘッド・バトラーだろう。このサイトの管理者は、シュア密閉型イヤホンから、リヴォン・ヘルムの新譜に至るまで、単に自分のお気に入りを取り上げ、オススメの理由を読みごたえのある短いエッセーにまとめているだけなのである。それに興味をそそられた読者はアマゾンに誘導される仕組みになっているのだ。ウェブ上で決断をする際に、専門家の知恵を拝借することができて、その結果としてサイト数を減らせたら、ウェブの将来はどれほどすばらしいものになるだろうか。ライブパーソンに勤める同業者は、オンライン上で新しいサービスを始めた。このサイトでは、ショッピングの際にアドバイスを受けることができるだけではなく、たとえば、微生物学者や有名なソフトウェア技術者などに分単位で料金を支払って、わからないことを解決してもらうこともできる。ウェブ新世代のリテラシーが育てば、グーグルやマイクロソフト、ヤフーが情報を独占している現状は細分化が進み、全く異なるものになっていくだろう。

期待はしていないが。

オンライン上や実際の消費者の購買行動を調査してきた者として、ずっと、ウェブは水のようだと思ってきた。水はちょっとずつ進み、流れ、急流となり、既に調査され、設計され、溝のあるところでは溝や排水溝に流れ込み、小川となり、運河となり、水溜りとなる。そしてネットも同様に、未開のチャンスに満ちている宝の山を求めて第六感を働かせながら、本能にまかせて道を切り開いていく。ネットはそうしたすき間を埋めていくものなのだ。時には、独占してしまうこともある。それでも、ネットは、今日の小売業者が直面している問題を解決していない。何がグローバルで、何がローカルなのかという問いに答えてはいないのだ。世界の潮流は、地域住民としての個人に何らかの影響をもちうるのだろうか？

私がニュースを仕入れるのは、地元ラジオ局の放送か、そのラジオ局のサイトからである。その対局にあるものは、グーグルやヤフーが配信するニュース人だ。なるほど、確かに、スタートページではスポーツ、ビジネス、国内外のニュース、天気予報の配置を、自分好みにカスタマイズすることはできる。だが、次の火曜に雨が降るらしいとわかりさえすれば、カスタマイズには用はない。私が知りたいのは、地元や、その周辺で何が起きているかということだ。昨日の晩、ヤンキースは終盤で勝ったのだろうか？　六ブロック南にあるアンジェリカ・フィルム・センターでは今、何を上映しているのだろう？　私を含めた多くの人は、世界同一規格のソフトウェアにイライラさせられている。インターネット好きは、まさにその点を最大の長所だと声高に主張し続けているけれど。アイデアの種はすでにここにみてとれる。――では、既存のものよりはるかに地元に特化した、つまりローカルに焦点をあてた検索エンジンを開発するまでになったら、どう変わるだろうか？

それなら、ユーザーにぴったりの情報を提供できる。私は『ヴィレジャー』という地元紙を買っているのだが、それは、掲載されている広告やイベントが私の住むマンハッタン南端部の生活に直結するものだからだ。ウェブ上で衣料を売る店も、同じようなことを考えてもいいのではないだろうか。結局、ニューヨークの女性は、テキサス州サンアントニオやロサンゼルスの女性とは着るものがちがう。メイシーズやアイリーン・フィッシャーのサイトに掲載される「お気に入り」や「おすすめ」の洋服は、テキサスに住むご婦人方にはぴったりかもしれないが、ハリウッドでバリバリ働く四〇代の女性からは冷たい視線を送られる可能性もある。こうしたサイトは、DVDレンタルのネットフリックスのやり方を参考にするのもいいと思う。ネットフリックスは、会員の郵便番号別に人気のある作品リストを作り、提供している。くりかえすが、「一番人気」が「ベスト」であることはほとんどないが、こうしたシステムは、ローカルな嗜好をグローバルな流れに取り入れることに近づくはずだ。

流行に敏感な二〇代から三〇代の女性をターゲットとする、デイリー・キャンディのウェブサイトもいい例だ。会員は、サンフランシスコからシカゴ、ロンドンなど、一〇都市ほどあるうちから一つを選ぶ。デイリー・キャンディは、マイアミ近郊に住んでいる人には、サウス・ビーチにあるしゃれたランジェリーショップを教えてくれるだけでなく、マイアミで週末に催されるイベント、子連れでも参加できるイベント、今はやりのレストランについても情報を提供してくれる。少なくとも、最低限、これくらいはやるべきだろう。

ウェブによる情報サービスの課題として考えていることはほかにもある。どうやって費用をまかなうか？　どうやって財政を成り立たせるか？　広告費で維持できるか？　政府の助成？　それとも、地元の企業から？　結論はまだ出ていない。企業広告でいえば、サムスンはターゲットが集まりそうなウェブサイトに、マーケット予算の大半を投下している。この点で、同社はかなり進んでいる。念を押しておくが、サムスンにとってこの決定は苦肉の策だった。テレビの視聴者は三〇秒のコマーシャルを無視するか、チャンネルを変えるか、その間おしゃべりをしているかだし、番組を録画している場合にはCMはとばしてしまう。製作にも、莫大な費用がかかる。新聞や雑誌も頼りにならない。いまや、アメリカ人の六〇％が毎週読むのは五、六誌だが、その五、六誌が業界を独占しているわけではないからだ。

結局のところ、eコマースといわれる仕組みが誕生するきっかけとなったのは、モノを売って届ける旧来の仕組みが失敗したからなのだ。

そう思うと、高く評価できるような代物ではない。

疑問はまだある。ウェブ第二世代が第一世代以上に成功したのはなぜだろう？　すでに書いたが、インターネットがかっこよく、しゃれて、時間も短縮でき、万人受けして、とにかくよくなったとか効率があがったとか、そういうことではない。大きな理由の一つは、女性がかなりの——かなりの、といったらかなりの——時間をインターネットにさくようになったことだ。eコマース第二世代は、その点を心得ている。

二〇〇八年一月、ニールセン・グローバル・オンライン・サーベイが発表した調査結果によると、世界のネット人口の八五％以上がネット上で買い物をしたことがあるという。これは二〇〇六年に比べて四〇％も増えている。一番多いのは韓国で、ほぼ一〇〇％の人がネットショッピングの経験があった。ドイツ、英国、日本がそれに続き、アメリカは八位にとどまった。一番よく買われたものは書籍で、以下、衣類、アクセサリー、靴、ビデオ、DVD、ゲームに、飛行機のチケット、電子機器はしんがりだ。オンラインで買い物をする人は、次に買い物するときも同じショップを利用する。六〇％が、同じサイトで買うことが多いと答えているのである。

実際にモノを買う以外に女性がオンラインですることといえば？

●下見

とくに重要な任務はなく、手軽にデータ収集することが目的だ。ネットサーフィンで、ご夫人やガールフレンド、あるいはお姉さんか妹か、はたまたお嬢さんかもしれないが、そういう女性陣はターゲット・コムのドレスや、学校で使う新しいバインダー、L．L．ビーンのふわふわした新製品のモカシンを見つけておく。下見現象は、自動車マーケットをネットサーフィンする女性の間で特に目立つ。男性よりもはるかに多い。女性はまずネットで、トヨタのプリウスやシエナ、ホンダのシビックの新車がオートマチックとマニュアルでそれぞれいくらするのか、衛星ラジオ機能や衛星ナビゲーションシステムの価格、泥よけ、サンルーフ、その他諸々の機能によっていくらちがってくるかをチェックする。データと数値と価格を把握してから、自信満々で販売店に乗り込むというわけである。

こうして、偶然の産物なのだが、ウェブは、実在店舗にとっても情報源として役に立つことになった。ものぐさで、疲れていて、時間がなく、人づきあいのよくない消費者であれば、本や映画、テレビ、あるいはフードプロセッサのクイジナートの好きなモデルをあらかじめチェックし、ついでに使った人のレビューにもざっと目を通してから、店に赴き、目的のモノに直行する。こうすれば、三〇分もうろうろ歩き回る必要はなく、知識があるのかないのかわからない店員や、製品のちがいをおさえていない店員にあれこれ聞かずにすむというものである。あるいは、書店や近所のブロックバスターまで足を運ぶ気力すらないときは、アマゾンやネットフリックスを使って運転の手間を省くこともできる。あとは、車庫の先にある郵便受けまでぶらぶら歩いていくだけでいい。

●ショッピング・セラピー

想像してみてほしい。混んでいない。モールもない。長蛇の列もない。ベビーカーで通路を占領するママもいない。『ヴォーグ』のページをめくるのと、まさに同じだ。これなら、際限なく想像をふくらませることができるし、暇つぶしにもなる。さらに、ブティックや高級な宝石にも、今すぐにでもアクセスできる。実際の店舗だったら、落ち着いて買い物などできそうもない店でも。ネットには、ちらっと視線を投げかけるエルメスの店員もいない。高慢ちきな販売員も、もちろんいない。ハリー・ウィンストンに立ち寄ってみることもできるし、ルイ・ヴィトンに入ってみることもできる。ツーソンにあるキャニオン・ランチをチェックすることも可能だ。パリのリッツでも、シンガポールのマンダリン・オリエンタルでも、問題ない。まるで透明人間になったか、背中に羽でもついたかのようだ。裸のままでもいいし、疲れ果ててシャワーを浴びたいときでも、好きなテレビ番組の再放送を見ながらでもできる。

今日やっと、多くの消費者が、買う必要のないものでも手にとって吟味できるようになった。その、やっと、という感覚は、一八五〇年代の百貨店に消費者が抱いた感覚に似ている。なんと言っても、当時の百貨店は中流階級の上昇願望を刺激するものだった。そのころまで、店に足を踏み入れるということは、買うためにやってきたということだったから。少なくとも買えるだけの資力はあるということだった。だから、それまで目にしたこともないような生活を初めて目の当たりにし、成功欲を燃え上がらせた人が多かったのである。昔と比べると、百貨店はずっと民主的になった。一目見るだけの客でも、こころゆくまで眺める客でも、来るもの拒まずなのだから。

●時間の節約

ぴったりの例をあげよう。クリスマス。消費者は、一年で最もすばらしい時期に、素敵な商品をさっとながめて、選べるようになった。人ごみ、混雑した駐車場、Ｗｉｉやビデオカメラなどモノはなんであれ、本日の目玉商品をめざし、周りをひじで押しのけるキレかかった両親というホラーを味わう必要はもうない。ネットだったら、カーソルをあわせてクリック。カートに追加。会計を済ませて。これでよし。盆栽はおいっ子に。赤いセーターはめいっ子に。リーガル・シー・フーズのクラムチャウダー、二クォートは明日、フロリダのおじに届く予定。地元の名産品をたまにしか味わえないということを除けば、彼がニューイングランドを懐かしく思うことはない。

とはいえ、オンラインショッピングがいつも、こういう例に当てはまるわけではない。ウェブには、ウェブなりのめざましい成功例がある。ブルーフライは、デザイナーもののファッションをディスカウントして売っているショップだが、客が匂いをかいだり、さわったり、味見をしたり、Ｃ３のカシミアセーターや、マーク・ジェイコブズのパンツのはき心地を確認したりする必要性をなくしたといえる。どんぴしゃりのキャッチコピーをつけ、きれいな写真を並べ、見栄えのいい画像が常に入れ替わりで表示されるようにし、このサイトから途切れることなくモノが売れていくようにしたのである。ここはオンラインでできる究極のウィンドウ・ショッピングである。価格も適正に設定されている。

さて、次は、デザイナーもののバッグを四三個も持っていて、しまうスペースがなくて困っている女性について考えてみよう。

ウェブの大きな特長の一つはこれだ――リサイクルマーケットを作り出したこと。車庫か屋根裏で腐るか、さびがつくか、カビが生えるまでほっておくしかなかったものをリサイクルで売る。安心で信頼のおけるシステムではないか。eBayに出品するのが、これまで乗りまわしてきたメルセデスベンツであっても、タバコの焼け焦げやひっかき傷のついたレス・ポールのエピフォンギターであっても、インターネットには、バーチャル・フリーマーケットとでもいうようなシステムが用意されている。私の同僚の多くは、ある一定のものを取引して、収入の足しにしている。こんな方法は一〇年前には考えつかなかった。鉄道の古本、相続でもらったワイングラス、モロッコのタイル、アンティークのポストカード、どんなものでも構わない。ほしがる人はきっといる。もっとがんばってほしいと思う。

アマゾンもこの商売に乗り出している。中古品は新品よりも利幅が大きいからだ。アマゾンでは、新品と中古のどちらにするか、選ぶことができる。絶版になっている本を探しているのだったら、アマゾンを経由して古本業者のネットワークで探すことができる。こうした古本業者は、本そのものの売上よりも郵送費と出荷手数料で稼いでいる。大もうけするほどではないけれども。

オンライン・フリーマーケット以外で、オンラインで買い物をさせるために、小売業者はどういう工夫をしているのだろうか？　簡単な方法がある。こうだ。あるブランドのランニングシューズやカーキパンツを気に入っていて、もう何年も愛用しているとしよう。であれば、自分のサイズもわかっているはずだ。これだけ。で、お会計——新しいものは、もう配送にまわっている。

インターネットがうまくいくもう一つの方法は、子供向けのオンラインコミュニティだ。たとえばクラブ・ペンギン、ウェブキンズなどのサイト。こうしたサイトでは、バーチャルペットを買ってくれないかな、かわいがってあげてね、愛情をたっぷりそそいで育ててあげてね、と子供にお願いしているのである。ペンギンを買うとなれば、やれやれ、イグルーも買わないといけない。えさもやらないといけない。こっちで五ドル、あっちで五ドルといった具合に、料金はかかってしまうが、そうしたサイトは子供がコンピュータやキーボードに慣れるように、スキルを伸ばしてくれるのだ（ずっと座ったままの授業になってしまうのだが）。わが社のデータを管理しているグスタボの息子ルカは、三歳になる頃にはもう、コンピュータの電源を入れ、ネットにつなぎ、お気に入りのゲームサイトにたどりつけるようになっていた。

率直に言って、アーチストが自分の作品をオンラインで売りさばいているのには驚きだ。数千ドルするような作品だってあるのに。これまでは、絵を売るとすれば、展示会か路上、あるいは個展やグループ展だった。これだったら、始値はだいたい二〇〇〇ドルというところだったろう。バーチャルで直接売買するようになって、アーチストはファーマーズ・マーケットに匹敵する新たな分野を作り出した。路上展示会と美術界を合わせたような分野だ。このモデルが成功したのは、アート・ギャラリーの仲介をはぶきたいというアーチスト側の思惑と、美術業界の横柄さにうんざりした客の思いが一致したからだろう。あるいは、単に、消費者が美術商から遠くに住んでいるからかもしれない。いずれにしても、ある意味、愚直なまでの信頼があるのだろう。実物を見て確認することなしに、芸術作品をネットで買うというアイデアはいかがなものかと思うのだが、このやり方がうまくいかないはずはない。とにかく、たくさんのアーチストがこの方法でうまくいっているのだから、なによりである。

もし目のつけどころがよければ、ネットでモノを売ることができるだけでなく、大成功することだってできる。

ある友人は、ニューヨークで小さな家庭用品専門のネットショップを開いている。事務所に小さなノートパソコンを用意して、年間五〇万ドル以上を売り上げている。きれいなもの——書籍、おもちゃ、卓上用の小物など——を少しだけ仕入れ、それを雑誌に掲載してもらうのだ。雑誌を見た人は、欲しくなって買ってしまうという仕組み。全部を売りきってからでないと、次の商品を仕入れない。このサイトを見るのは、本当に楽しくて仕方がない。私が知る限り、贈り物を選ぶのにこれ以上ぴったりのサイトはない。彼が成功したのはなぜか？　一つには、彼が雑誌業界で知られた存在だからだ。雑誌などのデザイナーは彼の選択眼に一目おくようになるし、在庫回転率や趣味のよさにも舌をまくようになる。

もう買い物には飽きた？　じゃ、人づきあいはどうだろう。

●ソーシャルネットワーキング

合図してね。コメントを書き込んでほしいな。友達リストをチェックしていって。アップロードした写真やホームビデオも三〇〇枚ほどあるし、見ていってよ。バーチャルの鉢植えやカップケーキを送ってくれてもいいかも。プロフィールを見て、もし独身だったら、探しているものは――友人か恋人だ。

ソーシャルネットワーキングが、カクテルパーティやプライベートクラブ、ビジネスセミナーだけのことだと思っている人がいたら、ぜひフェイスブックを見てほしい。オンラインに登場した、インターネット民族だ。二大夢想家、フランク・ロイド・ライトとヘンリー・フォードが作り上げたものである。

その通り、一人は建築家で、もう一人は同じくらい有名な自動車会社の創業者だ。フェイスブックは、郊外志向と自動車が普及した延長線上にあるものだと思う。どちらも、人と人との物理的な距離をぐっと広げた立役者だ。世の中がますます脱都市化し、人は国中あるいは世界中に散らばるようになった。それにともない、外部から遮断された会社の敷地内で働く人が増えた。だが、誰かと関わりたい、つながりを持ちたいという人間の基本的な欲求を忘却のかなたに追いやることなど、そもそもできない相談なのである（住宅というものは、ソーシャルネットワーキングを含むいろいろな現象を理解する鍵となる）。疎外感からくる、得体の知れない虚しさや、リスクや不安といった感傷を克服すると、そこにあるのはフェイスブックである。いわば、友人関係を約束するバーチャルなパスポートだ。友人関係のようなもの、と言うべきかもしれないが。

繰り返しになるが、ウェブは、現実世界のはざまを見つけ、その穴埋めをしてきたものだ。いつもどおりの意味のない手順を踏めば、誰かと会って、チャットして、学校や大学、あるいは寝室や会社のパーティションよりも大きな組織の一員であるかのように感じることができるのだ。

それに、フェイスブックはソーシャルネットワーキングのサイトというだけではなく、のぞき見が大好きな人の夢をかなえるところでもある。写真をたくさん貼りつけて、ノートに書きこんだ日記がソファの上に放り出されているようなものだから。フェイスブックを見れば、友達が最近何をしているのかわかる。電話をかけたり、メールをしたり、会いたいなどとは思ってもいないし、そうする理由もないし、そんな気持ちなどさらさらないとしてもだ。いわば、自分の交友関係をすべて公開するグーグルマップのようなものなのである。自分にどれだけたくさん友人がいるか、どれだけコネがあるか、書き込みがあるかをみせびらかすチャンスだと考えている人もいるし、自分の社会的ステータスを知らしめるチャンスだととらえる人もいる。あるいは、フェイスブックは単に便利だから使っている人もいる。自動でアップデートされる写真つきアドレス帳というわけだ。これはやみつきになる。

フェイスブックが作り出したものは、自己完結した小宇宙だ。一六歳のおいっ子いわく、普段だったら口ごもってしまって、面と向かって話すことなどとてもできないような女の子とでも、オンラインでチャットできる場所なのである。相手を実際にみつめずにすむことで生まれる親密さは、小売の現場にもある――ブルーミングデールの化粧品カウンター。販売員の女性と顔を向かい合わせる対面販売から、セフォラのようなオープン販売になり、次には客も販売員もカウンターのこちら側にいて、まるで同じチームにいるかのような関係に変わったことがそれだ。こうした現象はある意味、コミュニケーションと親近感が変わりつつあることを示している。意地の悪い見方をすれば、フェイスブックのユーザーは生身の人間と向きあう勇気をなくし、そうした機会を持たなくなり、地理的に距離があることを言い訳にして、交友関係をソーシャルネットワークを介した間接的なものにしているのだ。

　ところで、世界中に広がったフェイスブックは、あとどれくらいつづくだろうか？　半永久的に存在するバーチャルな村になるのだろうか（社会科学分野の常識では、ほとんどの人は二〇〇人ほどの「村」に住んでいるそうだ）？　フェイスブックのユーザーはいつの時点で、友達と縁を切ることにするのだろうか？　たとえば、過去三年間、自分のネットワークにはいるものの、話をしていない、メールもしていない、携帯メールすら送っていない、電話などするはずもないというような友人と、いつまで関係を持ち続けるのだろうか。あるいは、フェイスブックから「卒業」するユーザーはいるだろうか？　フェイスブックを使っている知り合いのほとんどは、いつ、どこで、あるいはいくつになれば、自分のアカウントをほったらかしにするようになるのか、想像もできないと言う。人びとが郊外から脱出して、移動することが文化的にも当たり前のことになるにつれて、ソーシャルネットワーキングにも意義が見出されるようになるのかもしれない。つまりこれは、綿々とつづく日常生活のなかで、バーチャルな世界におけるある種の不変性と、共有するアイデンティティを見つけ出すものだから。移り変わりのある世の中でたしかなものを持たずにいると、自分の存在そのものがフッと消えてしまうことだってあるのだ。そのときに突きつけられる唯一の問いは、それでも構わないのか？　ということだろう。

フェイスブックなどのソーシャルネットワーキングサイトが、運営コストの帳尻を合わせるために苦労していることは、誰もが知っている。とくに、広告だ。友達のページに書き込みをしながら、炭酸水のスポンサー広告に目を向けることなどできるだろうか？

人と人との距離が広がる状態は、別の極端な現象にも影響している。経済的に発展した結果、まばゆいような機器ができて、容易につながっていられる文化でありながら、人びとはいまだに狭く、ごみごみした場所で生活している。日本人や韓国人がテクノロジーを利用して、自分と外部を切り離し、ある種のバーチャルなプライバシーを確保している理由の一つはそれだろう。せまくるしい日本の住宅では、インターネットや携帯電話に没頭する能力は、小型テントにもぐりこむか、あるいは翼を手に入れるようなものなのだ。

韓国と日本で、インターネットが達成したことはもう一つある。社会的な制限にひっかからないように、マナー違反にならないように、気の利いた方法を編み出したこと。どちらの国でも、相手の目を見つめることは失礼なこととされている。フェイスブックやインスタントメッセージは、相手を見つつ、同時に、相手から目をそむける方法でもあるのだ。また、携帯電話を使う日本の子供といえば、複雑な文章を完成させるのにも、キーを打つのは最小限ですませている。しゃべり言葉どおりに文字を打っていけば、次にくる文字の候補が表示されるので、コミュニケーションはさらに早くなった。こうしたことすべてがあいまって、アジア各国のコミュニケーションは、はるかに早くなった。ネットに接続できる携帯電話が受け入れられたのも、当然の結果だ。

日本や韓国、そのほかの新興市場には、ちがうところがまだある。こうした国々では、公共交通機関は特別なものではない。ごく一般的なのだ。一般市民は、平均して一～二時間かけて通勤している。だから電車やバスの中で、携帯電話で話をすることはマナー違反になる。だが、ウェブを見ることができる携帯電話があれば、心ゆくまでネットサーフィンをしたり、メッセージを書いたりできる。これは時間を節約するというだけの話ではなく、バーチャルなパーソナルスペースの問題ともいえる。ヨーロッパやアメリカでは、車というプライベートな空間で、電話でおしゃべりしながらドライブすることができる。逆に、無心に携帯電話を見つめるなんてことはできるはずもない。そんなことをしたら車ごとガードレールにぶつかって、ひっくり返ってしまう。展開するマーケットによって、ネットアプリケーションの成功の度合いが異なってくるとしても、なんら驚くことではなかろう？

親指が（人差し指ではなく）あらゆる機能を担うようになったいまや、将来はどう変わっていくのかと考えてしまう。人間の手を作りたもうた存在がなんであれ、親指は力の源として、そのほかの指は細かな作業をするものとして、つくられたのだ。関節炎になったらどうなるのか――携帯メールの日々が終わりを告げるのだろうか。

フェイスブックが、唯一存在するインターネット民族というわけではない。そして理論上、これは実際に顔をあわせたり、結婚したりする機会というよりは、友人を見つけ、巨大な同窓会を結成し、そのメンバーになるほうに向いているだろう。インターネットは、実際のところ現代において、仲人のような役割をはたすようになっている。たとえば、マッチ・ドット・コムのようなお見合いサイトが誕生していることからも、それがわかる。

マッチ・ドット・コムやその他の「相手を見つけて、つきあって、結婚する」サイトの問題は、こうしたサイトがお互いの相性をベースに組み立てられていることだ。大学に入学するときに、ルームメートはどんな人を希望するかという質問表を受けとったことを覚えているだろうか？　タバコを吸わない人、ベジタリアン、メタリカが好きな人、などと書く、あれである。これと同じ基準は、オンラインの相手探しサービスにも密につながっている。テニスなさるんですか？　私もです。私たちは二人とも熱心な仏教徒というわけではないんですね。私たち、イタリアとモンティ・パイソンと猫が好きなところが共通してますね。……おわかりかな？　結局、すべてが過剰なまでの自己愛、あるいは自分を映しだす鏡との結婚になりうるのだ。恋愛をするとき、私たちは本当に自分とうりふたつの相手を求めるものだろうか？　もし、私が自分自身とデートしなければならなくなったとしたら、その日の最後に、間違いなくこう言うだろう。「僕たちはうまくいかない」

これはウェブの主な限界の一つだ。ウェブが、ウェブなりのやり方で考え深くなったり、独創的になったり、直感的になったりすることはありえない。アマゾンのオススメ商品機能は、これまでの購買実績（ジョン・グリシャムが好き）が今後の購買意欲（これからもジョン・グリシャムが好きだろう）を決めるという前提で成り立っている。ほとんどの読者に関しては当たっていることなのかもしれない。だが、同時に、たくさんの人がなにか新しいものはないだろうかとつねに探しまわっていることも、また事実なのだ。私がジェームズ・リー・バークを好きだからといって、ガラパゴス諸島でのハンググライディングについて書いた本や、リチャード・バートン（俳優のリチャードではない。一九世紀に生きた奇人で、魅力にあふれた冒険家のリチャードだ）の新版の自伝を読みたいかというと、必ずしもそうはならないのである。

そう考えると、私が知っている何組かのおしどり夫婦は、お互いにまったくちがうタイプの組み合わせだ。リチャードとステーシーを紹介しようか。リチャードは、わが社のマーケット・リサーチ・メンターだ。彼は、ニューヨーク・メッツとバスケットボールの大ファンで、ビール数本と中華をテイクアウトするのがお気に入りだ。フィンランド映画に詳しくて、彼以上によく知っている人には会ったことがないほどである。ステーシーは彼の愛情を一身に受けている女性だが、五つ星レストランとグルメ旅行をこよなく愛し、豪華ホテルと強力なヘアドライヤーを確保できなければ、旅行になど行かないタイプの女性だ。それでも、リチャードとステーシーはお互いをとても大事にしている。どちらも、これが二度目と三度目の結婚なのだが、この結婚が一生添い遂げるものとなるはずだ。彼らが一緒にいるのは、毎日、相手の欠点を見過ごし、目をつむるからだろう。

　マッチ・ドット・コムがお膳立てをしたなら、二人が出会うことはなかった。いや、近寄ることすらなかったはずだ。

　『恋人たちの予感』的な恋愛でうまくいった人はたくさんいる。大学時代に出会い、別れる。その後、またつきあうようになり、再び破局する。もう一度よりを戻す。今度こそ、永遠に。紆余曲折を経て親密な仲になる運命だったそうしたカップルは二七で結婚したその後、何事もなく日々を送っている。こうしたいと望んだときに、何を望んでいたのかを彼らはわかっていたわけだ。彼らのためにも、いい結果になってよかったと思う。一方、そうした一般的な恋愛の駆け引きがうまくいかなかった私たちは、通りに戻るところから始めなくてはならない。出会いと別れを繰り返す攪拌機の中に戻らなくてはならないのだ。三〇までに結婚できなかったら、なにか理由があるはずだと苦々しく思う――おそらく自分のほうに、何らかの問題があるのだと。そうした何らかの問題があるとしても、インターネットは四〇歳以上の人たちのために、少なくともおつきあいの取り持ちはしてくれる。願望は経験則を打ち負かす。二、三回クリックすれば、勝利はあなたのものだ。

●ウェブと現実世界の一体化

一般的な話として、自分が買うものというのはだいたい決まっている。だから仮に、何を買おうかとずっと考えているとしても、考えているかどうかに気がつかないだろう。四〇歳以上のほとんどの人の冷蔵庫にあるものの八〇%は、いつも買っている食品のはずだ。確かに、季節によってちがうチーズや野菜、肉を買うことはあるかもしれない。だが、基本はそうそう変わるものではない。私などは、自分の好みを知り尽くしている。トロピカーナの果肉入りオレンジジュース。スキムプラスの無脂肪牛乳。ダノンの脂肪分〇%ヨーグルト。エシャロット入りクリームチーズ。フレンチマスタード。マレーシアのチリソース。ビール数缶。白ワインに関しては、妻と私が共に好きな銘柄があるし、醸造年度も決まっている。

だいたい決まっているのだったら、ウェブサイトや台所に、普段の買い物をする機能を持たせない理由はないではないか? 日本では、食品をしまうときに、その食品についているバーコードや周波数認識タグを読みこむ冷蔵庫を開発中である。食品がきれたり、少なくなったりすると、冷蔵庫はそれを認識し、オンライン商店に注文してよいかどうか確認するメッセージを毎日、あるは毎週、送ってくるというものである。同じシステムは洗濯機周りにもある。ウェブと連動した棚や収納スペースが、石鹸や漂白剤、柔軟剤などの残りを正確に把握するというものだ。残念ながら、家電製品のほとんどは一〇年程度しか持たないし、一般的なソフトウェアなら二年も持たない。家電とソフトウェアの互換性を保つことが一番の課題である。

私は、インターネットの未来は「一体化」にあると思っている。SFチックに聞こえるかもしれないが、要は、現実の世界と、携帯の技術とウェブサイトをリンクさせるということだ。店舗と、ネットの世界と、携帯電話のさらなる連携である。先日、私は、小売業者からみた顧客の潜在的価値を数値化するおもしろい方法を知って、とても感心した。私がある店の経営者だとしよう。店でしか買い物をしない客は一単位の「価値」がある。店で買い物をし、カタログもチェックする客は一・五単位の価値があり、買い物をし、カタログをチェックし、ウェブサイトもチェックする客は、二単位の価値がある。つまり、お買い上げ金額という点からみた店と客との関係は、客が店に接する方法の数に比例するというものだ。

一体化の一例として、こういうものもある。ウェブ対応の携帯電話を持って近所のドラッグストアに行って、それを、仮に市販薬に向けるとしよう。すると、関連ウェブサイトへと誘導する情報が棚から送られてくる。そのサイトでは、効用、服用量、副作用などの情報を紹介している。こうした情報を携帯電話で読むことができるのだ。簡単ではないか。

一体化が進めば、すでにオンラインショッピングで実現していることを、さらに進めることも可能になる。環境にやさしいツールとしてのインターネットだ。先日、ある友人がとうとうiPhoneを手に入れた。折りたたまれたマニュアルを読んで使い方をマスターする代わりに、iPhoneが入っていた外箱には、アップルのウェブサイトに行くようにと書いてあった。そのサイトでマニュアルのビデオを見ることができるようになっていたのである。私が、日本の百貨店で買った、凝ったデザインのカシオの時計もそうだった。時計と一緒にURLを手に入れたのだが、そのサイトからマニュアルをダウンロードできたのだ。おかげで、フランス語からセルビア・クロアチア語まで二三カ国語で書かれたマニュアルと首っ引きになって、いらつかずにすんだのである。

マニュアルであろうと無意味な包装であろうと、一体化された場合の最大の利点は、必要のないがらくた、紙、外箱を減らすことにある。先にあげたウェブに連動する冷蔵庫があれば、買い物に行く手間がはぶけるし、小売業者の配送手続きを簡略化することもできる。世界各地のゴミ埋立地がホッと一息つけることだろう。

このシステムの二つ目の機能は、財布に代わって、これが財布（と銀行）の役目を同時に果たしてくれるということだ。日本とフィリピンのドコモショップでは、自分の携帯電話にあらかじめ、いくらかをチャージしておいたり、携帯電話が銀行送金を受けつけるように設定したりすることができる。特にフィリピンのような第三世界では、これがあれば銀行を使わずにすむようになる。銀行口座を持たない人びとには控えめに言っても、ありがたい機能のはずだ。携帯電話の一定通話時間分の料金のように考えたらいい。さらに、危険性が増している現在、心配の種の絶えない親にとっては安心材料ともなる。子供の携帯電話にお金をチャージしておけば、月末、何に使ったのかをチェックできるからだ。子供が言い張るようにチーズバーガーと映画代に消えたのか、あるいは、半オンス分のマリファナに変わったのかが、これでわかるというものだ。そのほかにメリットはないかって？　安全性。お金を電子の形に変えておけば、犯罪は激減する。

三つ目にして最後のメリットは、ウェブと連動した携帯電話は、個人を識別する機能も果たすということだ。方法はともかく、携帯電話と持ち主を連動させ、持ち主が近くにいるときだけ動くようにしておく。溝に電話を落としてしまったり、盗まれたりした場合、その電話は、要は、使えなくなるのである。

ウェブに連動する携帯電話があれば、ウェブや、直接会うといった、これまでどおりのコミュニケーションに頼らないネットワークが生まれる。スペインで二〇〇四年三月に行なわれた選挙では、投票前にマドリッドで起きた列車爆破事件をきっかけにして飛び交ったインスタントメッセージによって、選挙結果が幾分、左右された。政治についての議論が行なわれたわけではなかったが、オンラインでみんなの忠誠が結集したのである。いまや、電話、雑誌、新聞など情報を広めるツールはいくつもある。そうしたものによって、私たちはローカルにつながっているのである。

小売業界における一体化の実現とは、配送システムやサプライチェーン管理などが整っていてすでに成熟している実在の店舗を、整備しなおすことかもしれない。少なくとも先進国においては、大型小売店の時代はピークに達している。店舗はさらに大型化していくのかもしれないが、客がその大きさに比例した時間と金をつぎこむわけではないので、経済的、環境的には小型化が理にかなっていると言えるだろう。食品をオンラインで注文するようになったら——そして、もし店舗に立ち寄るのは受け取るためだけになるのであれば——洗濯機コーナーは本当に必要なのだろうか？

考えてみると一体化にあたっては、現に今あるものすべてについて、なぜこれがあるのかということを大幅に考え直す必要があるかもしれない。アメリカは外国の国家再建（たとえば、イラク）に巨額をつぎこんでいるが、その一方で、国内の埠頭、港湾、橋などは寿命に達し、旅客鉄道は消滅しつつある。そして、アメリカ人は大きな構想を抱き、思い切って行動することができなくなってしまった。私たちが向かっているのは未来だ。化石燃料依存症から脱却し、もっと地球のことを考える必要がある今このときに、足踏みをしている状態なのだ。一五〇年前、全国に鉄道を敷設するにはビジョンが必要だった。一〇〇年前、パナマ運河建設を着想し、実現するには勇気が必要だった。そして、現在、アメリカは新しいことに率先して着手する立場にはなく、すでに取り組みが始まっていることに後から参加する追随者になりさがっている——ということは、一体化を最初に実現するのも、どこかほかの国だろう。

一体化が最初に実現するのは、アフリカかインドのような固定電話を持たないか、利用できない国ではないだろうか。インドに行くのがおもしろいのは、この国の土地が広大であることと、人口密度が高いことがある。商売の仕方が原始的だということもある。アメリカ人やヨーロッパ人なら、あって当然と考えるモノがないことも。この国では、従来の固定電話をひくというレベルを一気にとびこえてしまった。先日、デリーを訪れたとき、携帯電話を手にする人があまりにも多くて驚いた。ニューヨークよりはるかに多かった。携帯電話は、単に話をするためだけにあるのではない。持ち主の身元を証明するという重要な役割も兼ね備えている。携帯電話の番号は、名前と同じか、あるいはそれ以上に重要なものとなっているのだ。

これは、インドがたどる軌跡と、アメリカ人の多くがたどった技術進歩を比較すれば、納得がいくはずだ。アメリカ人は、まず固定電話を持った。次はコンピュータ。そして、インターネット。携帯電話がその後に続いた（思い出してほしい。アメリカに初めて携帯電話ショップができたのは、八〇年代後半から九〇年代前半にかけてだった。客のほとんどは会社勤めの男だった。私は、それまで携帯電話を使ったこともなかった友人とオペラに行ったときのことを今でも覚えている。彼女は、異国情緒たっぷりのマンゴーを見るような目で、私の携帯電話を見下ろした。娘に電話をかけたときの第一声は、「なんだと思う？　携帯電話からかけてるのよ！」だった）。その後、ＰＤＡに替える人が出てきた。ＰＤＡは、場所を問わずインターネットに接続できる世界へと誘うものだった。そうだ、私がその次に偶然、例のオペラの女性に会ったときは、携帯電話とブラックベリーを自慢げに持っていたっけ。

いろんな人に聞いてみるとわかるが、携帯電話は一九九〇年代の初めからではなく、ずっと前からあったと答える人が多い。

こうした技術進歩の軌跡を、新興国のたどる軌跡と比べてほしい。新興国は、何もない――固定電話も、パソコンもない――ところからスタートし、一晩にして突然インターネットが手元にあるような状態になるのだ。デリーで誰かが携帯電話でしゃべっているのを耳にすると、とてもこっけいだ。今どこにいる？　三分遅れるよ。携帯電話が登場する前は、一体どうしていたのだろう？

だからこそ、一体化が起きるのは、まず新興国だと確信している。そのうち、アメリカ人はこう言うだろう。「おい、なんでアメリカにはあれがないんだよ？」

●iTunes

私には専門職についている友人がいる。彼には会いたいのだが、なかなかうまくいかない。それでも機会があれば、訪ねていきたいと思っている友人だ。その友人には、やめるにやめられない悪い癖が三つある。マラソン、喫煙（一日にマルボロ半箱）、完全な音楽依存症《ジャンキー》。会議などで顔をあわせれば必ず、「これ、聴いてみてくれよ」という思いのこもったメモをよこす。それから、ｉＰｏｄを持っているなら聴かなきゃならんと固く信じているミュージシャンの名をあげるのだ。最近教えてくれたのは、バルカン・ビート・ボックスというバンドだった。重厚なビートのベースを従え、エレクトロニカをからめたような中東の音楽だ。ヘッドフォンをしてバップダンスを踊りながら歩くのにぴったりのダンスミュージックだった。

そこで、iＴｕｎｅｓストアへ行き、「バルカン・ビート・ボックス」とタイプする。ほら、出てきた。アルバムは二枚。全部でだいたい二五曲ほどある。どういう音楽かという一〇行ほどの説明と、カスタマーレビューが二、三あった。それだけ。じっくり考えるには、まったく十分ではない――いらいらしてしまう。結局、一曲九九セントで、三、四曲と、ついでに、彼が教えてくれたほかの二つのバンドの曲も何曲か買うことにした。これを編集して一曲にしてみた。それ以来、この曲を楽しんで聴いている。かなり複雑な音楽なのだが、すばらしいできばえだから。

だが、友達がそのバンドを教えてくれなかったら、バルカン・ビート・ボックスを知らないままになっていた可能性は非常に高い。なぜかって？　iＴｕｎｅｓは、デジタルミュージックを聴いてダウンロードするには、画期的なまったく新しい方法だ。だが、率直に言って、あまりにも制限が多すぎる――私は生きているかぎり、アップルのファンだといっておくけれども。

例をあげようか。なぜiＴｕｎｅｓでは三〇秒以上試聴させてくれないのか？　歌や主旋律《メロディ》が始まらないうちに終わってしまうことすらあるじゃないか。なぜ、このサイトでは、ユーザーがどこに住んでいるのか、どんな音楽が好きなのかといった情報を聞かないのだろう？　そういう情報があれば、その人の好みやそれまでにダウンロードした音楽などから推測して、その地域でコンサートがある場合にお知らせできるのに。それから、三回まで再生できるように制限して、一曲二五セントで売らないのも解せない。三回聴けば、その曲を自分の音楽ライブラリーに追加しておきたいかどうか、たいがいわかるのに。まだある。ｉＴｕｎｅｓは、バルカン・ビート・ボックスを買うような客は、由緒正しいアーサ・キットの歌も好きだろうということをわかっていない。もう一つ、ライナーノーツ。私はライナーノーツを読むのを楽しみにしているのに。結論としては、九・九九ドルか一一・九九ドルか、一八・九九ドルか、とにかくこのサイトが設定している額でアルバムごと買わないかぎり、読めないということがわかったけれど。

これのどこが、情報爆発だというのだろうか？

もう一つ、あげておこう。現在、私はｉＰｏｄを四台持っていて、それぞれにスピーカーをつけている。居間とキッチンとオフィスに一台ずつあって、最後の一台は持ち歩き用だ。ところで、アップルは、革命と言ってもいいくらいなものを開発したと、わかっていないのだろうか。なぜ、もっと広めようとしないのだろう？　ｉＰｏｄを単なる最先端のクールな音楽配布システムで終わらせるのではなく、今よりもずっと多様な楽しみ方を私に――いや、すべての人に――、売り込むべきだ。iTunesストアは、九九セントで曲を売ることしかしていない。もちろんそのほかに、朗読テープ、テレビドラマ、音楽ビデオ、新発売のDVDなども売ってはいるが、このサイトでは、私のiPod軍団を管理するツールは売ってないのだ。アップルには、コンテンツだけではなく、自社の製品を日常的に効率よく、使いやすくするようなものも、ぜひ売って欲しいと思う。

先日、私はソニーBMGの重役との会議に参加した。いわずと知れた音楽産業の世界的コングロマリットである。多くの人がご存知のように、CD売上は落ち込む一方で、二〇〇七年にいたっては約三〇%も減少した。ヘンな話だが、唯一、CDが売れているのは、ニッチマーケットだ。たとえば、ポルカ。これは売上を維持しているし、ラテン音楽もそう。好みのはっきりした固定客がついている小さなインディーズのショップも生き残っているが、その他の分野はからっきしだ。

これには、腑に落ちないところがたくさんある。音楽への飽くなき欲求がこれほど強かった時代は、今までなかった。二〇〇八年現在、典型的な一五歳の子供なら、あらゆる分野の音楽用語を知っている。トランス、ブルース、ロック、レゲエ、ヘヴィメタル、カントリー、ロカビリー、ストーナー・ミュージック、ブリティッシュ・インベイジョン、コンテンポラリー、ヒップホップ、ワールドミュージックは言うまでもなく、ピーナッツのクリスマス・サウンドトラックまで知っているほどだ。それにもかかわらず、そうした知識や欲求を心ゆくまで堪能するためのツールが、インターネットにはないのである。インターネットは、消費者をとらえきれていない。新しい、いい音楽を聴きたいという気にさせていないのだ。

　オンラインで音楽がよく売れていることは、よーく知っているが、それでもCD売上の落ち込みを補うほどではないところがミソだ。ダウンロードはすばらしいアイデアだ。音質も優れているし、MP3の音楽ファイルは一昔前のレコードよりもはるかに扱いやすい。だが、CD売上が落ち込んだ理由はこうしたことではない。

　ファイル共有やオンライン上での著作権侵害を批判するのも、言い逃れにすぎない。一九五九年、典型的な一般家庭には一・七台の音楽プレーヤーがあった。両親にはステレオがあって、たぶん二階には子供用のポータブル・レコードプレーヤーなどがあったのだろう。私たちはレコードにそっと針を落として、耳をそばだてて聴いたものだった。再生中は動けなかった（ダンスなどもってのほかだった）。そんなことをしたら、針が飛んでしまう。今なら、音楽にあわせて何でもできる——料理もできるし、読書もできる。トレーニングも、セックスだって。音楽は、やるべきことがたくさんある日常生活のサウンドトラックになったのだ。確かに私は、タイプもサイズもさまざまなiPodを四台も持っている。だが、家には、全部あわせて二三台も音楽プレーヤーがある。ドアーズのあるアルバムなどは、これまでに四枚も手に入れた。レコードもカセットも、CDも買った。もちろん、MP3でも。それに、今は子供でも音楽を買っている。二〇年近くも、小遣いで買える範囲の四五回転ではなく、高価なCDを買わせてきたのに、なぜ、もう音楽など買うもんか、ということにならなかったのだろう？　問題は、音楽業界が歴史的に、消費者ではなくミュージシャンに近い立場にいることなのだ。

オンラインでは音楽はとてもよく売れている。つまり、消費者は全部の曲を買いたいとは思っていないのだ。音楽産業はそれをわかっていない。私たちは一部だけが欲しいと思っている。『愛にすべてを～ベスト・オブ・トロッグス』に一三・九九ドルも払いたくないし、アーサー・ルービンシュタインの『ショパン　ノクターン』に二四・九九ドルも出したくない。「恋はワイルド・シング」や、「ノクターン、作品一五、第三番、ト短調」だけ聴ければ十分なのだから。はたして、この業界はこうした要望をわかっていたのだろうか？　いいや。いまだに、チャック・ベリーの時代と同じやり方で商売をしているくらいだから。そのしっぺ返しを今、くらっているというわけだ。

とは言うものの、音楽を売る店がiTunesだけだったら、誰もが困ってしまうだろう。妻のシェリルは音楽家だが、彼女が題名のわからない室内楽の楽曲を探しているとしたら、iTunesでは見つけられないだろう。少し前のこと、彼女がリンカン・センターの近くにあるタワーレコードにでかけたときの話をしよう。おずおずした感じの店員がいたのだが、その店員はいろんなことをとてもよく知っていて、シェリルがどの曲のことを話しているのか完璧に理解した。その上、さまざまなバージョンについても知っていたほどだった。アムステルダムのコンセルトヘボウで録音した一九七八年のライブ版よりも、一九六二年のスタジオ録音版のほうがすばらしいのはなぜかについても説明してくれたくらいだ。だが、タワーレコードはなくなってしまった。書籍販売のバーンズ・アンド・ノーブルにはそこまで期待できそうにない。ウォルマートは論外。こうして、シェリルが頼れる店はなくなってしまった。

私はソニーの重役にこの質問もぶつけてみた。お客さんが利用できるところに、カタログを置くことを考えませんか？　つまり、すでに発売された一般的な作品リストを作る必要があると提案したのである。すでに書いたように、音楽熱は、今日、とてつもなく高くなっている——あとは、消費者が欲しいものを見つけやすくする手段を考えてあげればいいだけだ。たとえば、『チリ・ウィズ・ベートーベン』とか『ザ・モスト・リラクシング・クラシカル・アルバム・イン・ザ・ワールド』というタイトルのクラシック・コンピレーション・アルバムを探しているとしよう。タイトルがわかっていれば、iTunesからダウンロードできる。何の問題もない。だが、ほとんどの人はプレミア料金を払ってまで、ソニーのチャット・ルームを利用したいとは思わないのではないだろうか？　このチャット・ルームでは、たとえば、全作品を網羅した音楽カタログから曲を選ぶことができる。それに、ホスト——品があって、ヤギひげをはやしたバークレーかジュリアード音楽院の教授——が、どんな録音方法のものが欲しいのか、ライブ録音とスタジオ録音のどちらが好みか、年齢、どんな音楽が好みか、などを確認してから、ぴったりの音楽を紹介してくれたりするサービスだ。チャット・ルームから退出するときに、デジタル音楽かCD——あるいはイヤホンつきのブレスレットでもいい——を買っていくかどうか、こういうプロセスの開発が待たれるものだ。どうだろう、テッキー？

ミュージックショップと書店は同じようなものにはならないのだろうか？　もしかしたら、日本のマンガ喫茶のようなものになるかもしれない。マンガ喫茶は、店に入ってイス代を払えば、好きなマンガを好きなだけ読むことができる場所だ。ささやかな額の入場料が必要になる場合もある。そのかわり、趣味がよくて、見る目があるな、と思えるような人が案内役になってくれることもある。お仲間は、自分と同じ音楽を好み、たしなむような人たちだ。男女は問わない。ドリンクや、フェタチーズを詰めたオリーブ、ブルゴーニュ産のエポワス・チーズを出してくれるところもある。こうした店の経営者は、客の好みを熟知しているはずだし、収集価値のある昔のマンガを直接売ってくれることすらある。

ちょっと想像してほしい。バルカン・ビート・ボックスから、ミラノ生まれのピアニスト、マウリツィオ・ポリーニに至るまで、ネット上でコンサートを楽しめることを。借りたり買ったり、ミックスしたり、あるいはクラブに行って実際にコンサートを聴くこともできる。専門家が一つ一つ、手ほどきしてくれるはずだ。そのサイトとのつながりも、オンラインコミュニティによって強くなっていくだろう。
これこそが何よりの情報というものではないか。

18　ショッピングの科学、世界へ

はい、搭乗券。急いでください――ゲートはもう閉まります。抗不安剤のザナックスを手元に置き、シートベルトを締める。青い毛布を袋から取り出して、と。

おっと、私の席は通路側だ。足が長いからね。

さて、イタリアからインドへ、地球を回る旅の始まりだ。仕事だけど、少しだけ気晴らしも兼ねて。

一九八〇年代末、エンバイロセルは思いがけずも岐路にあった。どちらに進むにしても、新たな、将来性のある未来につながってはいたが。われわれの前には二つの選択肢があった。ここアメリカで事業拡大すべく、時間と労力とお金をかけるか。あるいは、広い世界に焦点をあてるか。どちらか一つしか選べない。両方はなしだ。だが、私の心は決まっていた。世界進出。

もしアメリカに留まっていたら、わが社は今よりもずっと大きな企業になっていただろう。だが、戦略的に考えれば、エンバイロセルが世界中の小売業やショッピングのニーズを把握する企業になれば、アメリカでも生かすことができるという大きな利点はあった。

それに、旅行はお手のものだった――飛行機で世界を回るのは、知り合いと一緒にいることと同じくらい快適だ。完全に自立している妻と二人だけで、子供がいないこともあって、かなりの時間を出張にでていても問題なかった。税関を抜けると、いつもどおり適応力が動き始める。適応力といっても、ヒマラヤをバックパックで旅行するとか、チェンマイで最もいい朝食つきホテルを探しだせるとか、そういうことではない。一〇日で世界を一周し、いくつものタイムゾーンに出たり入ったりしながらも、おおよそ正気を保てて、身体を壊すこともなく、いい気分でいられるということだ。加えて、アメリカで買ったメガネをはずして、スペイン製や日本製、イタリア製、ポルトガル製のメガネを試せるのは、わくわくする。すべてを新しい視線で見るようになる。ケープタウンや上海のこの店やモールでうまくいっていても、コロラド・スプリングスやテキサス州オースティンでうまくいかないことは何だろう？　アメリカの小売業者は、なぜこれを思いつかなかったのか？　環境が最高であろうが最悪であろうが、まさしく、意外な事実を再発見することもあるのだ。

一つ希望があるとすれば、機内でぐっすり眠れれば、ということだ。他人がいる場所で眠るのは大変だし、どうも苦手だ。労なく眠れる人というのは、兄弟姉妹で部屋を共有したことがあって、そうしたことに慣れているのだと思う。私は、寝るときはいつも一人だったから。

シートベルトを締めろって？　おっと、離陸だ。だが、まずは少しさかのぼってみようか。

eメール時代が到来する前、九〇年代初めのこと。ファックスがガタガタうなりながら、一枚を受信した。それは当時、クリエイティビティ・イタリアの共同経営者だったアルベルト・パスクィーニからだった。クリエイティビティ・イタリアは広告会社だ。ある業界誌でエンバイロセルの記事を読んだ彼は、ミラノに来ないかと声をかけてくれたのだった。当時すでにヨーロッパに事務所を置くことを考え始めており、仕事を獲得しようと大西洋を行ったり来たりしていた。たまたま、その翌週にも出張を控えていたし、フライトを変更することもできたので、ジュネーブに飛んでミラノに行き、そこからアメリカに帰国することにした。その一〇日後にはスイスのローザンヌから列車に乗ってミラノに向かい、ファックスの送り主と顔をあわせていた。

アルベルトは、ちょっと驚くような評判の持ち主だった。びっくりマークが六つはついてまわるくらい。一五年前に初めて会ったとき、彼は四〇代後半で、派手な格好をした白髪頭の男だった。ミラノに着いた日、アルベルトは私をジューシ・スカンドローリオという女性に引き合わせる手はずを整えていた。ＱＴという小さなマーケットリサーチ会社を経営していた女性だった。「彼女が君の未来のパートナーだよ」と、彼は愛嬌のあるイタリアなまりの英語で言った。そのとき自分が何を思ったか、今でも覚えている。アルベルト、一体、何のことだ？　それでも私はジューシと握手して、軽い世間話を交わした。そのときは、それ以上話が進展することもなく終わった。それから一、二年、用があってイタリアに行くたびに、アルベルトが、ジューシと会うように私のスケジュールを調整していることに気がついた。

イタリアは、概念上、わずか一五〇年の歴史しかない国だ。当時も今も、この国は都市国家の集合体で、それぞれに特徴がある。ジューシはジェノバの生まれだが、今はミラノに住んでいる。歴史を振り返ると、ジェノバ人は主には商人として、ときには海賊として、地中海を移動して暮らしてきた。これはジェノバ人のなんたるかを示す光と影だろう。一方、ミラノは工業都市で、不屈の精神を持ち、労働をいとわず、強い意志を持って自らを律する人びとの街だ。ここでは、利益がからむことや、重要なことはすべて、厚い壁に閉ざされたなかで決められる。ミラノは、観光に向いた都市ではない。二四時間あれば全部見て回ることができる。だが、ガイドや案内役がついていれば、魅力的な街へと一変する。

アルベルトのおかげで、ミーティングを重ねるうちに私は、イタリアオフィスをすぐにでも作る必要があることに気がついた。だとしたら、経営者として誰が適任だろうか？

ジューシ・スカンドローリオ。現在、エンバイロセル・ミラノを統括する彼女は、まさしくわれわれが探し求めていた人物であることが明らかになった。彼女の価値観は生粋のミラノ女性のものだ――意志が強く、自主性があり、知識は豊富で、疲れを知らず、粘り強い。こうした特徴のすべてを自分のものとするのはたやすいことではない。イタリアのような男性優位の国で生活し、働く女性にとってはなおさらそうだろう。

原則：海外進出が原因で、不安で眠れない夜を迎えるようになったら、その土地のやり方で進めるように考えを改めること。イタリアの支払い方法は非常に複雑だ。初めてのプロジェクトの支払いは、第三者によって行なわなければならない。通常は、銀行だ。つまり、契約成立となっても、一八〇日前後は支払いを受けられない可能性が高い。私は失敗を個人的に引き受けるのはかまわなかったが、エンバイロセルそのものを危険にさらしたくはなかった。だから、海外支店第一号では、自分が所有者の地位につくことにした。旅行はたいがいそうだが、一番こわいのは最初の一歩である。

一度イタリア市場に参入してしまうと、一つのことが次につながるという感じだった。最初のクライアントの一つは、リーバイス・イタリアだ。アメリカのリーバイスがすでにわれわれのクライアントだったこともあり、リーバイス・イタリアがきっかけとなって、ヨーロッパ中のジーンズマーケットに入り込むことになった。その後数年で、われわれはアムステルダム、ストックホルム、リスボンなどで、リーバイスとドッカーズについて調査をするまでになった。また、ミネアポリスに拠点をおくリテール銀行専門のマーケティング会社、ジョン・ライアン・カンパニーと提携関係にあったおかげで、まもなくエンバイロセルは、ブラジルの銀行業界へのとっかかりも得ることができた。最初の取り組みは、イタウ銀行のために調査を行なったことだ。

イタウ銀行では、店内の掲示版や、顧客サービスのデスク、出納窓口の設計などについて調査した。これを、マンハッタン中心部にある広さ二八〇平方メートルのシティバンクではなく、一八〇〇平方メートルあり、出納係が一〇〇人もいるブラジルの銀行で行なったのだ。ブラジルでは待ち時間の感覚もちがう。本書のはじめにも書いたが、アメリカ人は三分待たされると、体内時計がカウントし始め、イライラしだす。一方、ブラジル人の体内時計はだいたい五分ほど過ぎてから動き始めるのだ。アメリカ人よりずっと、待つことに慣れているからだ（あるいは、あきらめているのかもしれない）。もう一つ、びっくりしたことがある。プライバシーがない。まったく。というより、もっとも個人的な情報を他人もいる場で扱われることに対して、あきらめにも似た無関心があるといったほうが近いだろうか。アメリカで貸付ローンや住宅ローンを申し込む場合、通常、客は銀行の椅子に座って、いささかおせっかいな副頭取から、年俸はいくらか、毎月のクレジットの支払いはいくらか、別の収入源はあるかどうかといったことを聞かれるものである。ブラジルでもこうしたことは聞かれるのだが、問題は、一歩離れたところに別の客が五、六人は並んでいて、自分の番を待っているということ。これに動じる者はだれもいない。秘密をたくさん抱えた人には、好ましい文化ではない。

その他多くの途上国と同じくブラジルでも、ほとんどの経済は現金で動いている。雇用主が給与を小切手で支払うことはあるかもしれないが、そうした小切手は銀行に持ち込まれて現金化される。たいていの企業は小切手を現金化できる日時を決めているので、そのときになると従業員が大挙して銀行に押しかけることになる。ある日の午後、調査を行なっていた支店に、五〇〇人のバス運転手が押し寄せたことがあったっけ。また、ブラジルでは、家賃、電気料金、電話料金などの料金を、銀行の窓口で現金で払う人が多い。だから、この支店では、顧客のレベルによって窓口を分けていた。「アミーゴ」と呼ばれる低所得者層で、主に現金で取引をする顧客は店内のある窓口に向かい、「スター」と呼ばれる中所得者層の顧客は別の窓口に向かうというふうに。騒々しい上にあわただしい、とにかく手間のかかる状況ではある。それでも、われわれはそういうのがとても気に入ったし、その後、イタウ銀行もわれわれを気に入ってくれたことがわかった。一年後、ジョン・ライアンとイタウとの取引は終わってしまったが、エンバイロセルとの取引は継続となったからだ。さらにその直後、ブラジルの大手のビールメーカーであるブラーマもわれわれのクライアントとなり、ニューヨークオフィスのスタッフを手当たり次第にサンパウロに送り出すことになってしまった。

このころは一息つく暇があまりなかったが、ようやく認められるようになってほっとしたとき、エンバイロセルの業務の約二〇％がブラジル関連だったことが判明した。これは総利益の約三〇％を占めるほどである。

それなら、ブラジルオフィスを置くのはどうだろう？　だが、今回は全員一致で、ライセンシーを使うことになった。

海外でライセンシー契約を成功させるには、信頼のおけるパートナーを見つける必要があることは自明の理である。そこでわれわれは、すぐに適任者を探し始めた。調査の結果、マーケットリサーチ会社を経営していた女性に絞られていった。この、逆差別はどういうことだろうか？　非常に単純なのだが、われわれは、ミラノでの経験から少なからぬことを学んだのだ。ジューシが男性優位の社会で成功していたこともあって、ブラジル版ジューシを見つけたいと思っていた――ハンディキャップにさらされることを理解し、それを直視して克服することを学んでいる女性。それに、われわれが扱う商品は、必ずしも日常的な生活必需品というわけではなかったし。

エンバイロセルの一員として加わったのは、マリア・クリスティナ・マストピエトロだ。愛称、キータ。賢くて、寛大で、肩幅があって、印象的な笑い方をする女性。彼女はスタンフォード大学で修士号を取っていて、まさしく適任だった。つまり彼女は、われわれが求めていた人物そのものだった。今でもそうだ。いや、それ以上と言ってもいい。彼女のビジネスパートナーはアウグスト・ドミンゲス。若くて頭のいいエンジニアだ。この二人はすばらしいコンビである。

ジューシとキータがニューヨークオフィスで初めて顔を合わせた日のことは、一生忘れないだろう。まず、二人とも同じような服を着ていた。財布もまったく同じタイプのものだった。キャリアも同様。乗っていた車種も同じだった——ついでにいうと、色も。さらに、自分の夫がどういう人なのかという話もよく似ていた。もしや同じ男性について話しているのではないかと思ったくらいだが、さすがにそうではなかったので全員がほっとした。そうして、二人は古くからの友人のように親しくなったのである。

海外でライセンスを供与する場合は、相手にニューヨークに来てもらうようにしている。一カ月ほどかけて、ここニューヨークでわれわれのビジネスについて一から十まで学んでもらう。それがすむと、人の流れは逆になる。何人かのスタッフをその国に派遣して、ライセンシーの立ち上げを手伝い、最初のいくつかのプロジェクトがうまくいくように手伝わせる。トレーニングを行ない、マーケティング・システムを提供し、インターネット上でどう展開するかを管理する。それに対し、海外パートナーは売上の一定割合を支払うことに同意するというわけだ。また、われわれはパートナーの業績をレビューする権利を保有する。期待したほどうまくいかなければ、改善するためにあらゆる手立てを講じるし、具体的な方法を見つけることに全力を傾ける。

簡単に説明すれば、そういう感じだ。

ブラジル勤務は、ニューヨークオフィスのスタッフのほとんどにとって、初めて途上国に接する経験となった。控えめに言っても、目を開かせるものだったと思う。いい経験になったことは間違いない。特に、アメリカから出たことがない中西部生まれのスタッフにとっては。これまでのところ、たいした問題は起きずにすんでいる。それでも、数人の男が口笛を吹きながら、金髪の女性社員をつけまわしたということは二度ほどあったが。

サンパウロ・オフィスを立ち上げて一〇年ほどたったが、ブラジルは、われわれのカテゴリー・マネジメントの最先端であり、中心ともなっている。われわれはこれを「カテマネ」と呼んでいるんだが、つまり、あるカテゴリーに属する商品が現場でどのように売れるかを検証することだ。ベビー用品でも、缶入りスープでも、携帯電話でも、何でもあり。こうして、小売業者のための調査というよりは、消費財メーカーのためにエネルギーを傾けているところだ。

ジョンソン・エンド・ジョンソン、ユニリーバ、ノキア、モトローラといった企業が南米向けの商品を拡大するにともない、カテマネはブームになっている。エンバイロセル・ブラジルはいまや、ほかの南米諸国での業務も請けるまでになった。そこでわれわれは現在、ここをライセンシーから合弁会社に変更しようとしているところである。目をみはるようなスタッフの活躍に感謝する意味も込めて。

一方、やむを得ないことではあるのだが、サンパウロオフィスは、通貨と政治とサッカーに巻き込まれることがある。これには手のうちようがない。この三つ頭の怪物に対抗する策は、ないのだ。つまり、政治的大混乱の年もあるし、ブラジル通貨レアルがドルに対して安くなったり、あるいはその逆が起きる年もある。そういうときは、とにかく用心するしかない。その後、数カ月は浮き沈みがあるだろうから。ワールドカップのことは書いたっけ？　このときばかりは、三カ月間、国中が休業状態になる。「釣りに行ってます」という張り紙のサッカー版が張り出される。これにしても、誰もどうすることもできない。地元チームを応援して、黄色と緑と青の国旗を振ることを除いては。

エンバイロセルの名が全世界に広がり、てんやわんやの状況になったのは、マルコム・グラッドウェルという『ニューヨーカー』の若手サイエンス・ライターのおかげだ（そう、彼はその後、ベストセラーになった『ティッピング・ポイント――いかにして「小さな変化」が「大きな変化」を生みだすか』と、『第1感　「最初の2秒」の「なんとなく」が正しい』を書いた、あの人物だ）。「ショッピングの科学」というタイトルの記事は、われわれの業務についてまとめたもので、『ニューヨーカー』で繰り返し掲載された。それだけではない。本書があるのは、その記事のおかげだ。

一九九六年の秋にグラッドウェルの記事が出てから、世界各地からライセンシーについて問い合わせる電話が倍増した。われわれとの提携についての新たな問い合わせも、週一本はかかってきた。うれしい悲鳴をあげるような状況だった。そのころ、ビジネスという点で、まずあげておくべき効果は、すぐにでもわれわれを雇いたいとして、社にやってきたクライアントがとても多くなったことだ。宣伝を見て、やってきたクライアントだった。宣伝とは、まずは『ニューヨーカー』の記事。次に本書。かつて宿泊経費を節約するために車の中で眠り、翌朝、近くのガソリンスタンドで顔を洗っていた男からすれば、この商売がうまくいくのか、それとも地に落ちるのか、まったくわからないまま何年も過ぎていった、その後に訪れたこの状況は信じられないほどうれしかった。

『ニューヨーカー』の影響がまだ残っていたころ、郵便物に埋もれていた一通の手紙に目がとまった。その手紙をよこしたのは――私はこの人物を救世主だと思っているのだが――日本でライセンスのエージェントをしていた豊田一雄氏だ。豊田さんは、アメリカの多くの一流企業をクライアントとしていて、日本にある企業とのライセンシー業務を行なっている。彼は『ニューヨーカー』の記事を読み、さらにネットでわれわれについて調べたのだった。そして、われわれにとってベストのライセンシーを日本で見つけてくれただけではなく、息子さんの婚約者だった桃子さんをガイドにつけてもくれたのだ。

日本で仕事をした最初の四年間、桃子さんは、表も裏も含めた日本文化のすべてについて、私の先生だった。彼女は子供時代にアメリカとオーストラリアで過ごしたことがあり、私が経験するであろうカルチャーギャップについても理解があった。二人であちこちの商業地域にでかけたし、ショッピングモールにも行った。いくつかの神社にも連れていってもらった。彼女は、くだらないことでも個人的なことでも、私が聞いたことにはすべて答えてくれた。くすくす笑いながらのこともあったが。それでも、その後には考え抜いた答を、真摯に、詳しく説明してくれたものだ。桃子さんが結婚したとき、私は、二人分の航空券を送って、夫妻をニューヨークに招待した。二人はこの招待を受けて、私の家にも泊まっていった。今、彼女には子供が二人いて、上の子はエマという。私は、彼女のウェブサイトを見て、エマの成長を追っているところだ。

これが私の求めていた日本文化への鍵だとしたら、桃子さんは非常に重要で、役に立つ手がかりをくれた人だ。彼女には一生、感謝するだろう。彼女から教わったことは多岐にわたる。日本の家族構成のこと、整理整頓する国民性、贈答についてのいわずもがなの礼儀のこと。それに、お辞儀の意味合い。背中を向けてよい場合とだめな場合。誰かが帰るときにどれだけ深く、長くお辞儀をしなくてはならないかということ。顔を上げるタイミングと、誰が最初に顔を上げてよいのかということ。お辞儀を途中でやめてよい場合など。要するに、客に対していかに敬意を表するかということだ。実をいうと、私はアジアで育った。父が外交官だったからで、一〇代のころの体育では柔道を選択していたこともある。その意味で、ほかの多くの外国人に比べたら私は日本文化に関しては、一歩先をいっていたのかもしれない。それでも、授業が短期間ですんだのは桃子さんが非常にうまく、手際よく教えてくれる先生だったおかげだ。毎日毎日、私はどんどん情報を吸収していった。その結果、自分で思う以上にはるかに洗練されているような印象を与えるようになったことは間違いない。

ところで、そうした勢いを削ぐものがひとつだけある。私の名前だ。

初めて日本に仕事でやってきて、日本人が「アンダーヒル」という名前にとまどってしまうことがわかった。この名前の何かのせいで、日本人がこれを口に出すのは簡単なことではなかったからだ。ある日、思い切って言ってみた。「パコさんと呼んでください」

さて、平均的な日本人ビジネスマンにとって、これが過激な提案であることを理解しておかないといけない。アメリカ人にたとえれば、大好きな祖母を「よう、グロリア！」と呼ぶようなものなのだ。日本では、下の名前で呼びかけることは決してない。だがいったん、そのささいな名前の問題を乗り越えてしまうと、全員がほっとした。

振り返ってみると、日本文化にふれても気楽でいられるのと、日本人も私に気を許せるのは、ひとつに、私がのっぽで親しみやすいからだろう。加えて、桃子さんのおかげで、私が日本文化の機微を理解するということもある。たとえば、ささいなことだが、女性の名前に「ちゃん」をつけて呼ぶこと。「ちゃん」は、親しみを込めつつも、お互いに尊重しあう関係を年下の女性と作り上げる接尾語だ。男性なら「くん」。日本のクライアントにも言ったことがある。「パコくんと呼んでいただいても、まったく構いませんよ」。たいがい、私がそういう言い方を知っているだけで相手は驚いてしまって、そう呼ぶように提案することはあまり気にしない。彼らはそうした目新しさを楽しんでもいるのだと思う。私が日本文化に親しむと同時に、日本に興味があることを明かしているわけだから。日本の言葉をいくつか知っているにすぎない人が、日本文化が普段の生活のなかで果たしている役目を理解しているとなると、みんなびっくりしてしまう。だが、そうしたささいなことであっても、意義は大きいのだ。

私が日本で経験した新鮮な気楽さは服装にも表れている。初めて日本に出張したころは、どこに行くにもネクタイをしめてジャケットをはおるか、スーツを着ていたものだった。だがある日、非常にやんわりとこう指摘されたのだ。パコさんだったら、水着を着て、頭にキウイフルーツをのせていたとしても、誰も気にしないわよ。

快適さという点で言えば、東京の町をそぞろ歩くのであれば、ボタンをかけた白いシャツにカーキパンツというでたちにかなうものはないが。

日本のような完璧な男性優位の社会にあって、エンバイロセルジャパン社長の打田光代さんはまるでハスの花のように際立っている存在だ。世の中にはビーニー・ベビーやコークの缶、流木を集める人はいる。が、打田さんは、二、三時間しか眠らなくてもへっちゃらであるうえに、世界で一番、徹底したカエルコレクターにちがいない。彼女が身につけるものにまで及んでいるくらいだから。カエルのイヤリング、カエルのペンダント、カエルのようなネックレス。通常のカンパニーミーティングの時でさえも、打田さんはカエルの着ぐるみを着た人を入口に待機させ、席まで案内させるのだ。ありがとう、カエルくん。

本書が出版されると好調な売れ行きを示した。アメリカでもよかったのだが、とくに日本、カナダ、オランダでは大好評だった。私は、これらの国がマナーを重んじる国だからだと思っている。本書の重要なテーマの一つがこれなのだ——マナーと人の行動をどう理解するか。

国によってショッピングの仕方がちがうのはどうしてですか、という質問をよく受ける。これに対して私はまず、すべての場所に共通するものは何でしょうね、と指摘することにしている。これが、本書が取り上げる基本的なテーマだ。東京に住んでいても、シカゴでも、サンパウロでも、人の視力は同じように衰える。体の寸法もそう大きくちがわない。腕の長さ、手の働き。ほとんどの人が右利きであるということ。誰しも自分の子供を大事に思うし、たいがいは配偶者のことも大切に思っている。友人、恋人、核家族あるいは大家族といった似たもの同士で一緒に行動する傾向があることも、共通している。

そうは言っても、世界のどこに住んでいるかによって、ショッピングや実際の生活環境を異なるものにする基本的な要素はある。一つめは、人口密度だ。東京も人は多いが、ムンバイはそれ以上に多い。逆に、ダラスとロサンゼルスはかなり拡散している。空間がぜいたくに使えるかどうかが、商売の成否の分かれ目だ。結局、店が成功するかどうかの重要な決め手のひとつは、一平方メートルあたりの売上だからだ。銀座にある店を考えると、その店の一平方メートルあたりの売上はおそらく、シカゴ郊外の小規模ショッピングセンターにある同じような店の一〇倍になるだろう。人の密度が物理的に高くなればなるほど、客を店に呼び込みやすくなる。東京にあるデパートのなかには一〇階建のものもあり、その店のエスカレーターは次から次へとやってくる。同じ地域には、レストランばかりが入った高層ビルもある。各フロアにちがうレストランが入っているのだ。アメリカだったら、高層ビルの四階にアップルビーズを開店しようなどとは、誰も思わないだろう。

二つめは、住んでいる国がどの程度、経済的に発展しているかということ。北米と西洋は生活水準が非常に高い。こうした国のどこにでも貧困層はいるが、アジアやアフリカで見られるほどの貧困は西洋では見られない。貧富の格差は治安問題につながることが多く、実際の環境に多大な影響を及ぼす。例えば、ブラジルのショッピングモールでは、ある程度の安全を確保し、警備を行なっているが、同じような安全や警備は街中ではありえない。

三つめは、天候。ドバイとヘルシンキのちがいは、一方では暑さ対策をする必要があり、他方では、寒さ対策をする必要があるということ。もちろん、その国の文化や慣習に対応しなければならないのは言うまでもない。

トレーを元の位置に戻してください――まもなくバンガロールに到着します。エンバイロセル・インドの本拠地だ。

魅力にあふれた国、インド。現在、空前絶後の急成長の真っ只中にある。今はインドの時代だという、国をかけた威信と愛国心を、誰もが感じている。それについては何も言うことはない。ムンバイかバンガロールにある最新の工場やプラスチック工業、石油処理工業を見れば、一目瞭然だ。だが同時にインドでは、主要な社会基盤は手を入れる必要があるほどだし、小売業は新興国のなかでもとくに原始的なやり方がそのままつづいている。衣料品から食品、自動車に至るまで、小売業の中心はいまだにパパママ商店なのだから。そういうわけで、経営者がちがえば価格も異なるし、品質も変わる。とにかくばらばらなのだ（品質管理なぞこの国には存在しない）。それに二〇〇八年現在、大規模チェーン店も展開していない。この国は今でも、三〇〇年間イギリスの支配を受け、植民地とされていた影響をぬぐいきれていない。実際、私がとてつもない魅力を感じたのは、クアラルンプールの英国陸軍学校に通っていた五、六年生のころと同じ言い回しを耳にしたときだった。「なんてあつかましいお方か」という、その言い方。一九五〇年代の言葉遣いが、時間に閉じ込められたかのようだ。

インドは産業発展のモデルケースなのかもしれないが、国民がそこそこの誇りを持つほどではない。節電や停電は、多くの都市で日常茶飯事だ。主な大型ホテルでは発電機がぶんぶんうなっているが、それ以外の場所では、昔ながらの電球よろしく、電気がついたり消えたりしている。ブラジルと同じく、非常に豊かな人びとはいるのだが、その一方で、街のあまりの様子にショックを受けることもあるだろう。ハンセン病患者や身体障害者、ガリガリにやせほそった牛、皮膚病になった犬、車が近づいても気づかないまま高速道路を徘徊する人びとなどを、ひややかな目で見ることができなければの話だが。

そうしたありとあらゆる問題――街並は清潔ではないし、地位やカーストや序列（地元新聞には、びっくりするほど詳細で、俗物的な個人広告が出ている。たまに見てみたらいかがだろうか）といったものにとらわれてはいるものの、インドは非常に魅力的な国だ。がっかりさせられることもあるけれど、おおむね興味をかきたてられる国である。消費財メーカーと技術系企業をクライアントに持つインド最大の小売業コンサルティング会社に、バンガロールオフィスのライセンスを打診されなかったとしても、自分に問うてみることがある。私は、またここに来るだろうか？

来る。すぐにでも。

往路を戻って、アメリカに向かう。だがその前に、モスクワにちょっとだけ立ち寄ることにする。雪が降っている。当然だ。白亜の世界。もちろん、そうだろうとも――モスクワは、既存の小売店と同じくらい、小売業者をわくわくさせる行き先だ。アレクセイ・プリャニシュニコフは、開設したばかりのエンバイロセル・モスクワの代表者だ。ダイビングとサイクリングに打ち込んでいて、私がこれまで聞いたなかで最も完璧に、くだけた英語を話す。どうもアメリカ映画から学んだらしい。ロシア人パートナーとは提携したばかり。アレクセイも言うかもしれないが、これはすばらしい関係を築く序章だと思っている。

次の目的地。スモッグにおおわれた、とても美しい街、メキシコシティ。メキシコのマーケットリサーチの七〇％はここで行なわれている——ということは、この国にオフィスをおくつもりだったら、この都市がうってつけだ。言うまでもないが、ビールは好きなだけ飲んでかまわないが、水はだめ。ただし、シュノーケリングと珊瑚礁を見るために海に潜る場合は除いておく。

二〇〇二年、アメリカで教育を受け、有力な人脈も持っていたマノロ・バルベルナが、ピアソンの代表者としてわれわれにアプローチしてきた。彼は、前アグアスカリエンテス州知事の息子で、ピアソンは彼がメキシコに設立した総合マーケットリサーチ会社だ。この会社は政治に関する世論調査から出発しており、マノロはＥＳＯＭＡＲ（ヨーロッパ世論・市場調査協会）とＣＡＳＲＯ（アメリカサーベイ・リサーチ機関協議会。アメリカ版ＥＳＯＭＡＲ）の理事も務めていた。彼はリサーチビジネスにぴったりの才能の持ち主で、なかでも私が一番気に入ったのは、ロックンロールの歩く百科事典とでもいうくらいよく知っていたこと。ピアソンはすでに、ジョンソン・エンド・ジョンソンやプロクター・アンド・ギャンブルなどの仕事をしており、エンバイロセルは、ピアソンがクライアントに提供するサービスの一部を担当することになった。

今日のメキシコシティ支店は独立経営で、古典的なマーケットリサーチをメインにしているオフィスの一つだ。ブフジルオフィスと同じく、スタッフは自信にあふれているし、やり手ばかりだ。われわれは今後、ブラジルとメキシコのライセンシー同士の連携を一層強化したいと考えている。言葉の壁は現実にも、想像するだけでも、確かにあるのだが。もしかしたら、二人の非常に有能なボス——一方は優秀な男性で、もう一方は優秀な女性——を雇った結果、相互に協力して仕事をすることになるのかもしれない。

バンガロール、東京、サンパウロ、モスクワ、ミラノ、メキシコシティ。足がつっても、肩がこっても、一〇代のスケート選手のつまらない映画に耐えなければいけないとしても、それほど悪くないと思わないか？

私の考えはこうだ。アメリカ人の聴衆を前にして、海外の小売業界について話すだけのものを持っていることこそが、エンバイロセルをぬきんでた存在にしている理由の一つだと。中西部にあるショッピングモールのオーナーに向かって、「二週間前に東京ミッドタウンに行きましたよ。あそこのやり方は、こうでした」と話し、「ドバイにはもう五度ほど行きました。あちらでは、この問題をこうとらえています」などと伝えたりする力があることも。自慢ではない。そう思われることもないだろうが。何が他の国を動かしているのかに興味を持ち、出張に出てばかりいたビジネスマンからすれば、これは確かな事実だと言える。

われわれは一つ以上の外国語を話せる人を雇うようにもしてきた。現在、ニューヨークオフィスには、イタリア語、フランス語、ドイツ語、スペイン語、日本語、ヒンディー語、それにさまざまなアジアの言語、それに加えて方言を、縦横に操れるスタッフが何人もいる。言語能力はキャリアを積む際の重要な要素であると思う。もし英語しか話せなければ、率直に言って、不利だ。

もっとたくさんの人が、そう考えるようになってくれたらと思う。あまりにも多くのアメリカ人が何の興味も抱かないまま海外に出てきたのかと思うと、気になって仕方がないときもある。あるいは、あまりにも多くの人が旅行に行きたがらないことにも。私たちが不安定な時代に生きているから、というのは理由の一つだろう。だが、単に関心がないということもまた、そうなのだ。残念としか言いようがない。私の人生で特筆すべきことの一つが、海外の友人や、エンバイロセルの最初の海外オフィスで働く社員のことなのだから、なおさらそう思う。大切な人たちが新たな側面を見出すのを目にすると、私も大いに刺激される。

とくに印象に残っているのはある青年だ。トニー・トラウト。フランスの銀行、クレディ・デュ・ノールの仕事をしていて、二人でパリに向かっていたときだった。わくわくする！　トニーがそう思ったのは一時間半ほどたってからだったろう。私たちはシャルル・

ドゴール空港から電車に乗り、切符を購入してメトロに乗り換えた。業務初日、トニーは隣のカフェで、完全にリラックスしてコーヒーをオーダーするまでになっていた。

新しい土地に着いたら、古いメガネをはずして、新しいものにかけなおすこと。スペインのメガネや日本、イタリア、ポルトガルのものをかけること。すると、扉が開く。どこからともなく、外部につながる窓が現れるのだ。私は、もう何度もこれを経験している。新しい場所にでかけると、対応力が増す。自分にしみついた古くさいやり方を一新することができる。自分がどんな性格であれ、うまくやっていけるということに気がつくはずだ。

次に乗る便は明日の午後四時だ――じゃ、ゲートで落ち合いましょう。

19　世界につながる窓

すでに述べたが、今の小売業の最前線を探しているのなら、新品のお金が湧き出している現場に行く必要がある。

生まれたばかりの、鋳造したての、単純に新品のお金がある場所だ。なかでも、ダブリンやモスクワ、サンパウロなどの都市では、小売業界は思いがけず大金を手に入れた四〇歳以下のためのものだ。彼らは湯水のように金を使うから。二〇一〇年までに、小売が大きく伸びるのは主に新興市場になるだろう。手馴れた小売業者が新たに出現する客を相手にするマーケットだ。

南アフリカの海沿いの都市ダーバンには、ゲートウェイ・モールがある。ここにはさまざまなサービスに混じって、波を人工的に発生させる設備を備えたサーフィン・スクールや、プロ・スケートボーダー、トニー・ホークのスケートボード・パークもある（なんといっても、やはり海の町だから)。なので、『終りなき夏』を再現しようとしたり、八の字を描くようにひゅんひゅん飛んだり回ったりしている人を眺めながら、ランチを取ることができる。われわれのクライアントである生命保険会社のオールド・ミューチュアルは、アフリカと中東で商業不動産に投資している。行動力のあるCEOと一緒になって、若手建築家チーム、マーケティング担当者、マネジャーが設計段階のものも含め、数百万平方フィートもの広さのモールとタウンセンターの建設に取り組んでいる。南アフリカのとあるショッピングモールは、とても画期的でシンプルなアイデアを採用した。高校生スポーツ競技場の隣に、なんと、フードコートを作ったのだ。ここなら安全は確保されているし、警備も万端、整備も行き届いている。狂がつくほどスポーツに熱を入れるお国柄ということもあって、いつものすごい人出だ。ついでに、ここは一〇代の青少年たちのクールなお出かけ先にもなっている。両親の評判もいい。警備万全な場所に子供を解放し、買い物をすませて帰宅するときに、子供をひろうことができるからだ。ワールド・ショッピングツアーの行き先として、南アフリカをつけ加えてほしい。ついでに、ワインの試飲も日程に組み込んでおくことをお勧めする。

残虐なアパルトヘイトを経て生まれ変わった南アフリカは、経済成長が治療の役割を発揮した一例である。犯罪、腐敗、エイズは二一世紀の南アフリカに実在する一面だが、急成長する繁栄を見逃すことはできない。カブール、ガザ、ダルフール、バグダッドも同じように繁栄してほしいものだと思う。

ダブリンのグラフトン・ストリートは、アイルランド小売業界の中心地だ。アイルランド経済が急成長しているおかげで、年老いた哀しきダニー・ボーイは、得意満面で足を踏みならすリバーダンスに取ってかわられてしまった。実際、ダブリンではだれもが、成功して舞い上がっているように見える。グラフトン・ストリートの頼みの綱はずっと、由緒正しきブラウン・トーマス百貨店だった。ここは、季節が変わるたびに、貴婦人や公爵が押し寄せるメッカである。買い物をするために、ランチを取るために、国産のツイードやブロガンにとどまらず、服を買い求めるために、季節ごとにここにやってくるのである。ダブリンが流行に敏感で、ヨーロッパで最も注目をあびる街になると共に、ブラウン・トーマスも変貌を遂げた。数年前、この店は通りの反対側に引っ越したのである。新しい店舗は広くて明るくて、しゃれた感じになった。慎重に改築されたというよりは、いまや、高級で、最先端をいく真新しいデパートに生まれ変わったのである。アイルランドの繁栄をまさに象徴するものとなった新生ブラウン・トーマスは、趣味がよくて、楽しみも満載の場所であり、いい買い物ができて、これぞファッショナブルという場所に生まれ変わったのだ。ここの客は一五歳ではなく三〇歳であり、それよりもっと若い客層は、この店にナイトクラブのような活気を添えている。ブルーミングデールには決してないものだろう。サックス・フィフス・アベニューにも好きなように手をいれてみるといい——壁を取り壊し、照明を変え、エイミー・ワインハウスをBGMに使ってみる——それでも、客層は頑として保守的なままだろうが。それに対してブラウン・トーマスは、ザ・モダンデパートに変貌。

だが、まさしく息をのんでしまったのは——世界中を回るほど仕事の虫である私に、そんなことはこれまでなかったのだが——サンパウロの高級デパート、ダスルーだ。オーナーは現在、ブラジル政府と税金についてもめているところだが、この二〇年、ダスルーは高級品を扱う店として世界中にその名を馳せてきた。新しい店舗は一五万平方メートルもあるほど巨大で、豪邸を美しく並べたようなつくりになっている。お下がり、ルイ・ヴィトン。悪いね、ニーマンズ。思い知ったか、ハーベイ・ニックス。きみらが同じ土俵に立つのは土台、無理な話。対抗しようなんて、もってのほか。

ダスルーのメンバーズカードを持っているか、係員のいる駐車サービスを利用するかのいずれかでなければ、店に入ることはできない。カードを持っていれば駐車料金はタダだが、カードのない客はべらぼうに高い駐車料金を払わされることになる。係員に預けた車が出てくるまでの平均的な待ち時間は、三分以下。ほとんどの客は、誰々様、いらっしゃいませと名前で呼んでもらえるし、入口で待機しているコンシェルジェは、客がドアを通るたびに、長年の固定客に声をかけ、店内の案内を申し出るのだ。メインエントランスから入ることは世界的なファッションブランドのフロアに行けるが、別のエントランスから入ることもできる。そっちの入口からだと、メンズフロアとレストランフロアに直行だ。超お得意様だったら、プライベートヘリで買い物に来てもOK。飛び入りの客は多いのかって？　全然。車の出入口にはゲートがついているし、制服を着たガードマンが車をチェックしてもいる。だが、カードを持っていない客や冷やかしの客は、これを聞いて心強く思ってくれたまえ。ピニェイロス川の対岸にある、旗艦店にほど近い新しい高級モールに、ダスルーは去年、小型店舗をオープンさせた。ここには女性専用のフロアはないし、メンズフロアも小さくなってはいるが、依然、豪華な店構えである。

コーヒーカウンターやシャンパン・バーにレストランが二店舗、有名高級ブランドショップもあって、ダスルーは、あいさつのキスが飛び交うようなプライベートクラブの雰囲気をかもしだしている。店の一部は異性禁止区域だ。レディスウェアの入口には、首に「男性立ち入り禁止」の札を下げた強面の大型グレートデーンが見張りをしている。陶製だけれども。女性専用フロアにあるブラウスを一目で気に入った？　棚から取り出して、その場で試着することもできる――どうぞ、お気兼ねなく。

客は自分専用の試着室をあつらえて、買い物をすることもできる。マノロ・ブラニクのポイントトゥのパンプスにシャネルのスーツ。あなたにぴったりのサイズの靴やスーツが専用試着室に届けられる。結局のところ、店は客を知っているからだ。レディスウェアの売場には、店で売られている有名ブランドのジュエリーもディスプレイされている。だから、アクセサリーをつけるのも当然のこと。もっと、もっと、もっと、欲しいって？　ダスルーでは美容整形もできるし、サロンもある。高級ドラッグストア、旅行代理店、不動産も。ちなみに、この不動産業者は世界中の物件を扱っている。

男性向けには、衣服だけでなく、男性が好きそうなおもちゃもある。モデルカー、鉄道模型、ラジコン・ヘリ、フェラーリのノートパソコン。とはいえ、ここにあげたのは、あくまで小さなものだけ。メンズのスポーツ用品売場に行ってみようか。こっちでは巨大なおもちゃを扱っている。ボルボのSUVから実物大のヘリコプター。ついでに聞くが、ボートはお好き？　好きなんだったら、世界中どこに出かけようと、一隻買うこともできるし、チャーターもできる。短期間だけ借りることも。

ダスルーは、格調高くもあるが、同時にブラジルの相対するものを完璧に象徴するものでもある。この国では、ベルギーの人口と同じくらいの裕福な人びとが、インドの人口と同じくらいの貧困層に囲まれているからだ。

この一〇年間、小売業は、誕生の地であるここ北米ではなく、別の国で新たな取り組みをしてきたようにみえる。スイスにあるスーパーのミグロから、イケアがモスクワ郊外につくったメガ・モールに至るまで、海外の小売業者は北米で学んだ教訓を実地に生かすと同時に、競合相手に先んじようとしている。

小売業のタイプという点で言えば、アメリカとアメリカ以外の小売業には、重要なちがいが二つある。

一つは、小売業者がその国の文化においてどういう身分にあるかということ。小売業者の身分は国によってちがう。アメリカでは、下位中流階級の人々がこの商売に就くことが多い。初期費用はわずかで足りるからだ。きつい仕事が一生続くことにはなるが。ブルーミングデールの創業者はぼろ服売りから始め、野望をはるかに越える大成功を収めることができた。それでも、彼はＷＡＳＰではない。ウォルマート創業者のサム・ウォルトンは、アーカンソー州生まれだ。カルバン・クラインとラルフ・ローレン？　生まれも育ちもニューヨークのブロンクス。繁盛している店の経営者でも、いまだに現地社交クラブの中心人物にはなれない。ビジネススクールやアイビーリーグでＭＢＡを取得して卒業する人のうち、小売業界で一旗あげようという夢を抱く人はそれほど多くない。アメリカのビジネス史は、ほぼ移民の話だと言っていい。移民は、数少ない選択肢の一つとして小売業を選んだのだ。振り返ってみれば、アメリカの小売業をかつてのように、がむしゃらで斬新で活気あふれるものにした鍵はこれだった。だが、移民も昔のようではなくなり、小売業は、現在のような、ぱっとしないものになってしまった。

大西洋と太平洋の両側では、事情が異なる。一方の小売業者は、一定の社会的地位を築きあげている。たとえば、イギリスとオランダには、投資や外国為替の売買を仲介する銀行が昔から存在してきた。だから、小売業は安定した、裕福な階級に結びついてきたのである。フランスには、五〇〇年もの間、上流階級を相手に商売をしてきた小売階級が存在する。この金持ちの歴史は、あらゆるところで垣間見ることができる。ルイ・ヴィトン、セフォラなど五〇あまりのブランドや店舗を展開する高級ブランド、LVMHは、高級店経営に関するビジネススクールを運営し、世界で最も名誉ある小売学MBAを授与している。パリにあるギャラリー・ラファイエット百貨店はマーケティングに力を入れており、世界中のどの店舗よりもはるかに先を行っているほどだ。ラファイエットのマーケティング攻勢は、客がフランス行きの飛行機に搭乗したとたんに始まる。そしてパリに到着したとたん、その勢いはさらに加速する。ホテルに着けば、光の都パリにたくさんある観光地のなかでもとくに目立つように、ギャラリー・ラファイエットが配置された地図を受け取ることになっている。ついでに、免税品の買い物だったらここが最適ですよ、とも教えられる。そうして三時間後、客はラファイエットの入口を通りぬけることになるわけだ。ドイツ語か日本語かオランダ語を話す客には、その言語を話す店員がアシスタントになってくれる。必要であれば、店内で両替もできる。まとめてしまうと、この店は買い物に関するあらゆるニーズに対応しており、ここで買い物しないわけにはいかないという気にさせられるのだ。実に見事である。

アメリカとそのほかの国の小売業とのちがいで、もう一つ重要な点は地理的なことだ。

つまり、どこに店があるか、ということ。人口が密集した歴史的な都市の中心部では、小さな都市から巨大な都市に至るまで独自の商売方法を編み出している。運営費、利幅、人件費、固定費といったものでさえも、歴史の壁と頑とした自主性に阻まれ、知ることはできない。たとえば、イタリアは、一人当たりの店舗数が世界で最も多い国だ。ミラノには、ひたすらウィンドウ・ショッピングをするためだけにあるような通りが何本かあるほどだ。私などはウィンドウ・ショッピングに行くたびに、関連するフランスの表現を思い出す。一言で言うと、「両開き窓をじっくりのぞきに行かなくては」とでもなるだろうか。これに一番近い経験は、アムステルダムの風俗街だろう。それから何を学んだのか、まったく確かなところは自分でもわからないのだが、実際に目にすることができたのは幸運だったと思う。商品は定価で売られている。接客は、プロならではの威圧的なものもあるし、ほっとする雰囲気の家庭的なものもある――すべては店次第。だが全体的に、窓と店は調和している。それはここ独自のものだ。とりわけ、ウィンドウの中の女性が通行人とコミュニケーションしているのだ（少なくとも、そうがんばっていた）。言ってしまえば、動くマネキンなのだが――彼女たちは、ほほえみを浮かべ、口をすぼめ、ポーズをとり、手を振っているのである。路地はとても狭く、通行人はウィンドウのすぐ横をこすらんばかりにして歩くことになるので、ウィンドウ・ショッピングは、まるでこっそりのぞき見しているかのような経験なのである。

北米の人口過密地域で、階級が混ざりあい、融合されてきた歴史のあるところはない。ニューヨーク、ボストン、トロント、フィラデルフィア、ワシントンDCなどはそれに近いが、この五つの都市でさえも土壌、人口、不動産価格といった点で、ずっと変化し続けている。ただし都心の小売業は好調で、アメリカの都心部が高級住宅地化するにともない、好調の一途をたどるのみと言っていいくらいだ。また、アメリカの小売業階級も、私たちの身の回りでは変わりつつある。もし、ヨーロッパにマクドナルドやスターバックスのような大企業が誕生していれば、彼らから学べることもあっただろうに。

世界中の建設業者は、何が巨大ショッピング環境を成功させるのか、じっくり検討しているところだ。娯楽産業に加え、ショッピングモールはアメリカ発・アメリカ育ちの主要輸出品の一つである。クアラルンプール、ドバイ、東京、リスボンなど、今やショッピングモールはどこにでもある。こうしたショッピングモールは一見、アメリカのモールと同じに見えるが、一瞬でもごまかされないでほしい。どの国でも、その国なりのやり方や文化規範、個人の領域があり、それに向き合い、折り合いをつけなくてはならないからだ。南アフリカ、ブラジル、メキシコのショッピングモールは、アメリカだったら考えなくてもいいような安全面での問題を抱えている。その意味で、こうした国のモールは単に買い物をし、他人を見定めるだけの場所ではない。ダスルーのような高級ショップと同じく、守られた空間であり、高度に隔離されたプライベートクラブなのである。

サンパウロにあるイグアテミは、アメリカでおなじみのモールと、その土地なりのやり方とを融合させた、複合ショッピングモールの代表的な例だ。サンパウロは危険にあふれた街なので、イグアテミに足を踏み入れて、まず気がつくのが警備員であっても何の不思議もない。彼ら警備員は、初心者でも定年退職者でもない。モールにたむろする若者を見回って、くたびれきっていることもない。目を光らせ、挑みかけるような鋭さを漂わせて仕事をしているのである。真剣なのだ。次に気づくのは、たくさんの人が大騒ぎしているのをただ眺めるのは、とても楽しいということだろう。なぜだかはわからないが。こうした社会環境は、アメリカやヨーロッパのモールがずっとまねできずにいたものである。私は、ここにやってきたのがこの年齢になってからで本当によかったと思う。もし、二〇代でイグアテミに来ていたら、一〇分に一人の割合で女性に熱をあげていただろう。イグアテミを楽しくて、特別なものにしているのはテナントではない。現実を反映したその環境だ。ブラジル社会では、ほとんどの子供が結婚するまで両親と一緒に暮らす。街に出かけるとしても、行き先は限られる――レストラン、ナイトクラブ、そして、そう、ショッピングモール。こうして、イグアテミにでかけるのは、二〇歳そこそこのブラジル人が同じような階級の仲間に会って、集まって、ぶらぶらするチャンスになる。しかも、昼夜関係なく開いているし、安全だ。アメリカのモールであれば、一八歳以下にとっては社会的なチャンスになるのかもしれない。でも、二五歳の若者で、J・C・ペニーやホリスターの店先で女性とおしゃべりできるかも、と期待してぶらつくような輩は、まずいない。一方、ブラジルの二五歳なら、〈ママとパパが近くに潜んでいるし、耳をそばだててもいる〉家で客をもてなすことはできない。モールは行ってしかるべし、の場所なのである。

イグアテミは騒々しい――非常にざわついている。通路やコンコースが狭いうえ、暑さを和らげるために床を石やタイルにしているせいだ。でも、騒音そのものは、残響だったり、がやがやした雑音だったり、カツカツしたハイヒールの音だったりする。ブラジル人なら、ここからアラスカまで退屈することなく歩きとおせるにちがいない。彼らはみんな、体内ジューク・ボックスを持っているみたいだから。サンバのビートがきいて、腰を振ってしまいそうな曲をいつもかけている。

かかとの高いサンダル、ヒール靴、ミュール、ミニスカート、ショートパンツに混じって、イグアテミはあらゆる実用的なニーズを満たす窓口であろうとがんばっている。これはアメリカ人経営者が覚えておくべきことだ。腕時計のベルトが壊れた？　家の合鍵を作りたい？　アメリカ行きの飛行機を予約する？　クリーニングを引き取りたい？　それならまさしく、ここですよ。

ビデオレンタルのブロックバスター・メキシコは、社会の光景、つまり、さまざまな家族の有り様にあった安全性を備えている。車で到着すると、警備のための停止線で、二回は止められる。駐車場と入口とレジだ。ブロックバスターはほかのショッピングモールと同じく、外部の治安が悪いため自衛する必要がある。だから、その場所だけで完結するつくりになっている。ラテン系の家族はつながりが強く、家族で過ごすことを大切だと思っている。そのため、ブロックバスター・メキシコの店内は、親戚も含めた一族でごったがえすことがよくある。あるとき、ブロックバスター・メキシコの店内で、フィリップスの販売員が新発売の暖房機をお披露目していた。実際、この店は金曜の午後早い時間から夕方まで、客でいっぱいになる。あるとき、ブロックバスター・メキシコの店内で、フィリップスの販売員が新発売の暖房機をお披露目していた。なぜって、ここは人が集まる場所だから。このやり方は賢い。アメリカでこれを思いついた人はいただろうか?

ブロックバスター・メキシコから、メキシコに来てコンサルティングをしてくれないだろうか、と打診されたとき、私はこう答えた。もちろん、おうかがいしますとも。ただし、一つお願いがあります——役員の方々に週末、私と一緒にいくつかの店舗をまわっていただきたい。えっ、ですが、パコさん、われわれは週末に店舗に行ったことなどないんですよ! 田舎の別荘に行っているんですから!

私がこれまで、何度も何度もぶつかった問題がこれだ——幹部たちは複雑な計算には一所懸命にとりくむが、実際の店舗に行こうとは、露ほども思ったことがない。以前、アメリカの自動車メーカーの幹部を、ヨーロッパのある販売店の女性トイレに案内したことがある。当然、彼らはその場所に足を踏み入れたことなどなかった。トイレは薄暗く、散らかっていて、全体的にみすばらしかった。「奥さんにここを使ってもらいたいと、本当にそう思いますか？」と、聞いてみると、彼らは首を横に振った――いや。とんでもない。問題は、そうしたことが全く彼らの頭になかったということなのだ。ダブリンにあるブラウン・トーマスでさえ、幹部役員と実際の売場担当者との間には温度差があった。ブラウン・トーマスは、行動的で、最高経営責任者にふさわしいポール・ケリーが経営する店なのだが、それですらそうなのだ。すでに言ったが、この店はまばゆいほどの店舗を構えていて、他の優れた小売業と同じく、この店ならではの特長に力を注いでいた――つまり、販売員である。デパートを差別化するのは彼ら、彼女らなのだから。

　私が社の方針を理解すると、ポール・ケリーは店の鍵を渡してくれた。あちこちのぞいてみて、改善するためにできることがないかどうか調べてくれないか。その翌日、彼を女性従業員の更衣室に連れて行った。そこは、まるで女性海軍特殊部隊の兵舎だった。幅の狭い緑色のロッカー、味気ない照明、座り心地のよくない椅子、三面の細い鏡。ひどいとしか言いようがない。

　開店二〇分前になると、この殺伐とした更衣室は、文字通り数百人の従業員であふれんばかりになる。ここが、ブラウン・トーマスの社員が仕事――つまり、ブラウン・トーマスのサービス――を開始する場所なのだ。トリニティ・カレッジで三〇年前に、僕が使っていた更衣室のほうがはるかにましだったと、ポールでさえつぶやいたくらいだ。彼がどういう人物か、私はよく知っている。だから、この問題に手を打ったのは間違いない。

店の士気を手っ取り早く判断するなら、従業員用の設備やスペースを見ることだ。なにも、ベビーシッターを雇えとかスタッフ用のマッサージ室を備えろと言うのではない。だが、舞台裏にほんのちょっとした気配りと配慮をすることは確かに必要だ。

メキシコオフィスと契約したばかりのころ、それまででもっとも興味をそそられたビジネスモデルのひとつに出会った。消費家電チェーン店のエレクトラだ。現在、エレクトラは約九〇〇店舗を構え、年間およそ一〇億ドルを売り上げており、グアテマラ、ペルー、ホンジュラスに進出している。一般的な格付けによると、ニーマン・マーカスはA、ウォルマートはC、D、Eあたりをカバーし、エレクトラはCとDのマーケットを押さえている（これらの文字は買い物客の収入レベルだ）。エレクトラのターゲットは、まじめに働く貧困層と台頭しつつある中流階級で、彼らが必要とするサポートを提供してもいる。

聞いたことがないのは当然だ。国境より北に住むほとんどの人は、小耳に挟んだことすらないのだから。それに、この店の消費者層は豊かさのはしごを上りきってもいないのだから。だが、エレクトラは貸付と購入を組み合わせた、まったく新しいシステムを作り上げた。このアイデアには、今も首を横に振るしかない。なぜかって？　それだけ、よくできているから。メキシコの経済状況もよくなってきているし、タイミングは抜群だ。

中南米のマーケットでは、来店した客が、自分に家と仕事と住所があることを証明すれば、エレクトラは生活資金を貸しだす。代わりにこの客は、毎週少しずつ返済することに同意する。とはいえ、ローンの保証人となるのは世帯全体だ。要するに、ここは消費家電と百貨店の名を借りた銀行なのである。

店の正面は倉庫のように広々としていて、商品は歩道にあふれんばかりに並べられている。出入口は通路になっていて、買い上げてもらうのを待つばかりの商品が天井に届きそうなほどに積みあげられている。支払いレジは店の奥にいく途中にあり、実に現実的なつくりになっている。防護壁と防弾ガラスに囲まれているのだ。わかりやすいシステムだし、社会を発展させる方法として、飛びぬけて新しいやり方である。

客は最初に何を買うだろうか？　答、冷蔵庫。その次は？　ストーブ。三番目はテレビ。四番目は洗濯機。携帯用ステレオに、良質のマットレスとボックススプリング。それに、きれいな家具も買っておこう。エレクトラに行けば、家の中のものがすべて揃う――それだけでなく、家族みんなが社会的にも経済的にも、階段を一つのぼることにもなるのだ。さらに、当座預金と普通預金の口座を開くこともできるし、どんな保険でも契約することができる。アメリカで働いている家族がいる？　だったら、エレクトラの口座にオンラインで送金してもらうこともできる。つまり、エレクトラのローンをさっさと返済して、携帯用ステレオでも、ベッドサイドテーブルでも、とにかく次の買い物をしようというわけだ。階段をのぼっていく間、エレクトラは常にそばにいて、客の手を取り、めざすべき方向を指し示してくれるのである。

金利は高いのだろうか？　当然。だが、エレクトラのおかげで、社会は流動的になったと言える。エレクトラが金を貸す対象は個人ではなく、世帯だからだ。これには親族も含まれる。エレクトラの不良債権率はどれくらいあるのだろうか。驚くなかれ、ごくわずかだ。通常の銀行よりも、はるかに少ない。だから、これはエレクトラにとっても、ラテン民族の一家にとっても、ラテンアメリカの生活水準という面でも、すべてにとって吉と出る関係なのである。

なんて賢いやり方だろうか。

こうしたおもしろいことがすべて、海外で起きているとか、小売革命は海外だけの現象だなどというつもりはない。

いくつかのアメリカの店舗には展望が期待できるものもあり、巻き返しを図っているところである。テキサス州フォートワース郊外にある、すたれたといってもいいくらいのモールは、現在、ラ・グラン・プラザに生まれ変わっている。ここは自前のマリアッチバンドを抱えているラテン系のモールで、それまではディラード百貨店があった。現在、頼みの綱とでもいうべきこのモールは、広大なマーケットを展開し、常に変化している。スペイン語映画を上映する映画館があり、住宅ローンの申し込み方法を教える講座も行なっている。さらに、歯医者と宝石店を組み合わせた店もある。この店では、歯科用宝石（今風に言えば「グリル」）を好きなようにカスタマイズしてくれる。ここは、マーケットをわかっているのだ。万人に好まれるような場所にしようとはしていない。それでいて、全体的に見れば、すばらしいモールに仕上がっているのである。

ハーレムのブロードウェイにあるスーパーのフェアウェイは、古い倉庫の中にあり、多種多様なニューヨーカーが買い物にやって来る場所だ。消防士、チーズをまとめ買いする主婦、地元ハーレムに住むお母さんがた、ウェストチェスターまで帰宅する途中で立ち寄って夕飯を買っていくビジネスマン。アメックスのプラチナカードを出す客もいれば、その次の客はフードスタンプを出したりすることもある。ここフェアウェイには、見るべきものがたくさんある。うきうきするような冒険ができる場所だからだ。コーヒー売場に行けば、どれが豆を炒って挽いたばかりのブレンドか、店員が大声で教えてくれる。夕飯はステーキか、ローストチキンにする？　じゃ、シルバーのキルトジャケットを着こんで、冷凍コーナーに行こうか。ここでは、冷蔵ケースに冷気をあてるなんてことはしない。部屋全体が巨大な冷蔵庫になっているのだ。

ここに来ると、頭にいれておくべきことが思い浮かぶ。人気のある商業施設を運営しているのは、不動産業者ではないということ。そうではなくて、空間を演出し、提供する業者なのである。くじゃくであれ、どさまわりのディキシーランド・ジャズ・バンドであれ、人魚であれ、場をもりあげる方法を知っておかないといけないのだ。アメリカ各地の地主や革新的なデベロッパーが、マーケティング・コンサルタント会社にやってくるようになったのは偶然ではない。客がモールにやってくる回数や、平均滞在時間が減少していることを考えると、調査データを分析し、一平方メートルあたりの売上を検討してもはじまらないことがわかり始めたからだろう。パブリックスペース、椅子、トイレ、屋外駐車場といったものは、価格や、ビジュアルに訴える広報と同じくらい、売上に影響するものなのである。

すべての人に気に入られるような場所にする必要はない。それに、民族性について話しているわけでもない。若い世帯をターゲットにしたモールにしてもいいし、一〇代をターゲットにしてもいい。あるいは、高齢者に十分配慮したモールでもいい。若者だろうが、ベビーカーを押す若夫婦だろうが、年配者だろうが、そうした顧客層の一人一人が心から感謝するようになるのは間違いない。

本書が初めて世に出てから、出張の機会が増えた。今では、だいたい年間、一五〇日は出張に出かけている。エンバイロセルが海外でライセンス契約をするようになって、思いがけず経験するようになったことが一つある。ライセンシーとある程度の時間を一緒に過ごすようになったことだ。これ以上、嬉しいことはない。

私のマイレージプログラムは今、四〇〇万マイル以上もたまっている。数千マイルの誤差はあるかもしれないが。だが、休みが取れたら、家で過ごすことを選ぶだろう。それでも、数日後には、うずうずし始めるはずだ。出張の多いビジネスマンの中には、私以上に動き回っている人がいるのは確かだ。だが、私ほど、めまぐるしく変わる時差に対応しなければならない人はほとんどいないと思う。だから、目の下にできたくまは当然の報酬だ。あそこの通路席？　すまないね。あれは私の席だ。

20 結論

考えてみれば、東アフリカの洞窟から飛び出し、採石場とその飯場を後にし、世界各地へ移住するようになってから、人類はものを売り買いし、取引を行なってきた。数年前、トルコ人の野菜売りから、商品をどのように並べるかという話を聞いて、自信をなくしそうになったことがある。彼は、太陽光がどの方角からさすか、食事を支度する際にどの順番で野菜を用意していくか、客は何を考えながらナスとトマトのどちらを先に買うかを決めるのか、といったことについて話してくれたのだった。また、野菜を積んだ手押し車かどれくらい離れて立つか、買ってくれるかもしれないさまざまなタイプの潜在客とどうやりとりするかについても、一家言持っていた。彼の話は、一生聞いていても飽きないほどだった。彼が話す一方で、私は、彼の先祖や、先祖の先祖の声が聞こえてくるような気もしていた。とても参考になる話だった。このような体験をさせてくれるのは、これまでに出会ったマネジャー五〇人のうち一人いるかいないかというくらいだから、なおさらである。

ショッピングの科学は目新しいものではないと、あらためて思う。闘争・逃走反応や、脳は息をどう制御するかといったことと同じように、ショッピングは人間のＤＮＡに事実上、組み込まれているものだからだ。実際には、体の大きさや力の強さ、反応の速さで競う以上に、ヒトを社会階層の上位に立たせたものとしてはショッピングが初めてだったのかもしれない。

しばし、イスタンブールを思い浮かべることにしよう。イスタンブールは、歴史的に最も古くから文化交流をしてきた都市の一つである。トルコ人は肌の色も体型も体格もさまざまで、ごったがえす通りをぬって歩いてみれば、遺伝子が万華鏡のようにまざり合っていることを、人びとの顔に見て取ることができるはずだ。あちこちからただよってくるさまざまな匂いを胸いっぱい、吸い込む。体臭。整髪料。鼻をつくスパイスの香り。ありとあらゆる食べ物の匂いが、幾重にも折り重なったオリエンタルな雑音にまざりこんでいる。缶をたたくような音楽。甲高い声をあげる子供。店に寄っていきなよと鼻につくほど腰低く、懸命に声をかけてくる青年たち。グランドバザールは五〇〇年以上前からここにある。その名残をとどめ続けるのは容易なことではないだろう。ほとんどの店先には、金細工の宝飾品、大量のスパイス、髪染用のヘナが丁寧にディスプレイしてある。そして、看板。

数限りなくかかっている。最新技術のＬＥＤを使ったものから、年代もののネオン、生活風景を描いた絵に至るまで。そうした絵などは、しみがついていて、二〇世紀初めからそこに置かれているのではないかと思ってしまうくらいだ。そして、どこでも必ず見かけるのは、ＵＲＬ。なんといっても、グランドバザールのホームページすらあるのだから。このサイトであらかじめ検討をつけておいて、その業者に直接連絡を取ってもいい。三〇〇〇年以上前から業者と客に場を提供してきた街で、ブリックとクリックの融合を目のあたりにするわけである。

遠来の客を探しているって？　見つけるのは難しいことではない。ここは、昔から見知らぬ人をもてなしてきた街だから。トルコは旧ソ連諸国の多くと交流があり、かつてオスマン帝国だった各地から人がやってくる場所だ。中流階級のドイツ人にとっては、安くあがる旅行先でもある（両国の関係は一九二〇年代にまで遡る）。

グランドバザールの行商人は、旅行客の買い物のニーズも、彼らが心配するであろうことも把握している。食品店では、預け入れ荷物に入れて持ち帰れるようにしたイラン製キャビアを売っている。ドライアイスを入れて、お持ち帰り品に万全の保証をしているのだ。サフランを売っている地元業者は、品質を確かめてもらうために、買い物客向けの講座を一時間に何度も行なっている。グレードのちがう数種類のサフランをブレンドして水を張ったボールに入れ、客がその色合いや複雑さを見てささやく様子を、少し離れた場所から眺めているのである。彼は、これまで出会った業者と同じくらい、あるいはそれ以上にうまく、商品をさばいていた。

イスタンブールのグランドバザールにせよ、ドバイのゴールドスークにせよ、商売原則と商売方法は昔のやり方そのままだ。一度、友人と連れ立って、トルコの首都アンカラにある電気修理店にパソコンを持ち込んだことがある。店に入って、店主とお茶を飲みながら、家族について尋ねたり、天気や、地元で行なわれたサッカー試合の話をしたりした。店に入ったときに提示された修理代金は五〇ドル相当だったが、帰るときには七ドルになっていた。

本書の大半は、ショッピングの普遍性についてまとめたものだ――それと、常識について。それでも、二〇年前に、あなたは化粧品を買うときの女性の行動について自他ともに認める専門家になるだろう、しかもそのために膨大な時間を費やして女性を観察することになるだろうと言われたら、私はその相手のために脳の専門医を呼んでやっただろう。ファストフード店のドライブスルーに並んでいる車の動きについて、私がこの分野の権威になるだろうと予言されたとしても、まったく同じことをしたと思う。実際、どこかの企業の会議室で、シニアリサーチャーとしての決定権をゆだねられると、私はいまでも少し居心地の悪さを感じる。小売業の世界に身を投じている人びとのほとんどは、商魂にかりたてられてそうなったのである。とはいえ、私はこの方面に進んでよかったと考えている。

同僚たちと私は、おかしいものに強く興味をひかれた。われわれのなかにビジネスマンは一人もいないが、起きている時間のほとんどを人、空間、製品、サービスの世界を取り巻く問題を解決することに費やしている。商店街を歩くとき、レストランのメニューを眺めるとき、空港内を歩くとき、受けた印象を分析してどうすれば改善できるかを考えずにはいられない。近所の商店主たちは、私が無料で提供する数かずの助言にうんざりしている。大事な女性と休暇旅行にでかければ、いつもこう言われる。頭のなかにある店舗自動分析装置のスイッチを切ってちょうだい、と。そんなときでさえ、結局はショッピングモールへでかけていって、しばらくはあちこち見てまわることになる。私は文化人類学者のマーガレット・ミードとはちがい、ちょっとしたフィールドワークをするために遠くまででかけなくてもいいのだ。

ショッピングの科学には、複数の学問分野が混在している。自然科学と社会科学、さらに科学ばかりでなく芸術的な要素もある。だが、つねに実地に即して、情報を提供し、小売店やマーケット担当者の集客力を高めたり、誤った決断を下すのを防いだりするのに役立てようとしている。われわれの価値は、データを収集してその意味するところを突きとめ、最善の対応策を考えだすことだけにあるのではない。われわれの解釈はほとんど正しいが、ときには間違っていることもある。だからこそ、われわれは調査しつづける。たとえ、わが社の役員たちが一年のうち九〇日間も出張して店舗めぐりをし、週末をつぶして世界各地の商店、銀行、レストラン、ショッピングモールへでかけることになっても。われわれの私生活がめちゃめちゃであることとは、とにかく自信をもって断言しよう。

とはいえ、ショッピングの科学における真実は移ろいやすいものだ。人間を分析するうえでの基本的な部分はだいたい変わらないが、店舗そのもの、そして客の好みや行動はつねに進化しつづけている。一九〇〇年ごろの農民は五〇年後の孫の代よりも一〇〇〇年前の農民のほうに共通点が多いが、それと同じことで、商業の世界も一九〇〇年から現在までにかなりの進歩をとげている。七〇年代を振り返ってみても、当時の大手小売店の多くはいまやどこかに消え去っているか、規模を縮小しているかのどちらかだ。コーヴェット、ウールワース、モンゴメリー・ウォードはいまやすべて過去の存在と化し、ほかにも多くの店がまもなくそうなると思われる。この先、ウォルマートがつまずき、スターバックスがすたれ、トップ・ショップが海外進出するようなことはあるだろうか。世の中は移り変わりが激しいものだ。古い時代には、適正な商品に適正な価格がついていれば、成功は確実だと言われていた。そして今日、そうした要素を肝に銘じたところでただ生き残れるという希望をつなぐだけだ。今日、誰もが他と張りあっている世の中だから、脅威はどこからでもやってくる。競争相手は同業者だけだと信じている商店主は、危険なほど視野が狭いと言わざるをえない。実際、小売店の競争相手になるのは、消費者が時間と金を費やすもののすべてなのだ。われわれは先日、映画館の入場者を調査する依頼を受けた。このとき頭に浮かんだのは、一本の映画に消費された二時間と二〇ドルは、他の小売店にとって永遠に手が届かないところへ行ってしまったということだ。同様に、誰かの昼休みが二〇分余ったとき、書店へ行くよりもコンピュータ店をぶらぶらするほうが楽しければ、何かのソフトウェアが売れる可能性は高くなる。そして、本の売れる可能性はゼロになる。小売業者が売れ筋を予測し、メーカーが王様として君臨する時代はすでに終わった。二一世紀は、消費者が王様なのだ。ファッションの流行が街頭で生まれるのと同じく、小売業界のほうが客の動向を追うようになるのである。

まずもっとも大事なのは、ショッピングが社会の変化にともなって様相を変えることだ。ビジネスマンは、これがわかっていないと困ったことになる。われわれの時代に起こった社会の大きな変化が、女性の生活と関係の深いことは疑いようもない。高く評価されている社会評論家兼研究者兼未来学者のワッツ・ワッカーの説によれば、最近の状況から証明されたことだが、いまや家庭において男性は風変わりなペットになりつつあるという。女性がどういう生活を望んでいるか、何を必要としているかに注意を払っていないと、小売店は時代に取り残されてしまうだろう。男性や子供の生活における大きな変化も、女性の先導によってもたらされたことなのだ。注意深く耳を傾けて謙虚に受け入れれば、それだけ得るものはある。いまどきの買い物客は気まぐれなので、ブランド――商品にせよ、店にせよ――にたいする忠誠心が持続するのは、最後に買い物をしたときの余韻がつづいているあいだだけでしかない。

全国に支店をもつチェーンストアが、一つの四半期の失敗で大波をかぶるとすれば、二期、三期と失敗がつづくと、救命ボートの必要が生じることを意味する。危険に気づかないで自己満足にひたるのを避ける最良の方法は、店内の売場と、そこで起こることの決定権を握る男性あるいは女性とのあいだの距離をなくしてしまうことである。つまり、もっとも賢い経営方針は、店長レベルの人間にもっと責任と権限をもたせることなのだ。その上に立つお偉方としては、客を相手にどんな商売をするか、その手段を講じる方法を店長に教えるツールを開発するべきである。一九九八年のことだが、私は大部分が男性からなるウォルマートの役員たちにこう言った。女性用の化粧室の壁が最近塗りなおされているかどうかを見るだけで、その支店の店長が男性か女性かを言い当てられる、と。私のせいかどうかは知らないが、その数カ月後、ウォルマートの各支店の化粧室がきれいに塗りなおされていた。男性店長は衣料品部門を毛嫌いしている。それは、化粧品と同じく、こうした部門は人件費がかかるし、盗難の対象にもなりやすいからだ。その一方で、テレビや小型冷蔵庫といった耐久消費財は棚におさまりやすいし、在庫を把握するのもずっと楽である。衣料品がどう機能するか、商売のためになるのか、ということを女性はもともと理解している。試着室についてコメントしてから一〇年たっても、ウォルマートは衣料品販売に十分な力を注いでいない。この部門を伸ばす手っ取り早い方法は、女性の店長を増やすことである。

ショッピングの科学から学ぶべきものは多い。とはいえ、創造性に富んだ店主がマニュアルを捨て去り、あらゆる法則を打ち破る余地も残されていることを認めなければならない。小売店の基本とは、客に店名を覚えられることだという人もいるだろう。だが、私には小さな店を閉めて、オンラインビジネスを展開している友人がいるのだが、彼は自分の店の名前をわざと発音できないものにしようと、『スーパーマン』にでてくる比較的マイナーなキャラクターにちなんでミクシプリジック（Ｍｘｙｐｌｙｚｙｋ）とつけた。これが大繁盛しているのである。バスルーム用品から書籍まで、幅広い品揃えのごちゃごちゃした店で、均一価格のサービス品があちこちにある。会計方法は旧式で、レシートは手書きである。しかし、店主のケヴィンに小売業について教えることなど一つもない。彼は自分のイメージで商品販売マシンをつくりあげ、それを非常に楽しんでいるようだからだ。われわれはショッピングの科学の伝道者だが、それればかりでなくファイト一発でうまくいくことも理解している。

プロのリサーチャーであるわれわれは、商業の世界で奇妙な役割をはたしている。小売業界で万引きを目撃して喜ぶ唯一の人間は、ほかならぬこの私だ、などと冗談を言ったりもする。われわれは不確定性原理をくつがえし、来店する買い物客の行動に影響をおよぼすことなく、彼らを観察できるようだ。結局、トラッカーの目の前で万引きをするような客がいたら、とどのつまり、われわれがいることに気づかなかったということではないか（われわれが現行犯で万引きをつかまえることは、そう多くないが、たいていはきつい目つきをした少年である）。実際、いまも鮮明に覚えているエピソードのなかに、盗難さわぎの一件がある。ボストンのワシントン・ストリートにあるアウトレット衣料品販売のファイリーンズ・ベースメントで撮影したビデオテープを検証していたときのことだ。香水を売るカウンターに、きちんとした身なりの年配の婦人がやってきた。彼女は、応対にでたいんぎんな店員を離れたところへ何度も行かせ、そのあいだにカウンターから香水の瓶をさりげなく手提げ袋に詰めこんだ。実際、きちんとした服装の人が商品を一つ買い、あと一つを盗むという万引きの現場をよく目にする。サウスカロライナ州スパータンバーグのドラッグストアでのこと、パッケージからだされた使い捨てのおむつ（未使用のもの）が店の片隅に押しこまれているのを、わが社の調査員がよく発見した。謎が解けたのは、一人の客が半分空になったおむつの箱のなかに高価な頭痛薬の大瓶を詰めこむところを目撃したときだった。われわれの見た万引き犯のなかでもっとも哀れだったのは、眠っている赤ん坊のおむつのなかに工具のセットを突っこんだ父親である。

しかし、われわれの仕事は『スタートレック』にでてくる登場人物の任務のようなものである。でかけていって観察し、報告はするが、干渉はしない。

ビデオに映っている人びとのプライバシーを保護するのは、われわれの究極の後援者である買い物客に誠実でありたいからなのだ。リサーチャーとしての私のルーツが大衆を擁護することにあるとすれば、われわれは仕事の場で、プライバシーの侵害という問題には入念に気を配らなければならない。有名雑誌に初めてエンバイロセル社が取り上げられ、記事のなかで「スーパーマーケットにひそむスパイ」呼ばわりされていたのを見たとき、私は仰天してしまった。数年前、BBCラジオから、聴取者参加型番組に招かれたことがあった。参加できて光栄です、とは言った。だが、私が登場するとき、彼らがちょっとしたサプライズを仕込んでいたことに気がついて、びっくりしてしまった。もう一人のゲストは、さて誰だったと思う? 消費者権利の専門家。話題? プライバシーについて。

何が専門であろうと、ジョージ・オーウェル的な疑惑を私に押しつけるのはやめてほしい。店内に置いたエンバイロセルのカメラが客のプライバシーを侵害するというのなら、まずはロンドンを歩き回ってみようじゃないか。街に仕掛けられた約五〇万台の有線カメラのいくつかに、自分の顔が映し出されるはずだ。ほとんどのカメラは顔認識ソフトウェアにつながれている。イギリス全土に設置された七〇〇万台のカメラのごく一部は今もずっと、写真をパチパチ撮っている。

ロンドンには行かないというのなら、代わりにウェブにアクセスしてみるのもいい。一〇分あれば、給料も支持政党も図書館から借りている本も、逮捕されたことがあればという話だが、逮捕歴も、隣近所の住民の名前や電話番号だって、探し出すことができる。なんと、グーグルマップを使えば、お宅の衛星写真を見ることもできるし、家から煙が上がっているかどうかまでわかる。

わが社のカメラが設置されているのは、スーパーやデパート、銀行だ。われわれはあなたが誰なのか、名前や電話番号には関心がないし、どこに住んでいようと、ゴールデンレトリーバーを飼っているのか、それともグッピーなのか、ミツバチの巣を持っているのかなんてことはどうでもいい。知りたいのは、あなたがどうショッピングするか、だ。私にとって客は、#X3でしかない。破れたジーンズにロックンロールの殿堂と書かれたTシャツを着て、くたびれたデッキシューズをはいている客。それだけだ。

同僚のなかには、本書を執筆することで、わが社の機密事項が公になるのを危惧する者もいた。小売業者がここに記した教訓を読めば、われわれに仕事を依頼せずにすませてしまうというのだ。だが、本書は前進のための第一歩でしかない。顧客をつねに気にかけている会社なら、ここに記したことの多くはすでに実行ずみかもしれないのだ。われわれにしても、正しい方向へ進む企業と仕事をすると、より大きな満足が得られる。クライアントはわれわれの報告を受けて、必ず二つの意見を持つ。一つは、われわれの調査が、人はどのように買い物するかという、常識どおりのことを確認するものだということ。つまり、報告書を提出すると、頭がぱっとひらめき、そうだ、コートとハンドバッグを持っている客が、両手とも空いている客と同じだけの商品を選べないなんて、もちろん（頭のどこかで）わかりきったことじゃないか、と。あまりのシンプルさに、われわれでもはっとさせられることがある。以前、数日かけて買い物客を観察し、どれだけの商品を買ったのか数え、両手が空いていた客とふさがっていた客を比べてみたことがある。要するに、科学的に証明してしまうと、突如として、まるで最初からわかっていたことのように思えてくるものなのだ。これはいい傾向だと思う。科学は筋が通ったものだから。だがそれまでは、世界のあらゆる常識をもってしても、大半の小売業者は客に買い物カゴを持たせる方法を改善しようという気にならなかった。今でも、この問題についてちっともわかってない店舗がほとんどだ。非常に洗練された小売大手からしてそうなのだ。

もう一つよく聞く意見は、われわれの助言の多くは、大々的なリフォームというよりも微調整だということだ。だが、店のあちこちを十数カ所も微調整すれば、徹底的に改良したような気分になるものだ。私が言いたいのは、マーケティングについて戦略ばかりに注目が集まれば、戦略に沿って行なわれる戦術のほうは無視されてしまうということだ。

たとえば、1章で述べたことだが、ドラッグストアで、コンシーラーのようなあまり魅力的とはいえない商品が足もとに陳列されていると、買うときに文字どおりひざまずかなければならず、これは年配の女性にとってはぐあいの悪いことだ。事実、われわれが撮影したビデオのなかに、床にはいつくばって陳列棚をのぞきこむ客の姿が映っている。強く心に訴える映像で、このうえなく印象的だと思ったものだ。現在では、ほとんどの店の化粧品売場で年配の客に合わせた棚割り計画を実施している。ところで、二〇〇五年に撮影したもののなかで、一二年前の記録とまったく同じ場面をおさめたものがある――お目当ての商品をひざまずいて取ろうとしている年配の女性。確かに、商品を六〇センチ上に移動させたことで、消費者の快適さと売上に大きな変化がもたらされた。それなのに、われわれは、いまだにそこかしこで同じ失敗を目撃しているのだ。

一〇年ほど前、オーストラリアのスーパーマーケットに依頼され、生花の売れゆきについて調査した。生花コーナーの売上は期待を大きく下まわっていたが、われわれはすぐにその理由を見てとった。プラスチック製の大きな桶に、花がどっさり詰めこまれているディスプレイの方法が、客には謎めいて見えたのだ。花がいくらなのか、束で売られているのか一本ずつなのか、まったくわからない。花はかなりの本数がまとまって大桶に入っているので、家にもち帰ったときにどう見えるのか見当もつかない。つまり、もっとも単純なことがおざなりにされていたのだ。たいていの客はごくたまに花を買う人たちだったが、とりわけそんな人びとにはこのディスプレイが近寄りがたく思えた。そこで、数カ所にちょっとした変更を加えた。花の束はそれぞれ桶からだしてその前にディスプレイし、はっきりと読める値札をつけたのである。すると、花はにわかに売れはじめた。

小さい変更が大きな進歩をもたらす場合があるという事実は、驚くようなことではない。

つまるところ、科学とは概して些細なちがいを研究することなのだ。チャールズ・ダーウィンはさまざまな鳥の嘴の長さをせっせと測ったが、この研究はわれわれの基準からしてもたいして重要性がないように思える。だが彼の研究によって、近代の生物学、そして生物の繁殖と絶滅についての理論が劇的に転換されることになったのだ。また、ダーウィンの発見――生き残るのは環境にもっとも適応した生物であるという説――は、ごく当たり前のことのように思える。店のなかでも似たようなことが起こる。ただし、環境のほうが生物に適応しなければならないのである。

こうしたことのすべては、小売業と同じく無味乾燥な世界にとって、ちょっぴりこむずかしい指摘だろう。だが、店もショッピングも、けっして一面的ではない。ショッピング黎明期、物々交換や青空市場の時代を思い出してみてほしい。この時代のショッピングには、売り買いには全く関係のない社会的側面があった。つまり、ショッピングは人びとを一堂に集める活動だったのだ。女性が家事にとらわれていた時代、女性を家から引っ張り出したものはショッピングだった。もっと時代をさかのぼると、ショッピングは、人が集まっておしゃべりしたり、情報やゴシップを共有したり、意見を交わしたりするなど、集団で何かをするチャンスだった。ショッピングは今でもそうした目的に適っているのである。今日でも、家から出て、他人と一緒に仕事をするとしても、おそらく、ショッピングほど社会的な刺激を受けることはないだろう。だが、店やモールを歩き回って品定めをするときは、多かれ少なかれ、おおっぴらに他人を見ることが許されているといえる。人間観察は、中世でも現代でも、この上なく楽しい気晴らしなのだ。

ショッピングは映画や動物園と同じく、娯楽の一つだ。今日、この傾向は強くなる一方である。その昔、一つ屋根の下でショッピングと飲食ができたのは、ウルワースと地元の薬局だけだった。いまや、私のオフィスから数分のところにはコーヒーカウンターのある書店がある。そこからインテリアショップに向かうことも、ランチを提供する洋服店に行くこともできる。コーヒーをサービスしてくれる（もちろん無料で）銀行にも。ハードロックカフェやハーレーダビッドソンカフェ、ハイウェイ沿いにあるクラッカー・バレルに行けば、一体、自分がギフトショップを併設したレストランにいるんだか、食べ物を扱っている店にいるんだか、わからなくなってしまうくらいだ。だが、そうした線引きすら、今となっては無意味だ――販売（つまり、ショッピング）は、現在進行形で行なわれているところなのだから。

大型博物館や美術館、オペラハウス、動物園などは、かつて、徳が高く、公共心のある大君が資金を提供して建造されていた。そうした大君がこの世を去ってしまうと、こうした施設は、徳が高く、公共心のある企業に支えられて存続してきた。今日、多くの美術館は、小売業に乗り出せば、はかに左右されない確実な収入が得られることを知っている――本格的なショッピングのチャンスを生み出せば、収入源になる、と。要は、二五セントの鉛筆から数千ドルもする宝石、美術品、工芸品を扱うショップを開くということだ。いまや、客が、自分は徳が高く、公共心があると感じるようになり、買い物で使った金が有意義な活動を支えることをわかっているのである。それでも、ここで起きているのは小売の延長線上だ。新しいタイプの小売ではあるけれども(通常、美術館はそうしたことを見越して、ショップを入口横に置いている。だから、入場料を払わなくても、美術品を見なくても、中に入って買い物はできるようになっている)。美術館でのショッピングは、教育を受け、教養を兼ね備えた人びとに人気がある。われわれは、ミュージアム・ショップというビジネスを目にしていると言ってよい――本質的には、ミュージアムのないミュージアム・ショップではあるけれども。

私たちはある程度、そうしたショップを美術館だと思っているところがある――興味のあることについての情報を得る場所。今一番ファッショナブルなもの、コンピュータ・ソフトウェアの技術革新、自動車の最新型キャブレター、新作の推理小説などについての情報を得る場所だと。多くの人にとっては、サックス・フィフス・アベニューにクチュールの春物が入荷することと、評判となっている新たな展示物が近代美術館で公開されることは同じようなものなのだ。一〇年前、本書が刊行されたとき、私はリンカン・センター(タイム・インコーポレーテッド時代からの長年のクライアントだ)の最高財務責任者に会った。彼は、二五年以上前に私が作った報告書を古いファイルから引っ張り出してきていた。本書の最初のほうでもふれた、この文化複合施設における人の流れと小売店についてまとめた報告書だ。要は、「ようやく、この報告書を生かせるようになりましたよ」ということだった。店舗デザインのトレンドを考えてみてほしい。ガラスの向こう側にディスプレイするのははやらなくなり、テーブルや棚といった商品を客が自由に、間近で見て回れるような「オープン」ディスプレイが好まれるようになっている。これ、美術館においてあるのとどれくらいちがうものなのかしら？　客はそう自問するようになっているのだ。パッケージのトレンドも同じだ。客は知識に飢えているということを心に留めておいてほしい。外箱や瓶、容器にこれほどの情報が印刷されていることは、かつてなかった。

そうした店舗でさえもが、崇拝の場になったといってもいいすぎではないだろう。人間が作り出したモノを賛美する場所になったのだ。自己改善、美、知識、快楽に対する信念を表し、再確認し、共有する寺のような場所ということである。キリスト教の二大祝祭がクリスマスとイースターであることは偶然ではない。前者は特に――一番大がかりな買い物天国となるチャンスの時期――年を追うごとに宗教性を失い、現世的になる傾向にある。もちろん、商業的になることは言うまでもないが。ほとんどの小売業者にとって、クリスマスは社運を左右するほどのものだから――いうなれば、毎年到来する救世主というわけだ。

ショッピングは世界共通の経験だ。だが、われわれの仕事は、いまだに変わっていない。

パリから東京にいたるまで、その共通点を見つけ出すこと。視覚、右利き、性別など、不変で、生物学的な基本要素は何か。変わりつづけているものは何か。それは、なぜなのか。今日の小売業界はもはや変化を先導する立場にはなく、変化に追随する側にある。本章のはじめに書いたように、ショッピングは社会変化、またはあえて言うなれば、社会革命をはかる物差しだ。ということは、H&Mやスティーブ・アンド・バリーズなどが、万人が着るような安くて、使い捨てできるような衣服を開発したのは、何を意味するのだろうか？　ファーマーズ・マーケットがブームになっているのはなぜなのか？　いまや女性も住宅を所有するようになった――これによって、今後の展望はどのように変わっていくのだろうか？　ネットと携帯電話の一体化は、実在店舗の設計にどういう影響を及ぼすのだろうか。

本書が読者の固定観念を取り払い、物事を少しちがった目で見ることができるようになる手助けとなれば幸いである。最後までお読みいただいたことに感謝する。

謝辞

一九七五年春に大学を卒業するとき、寮の部屋の壁一面に貼られていたのは、雑誌社からの不採用通知だった。あのうちのどれか一社に採用されていたら、その後、どうなっていただろうか？　私はライターになりたかったのだ。

採用されなかったため、私はニューヨークに移り、本書に書いたとおり別の仕事を始めた。その片手間にいろいろなものを書き続けてはいたが。一九七九年、アンマズルド・オックスから出版された『ポエッツ・エンサイクロペディア』というアンソロジーには、私の短編も入っている。ニューヨークのダウンタウンのアートシーンに住んでいた私は、自分の名前が載った本にうきうきしたものだ。長年、業界紙に記事を書いたり、書籍の部を執筆したりしてきた。そうした書籍も絶版になって随分たつ。執筆で得た報酬は、最高で二〇〇〇ドルだった。私が書かなかったというわけではないのだが、その報酬はリサーチの報告書と、いくつもの提案に対するものだった。

皮肉なことだが、本書の出発点は雑誌だ。二人の高名なジャーナリストが私のキャリアの転換点となった。エリック・ラーソンは、ノンフィクションのベストセラー作品を数多く書いていて、『スミソニアン』誌一九九三年版にエンバイロセルと私について、初めて記事にしてくれたのだった。同誌の発売後、エンバイロセルは、もはやひっそり業務をこなすことはできなくなってしまった。その後一九九六年夏、二〇丁目とブロードウェイ通りの交差点にある新社屋に越してしばらくたった頃、ぼさぼさ頭の男が訪ねてきた。自分は科学専門のライターで、今は『ニューヨーカー』に書いているんですと言った。私は受話器を取り上げ、その出版社に、おたくの社員でマルコム・グラッドウェルというのはいますか？　という電話をかけようかと思ったくらいだった。本書でも書いたが、「ショッピングの科学」という題名の記事は一九九六年秋に掲載され、エンバイロセルの社運を一転させた。発展する方向に。

いまや、新規の問合せ電話のどれを優先するかで迷うことはなくなった。就職希望の履歴書が何百通も送られてきた。控えめで、はげ頭で、ひげを生やして口ごもりながら話す男（マルコムは『ニューヨーカー』に〝間の抜けた格好をした〟と書いていた）だったが、私はいろいろな会議やセミナーから声がかかるようになり、数え切れないほどの新聞社や雑誌社がインタビューを申し込んできた。テーマは、私の業務について。私は、週に八時間も報道機関につきあっている。話を聞き、質問を受け、知っていることであれば事実を、知らないことであれば意見を伝えているのだ。

『ニューヨーカー』の記事がきっかけとなって、本のアイデアがちがった意味合いを持つようになった。長い付き合いのアレクサンドラ・アンダーソン・スパイビーから、ライターズ・リプレゼンタティブズ社のグレン・ハートレーと彼のパートナー兼夫人であるリン・チューを紹介された。そして、彼らが私のエージェントになってくれた。彼らの気配りは何物にも代えがたい。彼らのクライアントリストにダブリン金貨が連なっているなか、自分はまるでころんとした一セント銅貨だ。その時点で、『ニューヨーク・タイムズ』のノンフィクション部門ベストセラーリストには、彼らの関わった書籍が五冊も入っていたのだから。

アリス・メイヒューは、サイモン&シュスターの編集者で、もう一〇年以上も私を担当してくれている。大統領に関するものから第二次世界大戦を取り上げた人気作品まで、彼女がアメリカ史に関する書籍を作り直しているのを、ずっと見てきた。なぜ私の編集者になることにしたのだろうと思うことはしばしばあったが、面と向かって尋ねてみたことはない。彼女の才覚と力強い瞳と動じない知性に、とにかく感謝したい。

ビル・トネッリはベテランの雑誌編集者で、本書の出版に尽力してくれた。彼はセンスがよくて親切で、気持ちの優しい人だ。ピーター・スミス。彼は、私の好きな高校の英語の先生の息子さんで、『オー・オプラ・マガジン』の客員編集員を務めていて、本書に関してはリライトを担当してくれた。私のアシスタント、アンジェラ・マウロは、辛抱強く本書を読み、根気強く取り組んでくれた。

書き直した本稿の一部は、『ＤＤＩ』誌や『コンフェレンス・ボード・レビュー』に寄稿したコラムで使った。その際は、ロクサナ・スウェイとヴァディム・リバーマンから編集上のアドバイスを受けた。

友人や助言してくれる人を得ずして、社会で成功する人はいない。リチャード・カーツは、私にマーケットリサーチを教えてくれた人だ。ミッチ・ウォルフも、初めのころ、私に貴重な指針をくれた人だ。二人とも生涯の恩師である。現在、一五年以上にわたってつきあってきたクライアントがいる。われわれがまだ海のものとも山のものともつかず、依頼が賭けでもあった時分に、われわれに依頼することを決断してくれたその最初の勇気に感謝したい。今はドラフト社に移ってしまったが、ジム・ルーカス。ヘインズブランズのマイク・アーネスト。現在はジョンソン・エンド・ジョンソンにいるケヴィン・キタコスキー、エスティローダーのロビン・パール。ヒューレット・パッカードのスティーブン・スミス。マイクロソフトのリンダ・トンプソン。キング・ケイシーのトム・クック。ベライゾン・ワイヤレスのジョー・ガロ。サムズ・クラブのアーネスト・ディアズ。Ｔモバイルに移ったクリス・ルークサ。彼らはごく一部にすぎない。ウィルトン・コナーやボブ・セシールなどは退職してしまったか、ちょうどクライアントリストからはずしてしまった人たちだ。

店舗設計業界とリーテイル・デザイン・インスティテュートは、われわれの成功に大きな影響を与えた存在である。とくに、デトロイトにあるJGAのケン・ニッシュ。ロサンゼルスにあるシュ一ク・ケリーのケヴィン・ケリー。シンシナチにあるRRCHのアンドリュー・マッキルキン。ボストンにあるバーグメイヤー・アソシエイツのジョー・ネヴィン。コロンバスにあるシュート・ガーデマンのデニー・ガーデマンと夫人であるエル・シュート。アトランタにあるスウェイ・アソシエイツのラッセル・スウェイ。最後に忘れてはならないこの人物、ボルティモアのモンク・アスキュー。

対するコミュニティとしては、店舗に所属するデザイナーやビジュアル・マーチャンダイザーだ。ターゲットのジュディ・ベル。ソニー・スタイルのクリスティン・ベリック。オールド・ネイビーのマイケル・ケイプ。ベスト・バイのジェームズ・ダミアン。ウェスト・マリンのジャニス・ヒーリー。シアーズ・ホールディングスのグレン・ラッセル。ウォルマートのチャールズ・ジマーマン。フェデレイティッドのカルメン・スポフォード。ここにあげたのは、長年にわたってサポートしてくれた人びとのほんの一握りだ。

フィリップス、マイクロソフト、ペプシコ、アディダス、ユニリーバには、われわれを信頼してくれている大事な人びとがいる。われわれに頼まれたからというわけでもないのに、八年以上にわたって力になってくれている。本書のおかげで集まってくれた人がほとんどで、すぐにでも力を発揮してくれそうな勢いだった。

コンサルタントなら誰でもそうだが、私にも、情報や苦労話、手がかりなどの情報を交換する知り合いがいる。WSLストラテジック・リテイルのウェンディ・リーブマンは女神だ。ワッツ・ワッカーは冗談を飛ばして場を盛り上げる役目。マーク・ゴーベは有名なデザイナーで、フェイス・ポップコーンはトレンド・スポッター。マーシャル・コーエンは、小売業について一家言持っている。ケイト・ニューリンはリインベンターだし、ジョージ・ワーリンは頭の切れるコーチだ。彼らはみんな、メールや電話でやりとりし、刺激しあう友人だ。

たとえるなら、自分は学界から逃げだした人間だと思う。とは言うものの、教鞭をとっている友人は何人かいる。マリアンヌ・ウォルフは、サン・ルイス・オビスポにあるカリフォルニア・ポリテクニック州立大学の教員だ。カッツタウン大学にはドク・オグデンがいる。レイ・バークはインディアナ大学で教えているし、親友のジョー・バイシャーはこ こ、ニューヨークのファッション工科大学だ。

エンバイロセルを立ち上げたばかりのころ、わが社に応募するにあたって最も重要な応募資格は、おもしろい人間であることだと冗談交じりに言っていたものだった。これを満たしていたら、オヘア空港で立ち往生したとしても、おしゃべりをして紛らわすことができるからだ。エンバイロセルの立ちあげからいる人物は三人、残っている。トム・モーズマン、クレイグ・チャイルドレス、アン・マリー・ラズローだ。三人が長年、働いてくれたことに感謝している。三人ともアイオワ大学に何らかのつながりがある――不思議な偶然だ。

本書で、外国を取り上げた章では、われわれのほとんどの海外パートナーについて書いた。アメリカ以外に住んでいる友人には事欠かない。ドバイにはアブドラ・シャリフ。東京には小野寺健司。ダブリンにはアラン・オニール。パリにはジャン・ピエール・バーデ。フィリピンにはマーク・ギラン。繰り返しになるが、これでもごく一部だけだ。われらがリーダーが集まったクラブであるユナイテッド・アーチストには、スペインのホセ・ルイス・ヌエロ、スイスのデビッド・ボッシャート、デンマークのマーティン・リンドストローム、スウェーデンのシェル・ノードストローム。われわれは年二回集まって、飲んで食べて、おしゃべりを楽しんでいる。この時間は、人生で最も大切なイベントだ。

私には、神から与えられた家族と、自分で選んだ家族がある。妹のリサ、義弟のマイケルと二人の子供、ガブリエルとミランダ。母、サヴィ。ポールとケイト・レイマー、夫妻の子供たち。その他にも血縁か姻戚でつながっている身内がいる。私を養子として迎え入れ、三〇年以上も面倒を見てくれた家族は、ヘイマン家、ヒューイット家、レイナー家だ。

男には親友がいるものだが、私の場合は男の親友も、女の親友もいる。男性の親友としては、ジョセフ・グリエッティ、ロブ・カウフェルト、ジョン・バークレー、パトリック・ロッドメル、ハザム・ガマル、ピーター・ケイ、スタン・ベック、テリー・シュークト、ジョン・ライアン、ロブ・ロカシオ、リック・モフィットだ。女性では、エリカ・シェホフスキー、ヘスク・キム、サラ・ボウエン、ダコタ・ジュルソン、メドラ・バークリー、スーザン・タワーズ、リズ・ガマル。

私の大切な人であるシェリル・ヘンゼはベテランのフルート奏者で、夜間や週末に演奏活動をしている。本書はトラブルを招かないよう、そうした時間を使って執筆したことを付け加えておく。

訳者略歴

鈴木主税（すずき・ちから）
1934年東京生まれ。マンチェスター『栄光と夢』で翻訳出版文化賞を受賞。代表的な訳書にアンダーヒル『なぜ人はショッピングモールが大好きなのか』、ウィンチェスター『博士と狂人』、サックス『貧困の終焉』（共訳）、ケリー&リットマン『発想する会社！』（共訳）、『イノベーションの達人！』（以上早川書房刊）、ハンチントン『文明の衝突』など。2009年没。

福井昌子（ふくい・しょうこ）
愛知県生まれ。立教大学法学部卒業後、民間企業勤務を経て、英国留学。帰国後、民間企業や市民団体などに勤務し、現在翻訳業。訳書にアンダーヒル『彼女はなぜ「それ」を選ぶのか？』、アダット『完璧なイメージ』（以上早川書房刊）、『ライス回顧録　ホワイトハウス激動の2920日』（共訳）、『もうひとつのノーベル平和賞　平和を紡ぐ1000人の女性たち』（共訳）など。

本書は、二〇〇九年九月にハヤカワ新書juiceより刊行された『なぜこの店で買ってしまうのか「新版」』を改題・文庫化したものです。

〈数理を愉しむ〉シリーズ

歴史は「べき乗則」で動く
——種の絶滅から戦争までを読み解く複雑系科学
マーク・ブキャナン／水谷淳訳

混沌たる世界を読み解く複雑系物理の基本を判りやすく解説！（『歴史の方程式』改題）

量子コンピュータとは何か
ジョージ・ジョンソン／水谷淳訳

実現まであと一歩？　話題の次世代コンピュータの原理と驚異を平易に語る最良の入門書

リスク・リテラシーが身につく統計的思考法
——初歩からベイズ推定まで
ゲルト・ギーゲレンツァー／吉田利子訳

あなたの受けた検査や診断はどこまで正しいか？　数字に騙されないための統計学入門。

カオスの紡ぐ夢の中で
金子邦彦

第一人者が難解な複雑系研究の神髄をエッセイと小説の形式で説く名作。解説・円城塔。

運は数学にまかせなさい
——確率・統計に学ぶ処世術
ジェフリー・S・ローゼンタール／柴田裕之訳／中村義作監修

宝くじを買うべきでない理由から迷惑メール対策まで、賢く生きるための確率統計の勘所

〈数理を愉しむ〉シリーズ

史上最大の発明アルゴリズム
――現代社会を造りあげた根本原理
デイヴィッド・バーリンスキ／林大訳
数学者たちの姿からプログラミングに必須のアルゴリズムを描いた傑作。解説・小飼弾。

不可能、不確定、不完全
――「できない」を証明する数学の力
ジェイムズ・D・スタイン／熊谷玲美・田沢恭子・松井信彦訳
〝できない〟ことの証明が豊かな成果を産む――予備知識なしで数学の神秘に触れる一冊

物質のすべては光
――現代物理学が明かす、力と質量の起源
フランク・ウィルチェック／吉田三知世訳
物質の大半は質量0の粒子から出来ている!? 素粒子物理の最新理論をユーモラスに語る。

隠れていた宇宙 上下
ブライアン・グリーン／竹内薫監修／大田直子訳
先端理論のあるところに多宇宙あり!? その凄さと面白さをわかりやすく語る科学解説。

偶然の科学
ダンカン・ワッツ／青木創訳
ネットワーク科学の革命児が、「偶然」で動く社会と経済のメカニズムを平易に説き語る

人・体験

マネー・ボール〈完全版〉

マイケル・ルイス／中山宥訳

弱小球団を球界の常識を覆すデータ戦略で勝利に導く！　待望の全訳版。解説／丸谷才一

スローライフでいこう——ゆったり暮らす8つの方法

エクナット・イーシュワラン／スタイナー紀美子訳

充実生活の鍵はスローダウンにあり!?　無理だと思えたゆとりある暮らしのヒント満載。

リビング・ヒストリー上下——ヒラリー・ロダム・クリントン自伝

ヒラリー・ロダム・クリントン／酒井洋子訳

ファーストレディーとして、母として、全力で取り組んだ家族と愛と政治の波瀾の記録。

五人のカルテ

マイクル・クライトン／林　克己訳

巨大病院の救急治療室で展開されるドラマを医学生だった著者が自らの体験をもとに描く

セックスとニューヨーク

キャンディス・ブシュネル／古屋美登里訳

大ヒットドラマ〈SEX AND THE CITY〉原作の、NY恋愛事情を描いた痛快コラム集

社会・文化

ヒトはなぜヒトを食べたか
——生態人類学から見た文化の起源
マーヴィン・ハリス／鈴木洋一訳

中米の凄惨な食人儀礼などの意義を生態学の立場から明快に解く、知的刺激横溢する名著

子供たちは森に消えた
ロバート・カレン／広瀬順弘訳

五十数人の少女たちを陵辱し、殺害した多重人格者の実像を暴く心理ノンフィクション。

世界野球革命
ロバート・ホワイティング／松井みどり訳

WBCの日本優勝、松坂、井川の大リーグ移籍など、世界を席巻する日本野球の最前線。

FBI心理分析官
——異常殺人者たちの素顔に迫る衝撃の手記
R・K・レスラー＆T・シャットマン／相原真理子訳

『羊たちの沈黙』のモデルとなった捜査官が綴る、全世界を震撼させたノンフィクション

診断名サイコパス
——身近にひそむ異常人格者たち
ロバート・D・ヘア／小林宏明訳

幼児虐待者、カルト教祖、連続殺人犯などに多いサイコパスは、あなたのそばにもいる！

HM=Hayakawa Mystery
SF=Science Fiction
JA=Japanese Author
NV=Novel
NF=Nonfiction
FT=Fantasy

なぜこの店《みせ》で買《か》ってしまうのか
ショッピングの科学

〈NF406〉

二〇一四年三月 十 日 印刷
二〇一四年三月十五日 発行

（定価はカバーに表示してあります）

著者 パコ・アンダーヒル
訳者 鈴《すず》木《き》主《ち》税《から》 福《ふく》井《い》昌《しょう》子《こ》
発行者 早川浩
発行所 株式会社早川書房

郵便番号 一〇一‐〇〇四六
東京都千代田区神田多町二ノ二
電話 〇三‐三二五二‐三一一一（大代表）
振替 〇〇一六〇‐三‐四七七九九
http://www.hayakawa-online.co.jp

乱丁・落丁本は小社制作部宛お送り下さい。
送料小社負担にてお取りかえいたします。

印刷・株式会社亨有堂印刷所 製本・株式会社明光社
Printed and bound in Japan
ISBN978-4-15-050406-9 C0163

本書は活字が大きく読みやすい〈トールサイズ〉です。